Frédéric Lenoir
Sokrates, Jesus, Buddha

PIPER

Zu diesem Buch

Was macht glücklicher: Geben oder Nehmen? Haben oder Sein? Bestsellerautor Frédéric Lenoir studiert seit über 25 Jahren die Lehren von Sokrates, Jesus und Buddha. Er erzählt die Biografien der drei Lebenslehrer und bündelt deren Weisheit zu einer einmalig umfassenden spirituellen Anleitung. Denn die Fragen, die die Menschen bewegen, sind unabhängig von Epochen und Kulturen. Von erstaunlicher Modernität und Universalität, geben die drei Meister Antworten auf die drängenden Fragen unserer Zeit: Wie funktioniert gerechte Wirtschaft, wie harmonische Gemeinschaft? Warum wurde ich geboren? Was ist meine Aufgabe auf Erden und wie gelingt ein glückliches Leben?

Frédéric Lenoir, geboren 1962 auf Madagaskar, ist Philosoph, Religionshistoriker und einer der renommiertesten Soziologen Frankreichs. Er ist Herausgeber des Magazins »Le Monde des Religions« und Autor zahlreicher Romane und Sachbücher. Frédéric Lenoir lebt in Paris und Lubéron / Provence.

Frédéric Lenoir

SOKRATES JESUS BUDDHA

Die Lebenslehrer

Aus dem Französischen von Elsbeth Ranke

Piper München Zürich

Mehr über unsere Autoren und Bücher:
www.piper.de

Von Frédéric Lenoir liegen bei Piper vor:
Der Fluch des Mont-Saint-Michel
Das Geheimnis des Weinbergs
Der Code zu Dan Browns »Das verlorene Symbol« (zusammen mit Marie-France Etchegoin)

MIX
Papier aus verantwortungsvollen Quellen
FSC® C083411
FSC www.fsc.org

Ungekürzte Taschenbuchausgabe
Dezember 2011

Titel der Originalausgabe:
»Socrate Jésus Bouddha. Trois maîtres de vie«, Fayard, Paris 2009

Umschlagkonzeption: semper smile, München
Umschlaggestaltung: semper smile, München, nach einem Entwurf von Büro Jorge Schmidt, München
Umschlagabbildungen: akg images
Satz: Fotosatz Amann, Aichstetten
Papier: Munken Print von Arctic Paper Munkedals AB, Schweden
Druck und Bindung: CPI – Clausen & Bosse, Leck
Printed in Germany ISBN 978-3-492-27321-3

Nicht das Leben ist das zu erstrebende höchste Gut, sondern das gute Leben.
SOKRATES (Platon, *Kriton* 48)

Geben ist seliger als nehmen.
JESUS (Apg 20, 35)

Entstandene und die zum Dasein drängen –
Die Wesen alle: Glück erfüll' ihr Herz!
BUDDHA (*Sutta-nipata* 147)

Inhalt

VORWORT

Sein oder Haben?

Die Frage ist so alt wie die Geschichte des Denkens. Und doch stellt sie sich heute erneut, und das mit besonderer Dringlichkeit. Wir befinden uns in einer Wirtschaftskrise von seltenem Ausmaß, die unser auf stetigem Wachstum von Produktion und Konsum fußendes Entwicklungsmodell infrage stellen dürfte. Aber ich bin kein Ökonom und kann über die aktuelle Situation keine tiefer gehenden Aussagen treffen. Wenn ich sie allerdings als Philosoph betrachte, scheint mir, dass diese Krise sich positiv auswirken könnte, und das trotz der verheerenden sozialen Folgen, die sie für viele mit sich bringt und die wir alle vor Augen haben.

Die griechische Wurzel des Wortes »Krise«, *κρίσις*, bedeutet »Entscheidung«, »Urteil« und verweist auf die Vorstellung eines Wendepunkts, an dem »sich etwas entscheidet«. In so einer ausschlaggebenden Phase befinden wir uns, grundlegende Entscheidungen sind jetzt zu treffen, weil sonst alles nur noch schlimmer wird, vielleicht nur zyklisch, aber doch unaufhaltsam. Diese Entscheidungen müssen politischer Natur sein und mit einer unverzichtbaren Sanierung, einer effizienteren und gerechteren Regulierung des aus dem Geleise geratenen Finanzsystems beginnen, in dem wir heute leben. Möglicherweise wird auch die Allgemeinheit unmittelbarer betroffen sein, etwa wenn es darum geht, die Nachfrage hin zum Kauf ökologischerer, solidarischerer Produkte umzuorientieren. Ob die Überwindung der Krise von Dauer sein wird, hängt ganz zweifellos von der Entschlossenheit ab, mit der die Regeln des Finanzmarkts und unsere Konsumgewohnheiten verändert werden. Doch genügen wird das wahrscheinlich nicht. Wir müssen unsere Lebensweise, der das stetige Wachstum des Konsums zugrunde liegt, verändern.

Seit der industriellen Revolution und in sehr viel stärkerem Ausmaß seit den 1960er-Jahren leben wir in einer Gesellschaft, in der der Konsum als Motor des Fortschritts gilt. Und zwar als Motor nicht nur in wirtschaftlicher, sondern auch in ideologischer Hinsicht: Fortschritt heißt, mehr zu besitzen. Ununterbrochen betet die allgegenwärtige Werbung diesen Glaubenssatz in allen denkbaren Erscheinungsformen herunter. Kann man glücklich sein ohne ein Auto vom letzten Schrei? Ohne das neueste Modell eines DVD-Players oder eines Handys? Ohne Fernseher und Computer in jedem Raum? Infrage gestellt wird diese Ideologie praktisch nie: Warum sollte sie auch, solange es funktioniert? Und die meisten Menschen auf der Erde schielen heute nach diesem Modell des Westens, das den Besitz, die Anhäufung und ständige Erneuerung materieller Güter zum allübergreifenden Sinn des Lebens macht. Wenn aber in diesem Modell etwas hakt, wenn das System aus dem Ruder läuft; wenn sich zeigt, dass man nicht ewig in diesem Tempo weiter konsumieren kann, dass die Ressourcen der Erde begrenzt sind und dass es dringend notwendig wird zu teilen; wenn klar ist, dass diese Logik einerseits umkehrbar ist und sich andererseits kurz- wie langfristig negativ auswirkt, dann ist es endlich an der Zeit, die richtigen Fragen zu stellen. Dann kann man den Sinn der Ökonomie hinterfragen, den Wert des

Geldes, die wirklichen Bedingungen für das Gleichgewicht einer Gesellschaft und das Glück des Einzelnen.

Darin kann und muss meines Erachtens die positive Auswirkung der Krise liegen. Sie kann uns helfen, unsere Zivilisation, die erstmals global geworden ist, auf anderen Kriterien als Geld und Konsum neu zu gründen. Diese Krise betrifft nicht nur Wirtschaft und Finanzwelt, sondern auch Philosophie und Spiritualität. Sie verweist auf universelle Fragen: Was macht den Menschen glücklich? Was ist wirklicher Fortschritt? Wie lauten die Bedingungen für ein harmonisches Zusammenleben?

Die religiösen Traditionen haben versucht, Antworten auf diese fundamentalen Fragen zu geben. Weil sie sich aber hinter zu starren theologischen und moralischen Haltungen verbarrikadierten, weil sie zudem selbst nicht immer als Vorbilder für Tugend und Respekt vor dem Menschen vorangingen, finden die Religionen und insbesondere die Monotheismen bei vielen unserer Zeitgenossen kein Echo mehr. Es lässt sich nicht leugnen, dass noch immer zahlreiche Konflikte und ein großer Anteil der Gewalt gegen Menschen direkt oder indirekt auf die Religionen zurückzuführen sind. Die mittelalterliche Inquisition oder die islamistische Regierung des heutigen Iran illustrieren, wie unvereinbar Humanismus und Theokratie einander gegenüberstehen. Und auch über das Modell der Theokratie hinaus haben überall in der Welt die religiösen Institutionen Mühe, das Sinnbedürfnis des Einzelnen zu befriedigen, weil ihre Angebote mehr im Dogmatischen und Normativen verhaftet sind.

Die Frage nach dem wahren Glück, nach dem richtigen Leben, nach dem Sinn des Lebens stellte sich mir relativ früh. Ich war gerade in die Pubertät gekommen, als die

Lektüre von Platons Dialogen mir eine regelrechte Offenbarung war. Sokrates sprach da von der Selbsterkenntnis, der Suche nach dem Wahren, Schönen, Guten, von der Unsterblichkeit der Seele. Ohne Umwege ging er die Fragen an, die in mir bohrten. Und er tat das in einer Weise, die mir überzeugend erschien, anders als die vorgefertigten, unbefriedigenden Antworten aus dem Katechismus meiner Kindheit. Einige Jahre später dann, ich muss um die sechzehn gewesen sein, entdeckte ich Indien und insbesondere den Buddha. Verschiedene romanhafte Initiationstexte – Hermann Hesses *Siddhartha* etwa oder Lobsang Rampas *Das dritte Auge* – führten mich zu einem bemerkenswerten kleinen Band: *Was der Buddha lehrt* von Walpola Rahula. Wieder löste das eine Erkenntnis aus: Ebenso wie Sokrates sprach mich die Botschaft des Buddha an in ihrer Triftigkeit, der tiefen Logik, der Rationalität, dem unaufdringlich erhobenen Anspruch. Ich hätte da stehen bleiben können, so viel Nahrung gaben diese beiden Denker meinem Verstand. Doch bald sollte ich eine dritte entscheidende Begegnung machen: Mit neunzehn Jahren schlug ich zum ersten Mal die Evangelien auf. Der Zufall brachte mich zum Johannesevangelium, und es war ein schwerer Schock. Die Worte Jesu sprachen nicht nur meinen Verstand an, sondern sie rührten auch an mein Herz. Ich ermaß plötzlich die manchmal abgrundtiefe Diskrepanz zwischen seinen unglaublich kühnen Worten, die den Einzelnen befreien, indem sie ihn zur Verantwortung ziehen, und dem moralisierenden Diskurs so vieler Christen, die den Einzelnen einsperren, indem sie ihn mit Schuld beladen.

Seit nunmehr über fünfundzwanzig Jahren sind Sokrates, der Buddha und Jesus die Lehrer für mein Leben. Ich habe gelernt, mit ihnen umzugehen, mich an ihren Gedanken zu reiben, zu meditieren über ihr Wirken, ihre Unterschiede und ihre Gemeinsamkeiten. Und ich meine, alles in allem überwiegen doch Letztere. Denn trotz des geografischen, zeitlichen und kulturellen Abstands zwischen den drei Gestalten decken sich ihre Biografien und ihre Lehren in wesentlichen Punkten. Dieses Zeugnis, diese Botschaft, die mir seit so vielen Jahren durch mein Leben hilft, wollte ich mit anderen teilen. Ich bin überzeugt, dass sie eine Antwort bieten auf die drängendsten Fragen und Bedürfnisse in der weltweiten Krise, in der wir uns befinden.

Denn die Frage, um die es eigentlich geht, ist doch die: Kann der Mensch glücklich sein und mit dem Anderen harmonisch zusammenleben, wenn der Dreh- und Angelpunkt seiner Zivilisation ein Ideal des »Habens« ist? Nein, entgegnen Buddha, Sokrates und Jesus mit Entschiedenheit. Geld und der Erwerb materieller Güter sind nur Mittel, eventuell sogar wertvolle, nie aber ein Ziel an sich. Der Drang nach Besitz ist von Natur aus unstillbar. Und er befördert Frustration und Gewalt. Der Mensch ist so veranlagt, dass er immer haben möchte, was er nicht hat, und wenn er es seinem Nachbarn mit Gewalt abjagen muss. Doch ist einmal die Befriedigung seiner Grundbedürfnisse gesichert – Nahrung, ein Dach über dem Kopf und die Mittel zu einem würdigen Leben –, muss der Mensch auf eine andere Logik als die des »Habens« umschwenken, um zufrieden und ganz und gar menschlich zu werden: die Logik des »Seins«. Er muss lernen, sich zu kennen und sich zu beherrschen, seine Umwelt zu erfassen und zu respektieren. Er muss lernen zu lieben, mit den Mitmenschen zu leben, mit seinem Frust umzugehen, heiter zu werden, das unvermeidliche Leid des Lebens zu überwinden, aber auch, sich offenen Auges auf den Tod vorzubereiten. Denn zu existieren ist Fakt, zu leben ist Kunst. Eine Kunst, die erlernen kann, wer die Weisen befragt und an sich selbst arbeitet.

Sokrates, Jesus und Buddha lehren uns zu leben. Die Zeugnisse von ihrem Leben und die Lehren, die sie verbreiten, scheinen mir universell und von erstaunlicher Modernität. Ihre Botschaft konzentriert sich auf das Individuum und seine Entfaltung, ohne je die notwendige Einbindung in ein soziales Ganzes zu leugnen. Sie bietet ein sorgfältig ausbalanciertes Pensum an Freiheit und Liebe, an Selbsterkenntnis und Respekt für den Mitmenschen. Zwar wurzelt sie hier und da in einem Untergrund religiösen Glaubens, doch ist sie nie nur kalte Dogmatik: Immer stiftet sie Sinn, stets appelliert sie an die Vernunft. Und zugleich spricht sie das Herz an.

Dieses Buch gliedert sich in zwei Teile. Der erste Teil legt eine vergleichende Biografie der drei Lebenslehrer vor. Ich folge dabei einer didaktischen Methodik, als Historiker und nicht als Anhänger, mit der gebotenen Distanz und unter Verwendung der gesichertsten Erkenntnisse. Denn ich halte es für extrem wichtig, die Lebensläufe nicht idealisiert oder als Legenden zu überliefern, sondern als reale Existenzen – soweit das in Anbetracht der zur Verfügung stehenden Quellen möglich ist –, und wir werden sehen, dass das gar nicht so einfach ist. Im zweiten Teil lege ich fünf große themenbezogene Kapitel vor, die die Kernpunkte der jeweiligen Lehre zusammenfassen: der Glaube an die Unsterblichkeit der Seele, die Suche nach Wahrheit, Freiheit, Gerechtigkeit und Liebe. Natürlich hätten noch etliche weitere Aspekte aus jeder Lehre angesprochen werden können. Ich habe eine Auswahl getroffen, die natürlich willkürlich ist, aber stets die Logik im jeweiligen Gedankengebäude im Auge behält, sodass ich zwangsläufig immer wieder die Unterschiede in der Auffassung zum selben Thema darstellen muss. Denn eine einfache Vermengung ist auch nicht erhellender als die Weigerung, aus religiösem oder akademischem Skrupel heraus drei Gedankenwelten zu verknüpfen, die in wesentlichen Punkten miteinander korrespondieren, angefangen mit ihrem stetigen Bestreben, jeden Menschen anzusprechen, der mit Herz und Verstand begabt ist und sich über das Rätsel und den Sinn des Lebens Gedanken macht.

Unter den Gemeinsamkeiten im Leben der drei ist eine einigermaßen singulär und soll gleich zu Beginn hervorgehoben werden: Der Buddha, Sokrates und Jesus haben alle selbst keine schriftlichen Zeugnisse hinterlassen. Dabei konnten alle drei sehr wahrscheinlich lesen und schreiben, wie es für die jungen Leute ihrer Epoche und ihres Milieus üblich war – obwohl im Indien des 5. Jahrhunderts vor unserer Zeitrechnung die Verwendung der Schrift sehr eingeschränkt war und sich auf kaufmännischen und behördlichen Schriftwechsel beschränkte. Der Wunsch, bei der mündlichen Lehre zu bleiben, kommt wohl nicht von ungefähr. Alle drei vermitteln eine Lebensweisheit, und die vermittelt man lebendig, durch die Macht des Vorbilds, die passende Geste, das lebende Wort, die Tonlage der Stimme. Man vermittelt sie in erster Linie an einen engen Kreis von Anhängern, obwohl Jesus sich auch gerne an Menschenmengen wandte. An Männer und Frauen, die zuweilen alles aufgeben, um ihre Schritte in die Spuren derer zu legen, die sie als Lehrer der Weisheit betrachten, Menschen, denen es dann eine Herzenssache sein wird, ihr

Leben und ihr Wort weiterzugeben. Manche dieser Jünger schrieben, andere überlieferten weiterhin die mündliche Lehre, bevor schon entferntere Schüler ihr Zeugnis festhielten.

Ausgehend von diesen ältesten Texten, habe ich versucht, Leben und Denken unserer drei Weisen niederzuschreiben. Ich habe mich bemüht, so viel wie möglich aus diesen Texten zu zitieren, die uns die ferne Stimme von Sokrates, Jesus und Buddha zu Gehör bringen. Der Leser, der noch keine Gelegenheit hatte, die buddhistischen Sutras, Platons Dialoge oder die Evangelien zu lesen, kann sich also mit den Schriften selbst konfrontieren und von da aus mit dem Wort, das noch immer so starken Nachhall in unserem Ohr findet – wenn wir es nur anzuhören wissen.

Sokrates, Buddha und Jesus sind die Begründer dessen, was ich als »spirituellen Humanismus« bezeichnen möchte. Als den »maßgebenden Menschen« widmete ihnen (und außerdem noch Konfuzius) der Philosoph Karl Jaspers den ersten Band seiner Philosophiegeschichte. [1] Was ist auch nötiger und aktueller angesichts der dringenden Neubegründung einer global gewordenen Gesellschaft? Einer Welt, die allzu sehr zerrissen ist zwischen einer rein merkantilen, materialistischen Sicht einerseits und einem religiösen und dogmatischen Fanatismus andererseits. Zwei scheinbar widersprüchliche Tendenzen, die aber doch genug gemeinsam haben, um die Welt ins Chaos zu führen, indem sie den Menschen in der Logik des »Habens«, des entmündigenden Gehorsams und der herrschaftlichen Macht belassen. Ich bin überzeugt, dass nur die Suche nach dem »Sein« und nach der Verantwortung – der Verantwortung des Individuums und der der Kollektivität – uns vor uns selbst retten kann. Das lehren uns seit über zweitausend Jahren, jeder auf seine Weise, Sokrates, der athenische Philosoph; Jesus, der jüdisch-palästinische Prophet; und Siddhartha, genannt »der Buddha«, der indische Weise.

TEIL 1

Wer sind sie?

1 Woher kennen wir sie?

Haben sie wirklich gelebt?

Haben Buddha, Sokrates und Jesus wirklich gelebt? Die Frage mag verwundern, ja schockieren, so beträchtlich ist ihr Erbe. Und doch ist diese Frage genauso legitim wie stichhaltig. Niemand bestreitet die tiefe Spur, die diese drei Menschen im kollektiven Bewusstsein eines Großteils der Menschheit hinterlassen haben. Doch können wir absolut sicher sein, dass sie historisch gelebt haben? Ich meine hier nicht die Wahrhaftigkeit der Taten oder der Worte, die ihnen zugesprochen werden: Darum wird es später gehen. Nein, zunächst stellt sich eine andere, eine radikalere Frage: Besitzen wir unumstößliche Beweise dafür, dass sie wirklich in Fleisch und Blut gelebt haben? Die Antwort ist ebenso ungeschminkt wie die Frage: Nein.

In der Tat gibt es keinerlei gültigen Beweis für ihre historische Existenz. Der, den wir »Buddha« nennen – ein Titel mit der Bedeutung »der Erwachte« –, soll vor 2500 Jahren im Norden Indiens gelebt haben. Der Grieche Sokrates lebte angeblich vor etwa 2400 Jahren in Athen. Jesus soll vor etwas über 2000 Jahren in Palästina geboren sein. Weder ihre Gräber noch ihre Gebeine sind erhalten. Es gibt keine Münze, keinen zeitgenössischen archäologischen Fund, der ihr Leben bezeugt oder die Ereignisse ihres Lebens sichert, wie das für die großen Monarchen wie Alexander den Großen oder Julius Cäsar der Fall ist. Sie haben selbst nichts geschrieben, und die Texte, in denen von ihrem Leben erzählt wird, stammen überwiegend aus der Feder von Anhängern und wurden für Sokrates einige Jahre nach seinem Tod verfasst, für Jesus einige Jahrzehnte und für den Buddha mehrere Jahrhunderte. In Ermangelung archäologischer Spuren und unabhängiger, übereinstimmender historischer Zeugnisse können also die Historiker nicht mit völliger Gewissheit bestätigen, dass diese drei Menschen gelebt haben. Doch alle sind sich einig, die historische Existenz von Sokrates, Jesus und dem Buddha als »höchst wahrscheinlich« anzuerkennen. Und das, ich wiederhole es, obwohl greifbare Beweise für ihre Existenz fehlen, mit ihrem Namen unterzeichnete Dekrete etwa, berührbare Spuren, die sie der Nachwelt direkt vermacht hätten. Warum?

In der Tat wirft die Hypothese ihrer historischen Nichtexistenz mehr Probleme auf als die ihrer wirklichen Existenz. Zu der Überzeugung, dass es diese drei Menschen wirklich gegeben hat, gelangten die Historiker also vor allem über eine indirekte Beweisführung, die Widerlegung des Gegenteils. Wären sie nur Mythen, wie sollte man dann erklären, dass die, die ihre Botschaft weitervermittelten, derart von ihrer Persönlichkeit durchtränkt waren, dass sie manchmal gar ihr Leben dafür hingaben, wie es bei den meisten Aposteln Jesu der Fall war? Sein Leben opfert man weniger leicht für einen Mythos als für eine ganz reale Person, zu der man über alle Anfechtungen hinweg eine affektive Bindung pflegte. Die Evangelien, die das Leben Jesu erzählen, bezeugen die starke Liebe und Bewunderung seiner Jünger für ihren Herrn.

Auch in den Schriften Platons, des bedeutendsten unter Sokrates' Schülern, spürt man die ganze Liebe, die er seinem Lehrer entgegenbrachte. Seine Schriften sind alles andere als vergeistigt, sondern bezeugen eine sehr humane Emotion, eine fast greifbare Sympathie.

Die Lebensbeschreibungen des Buddha, die mehrere hundert Jahre nach dem Tod des Meisters verfasst wurden, weisen kaum diesen Geschmack, diesen authentischen Duft des direkten Zeugnisses auf. Und doch stellt sich dem Historiker dieselbe Frage: Wie ließe sich erklären, dass Generationen von Männern und Frauen ihr ganzes Leben der Nachfolge eines Mannes gewidmet haben, wenn es ihn nicht gegeben hätte? Unleugbar gab es ein wichtiges Ereignis, das Petrus, Platon, Ananda und so viele andere in ihrer Nachfolge überwältigt hat. Diese nahen oder fernen Anhänger nennen dieses Ereignis »Jesus«, »Sokrates« und »Buddha«. Ob sie Leben und Worte ihrer Meister getreu wiedergegeben haben, ist ein anderes Problem, auf das ich noch zu sprechen komme. Aber es besteht kein Zweifel, dass ihr Leben von etwas Berührbarem geprägt wurde, von einer Stimme, einer Rede, von Taten, die von »jemandem« ausgingen. Überliefert hat uns den Namen dieses »Jemand« zunächst das mündliche Gedächtnis und dann die Schrift.

Dass es keine direkten archäologischen Spuren von der Existenz dieser drei Persönlichkeiten gibt, erklärt sich dadurch, dass keine von ihnen Träger einer politischen Macht war. In dieser fernen Zeit haben nur Monarchen und Herrscher der Nachwelt eine Spur hinterlassen, indem sie Münzen mit ihrem Abbild fertigen oder Dekrete in Stein meißeln ließen oder indem sie imposante Grabmäler errichteten. Die direkt erlebbare Geschichte in jener Welt ist die der Mächtigen. Doch weder der Buddha noch Sokrates, noch Jesus waren mächtig, ganz im Gegenteil. Sie lebten einfach, hatten zu ihren Lebzeiten eine relativ begrenzte

Wirkung und hinterließen keinerlei von eigener Hand verfasstes Schriftstück. Die damaligen Behörden hatten kaum Anlass, in den offiziellen Annalen Namen und Leben dieses Asketen festzuhalten, der von der Auslöschung der Begierden predigte, jenes provokanten Philosophen oder dieses jungen Juden, der das Aufkommen des Reichs Gottes verkündete. Alle drei lehrten den Verzicht auf die Täuschungen dieser Welt, und ihre Rolle im öffentlichen Leben war zweitrangig. Angesichts ihrer geringen finanziellen Mittel und ihres verschwindenden politischen Einflusses waren ihre Jünger, so überzeugt sie auch von der moralischen und spirituellen Größe ihres Meisters sein mochten, kaum in der Lage, ihnen Denkmäler zu errichten. Die einzige Möglichkeit, ihr Andenken weiterzugeben, war die mündliche und später die schriftliche Überlieferung. Diese Zeugnisse, die sich dann unaufhörlich in immer weiteren Kreisen ausbreiteten, machten im Laufe der Jahrhunderte das unglaubliche Ansehen des Buddha, von Sokrates und Jesus aus. Man könnte sagen, ihr Erfolg beruhte, wie heute bei einem Kinofilm, weniger auf einer großen Medienkampagne als auf der langsamen und gründlichen Macht der Mundpropaganda. Weil ihr Leben und ihr Wort die, die sie gekannt haben, außerordentlich beeindruckten, wurde es unaufhörlich immer weiter getragen und gelangte so bis zu uns. Im Grunde ist das der triftigste Hinweis auf die Realität ihrer Existenz. Über welche Quellen und welche Zeugnisse ihr Leben und ihre Botschaft der Nachwelt übermittelt wurden, soll im Folgenden untersucht werden.

Die Quellen

Das meiste, was wir über die drei Weisen wissen, wurde von Zeugen ihres Lebens berichtet. Vor allem von Jüngern, die bei aller Huldigung, die ihr Porträt auch darstellt, offenbar intuitiv eine getreue Aussage weitergaben, die ihren Meister manchmal mit seinen Vorzügen und seinen Nachteilen zeigten, auch seinen Launen, seinem manchmal unausgeglichenen Charakter. Die überwiegende Mehrheit der späteren Forschungs- und Auslegungsarbeit wurde auf der Grundlage des Materials vorgenommen, das diese Jünger hinterließen, als direkte oder indirekte Zeugen ihres Lebensweges. Immerhin gibt es auch einige Indizien außerhalb dieser Getreuen, und mögen sie auch noch so schwach sein, so bestätigen sie doch die Historizität der Personen und ihre Einbettung in die Geschichte.

Innerhalb der letzten fünfzig Jahre haben die Arbeiten der Historiker und Exegeten beträchtliche Fortschritte gemacht. Die Lebenswege des Buddha, Sokrates' und Jesu, oder genauer gesagt Bruchstücke davon, konnten mit kritischem Blick rekonstruiert werden, unter Ausschluss der legendären Aspekte oder der Glaubenselemente. Das gilt insbesondere für Buddha und für Jesus, die Begründer spiritueller Strömungen, die sich zu Religionen entwickelten. Auch stellt sich die Frage nach der Glaubwürdigkeit der Zeugnisse, die wir heute verwenden. Waren die Jünger, denen wir unsere Kenntnis dieser Meister verdanken, getreue Übersetzer ihrer Gedanken? Völlig sicher werden wir diesbezüglich natürlich niemals sein, auch wenn übereinstimmende Gegenbezüge die Kohärenz bestätigen.

Der Buddha lebte in ferner Vorzeit und in einer Gesellschaft, in der das Schriftliche kaum von Belang war, und so besitzen wir von ihm am wenigsten zeitnahe und zuverlässige historische Quellen. Aller Wahrscheinlichkeit nach wurde er im 6. Jahrhundert vor unserer Zeitrechnung in Indien geboren und lebte dort. Die ersten schriftlichen Erwähnungen, die sich eigentlich nicht auf ihn, sondern auf seine Lehre beziehen, datieren auf etwa zweieinhalb Jahrhunderte nach seinem Tod. Es handelt sich dabei nicht um Texte, sondern um obrigkeitliche Inschriften auf den Säulen des Königs Ashoka, der etwa von 269 bis 232 vor unserer Zeit über weite Teile des indischen Subkontinents, das heutige Afghanistan und bis nach Bengalen herrschte. Ashoka war zunächst ein Tyrann, konvertierte dann aber zum buddhistischen Gesetz *(Dharma)*, als er kaum zwanzig Jahre alt war. Fortan ließ er auf Säulen, Höhlenwände, Stelen und Granitblöcke Edikte meißeln, in denen er seine Abneigung gegen Gewalt und seine Gefolgschaft für die Lehren des *Dharma* erklärte. Daneben findet sich häufig eine Zeichnung: ein Rad als Symbol für das Rad des *Dharma*, des Gesetzes, das der Buddha in Bewegung versetzt hatte. In diesen Edikten, die überall in seinem Reich eingraviert und proklamiert wurden, ruft er dazu auf, moralische Regeln nach den Vorschriften des Buddha einzuhalten: »Hierin [im *Dharma*] aber liegt beschlossen Freundlichkeit gegen Diener und Sklaven, Gehorsam gegen Mutter und Vater, Freigebigkeit gegen Freunde, Bekannte, Verwandte, gegen Brahmanen und Büßer sowie das Meiden des Tötens.« [2] In einem seiner Edikte formuliert der Herrscher ganz deutlich seine Absicht, das buddhistische Gesetz an die Nachwelt zu übermitteln: »In früheren Zeiten gab es noch keine beamteten Hüter des Rechtes und der Moral. Solche beamteten Hüter des Rechtes und der Moral habe ich 13 Jahre nach meiner Krönung eingesetzt. Diese sind bei allen Religionsgemeinschaften damit beschäftigt, dem moralischen Gesetz Geltung zu verschaffen, den rechten Lebenswandel zu fördern. Sie bemühen sich um das Wohlergehen und Heil derjenigen, die nach den Vorschriften des moralischen Gesetzes leben, sogar bei den Yonas, Kambojas, Gandharas, bei den Ristikas und Petenikas sowie bei den anderen westlichen Grenzvölkern. Beim Adel, bei den Brahmanen und den Männern des einfachen Volkes, bei den Armen und Alten sind sie um das Wohlergehen und Heil derer bemüht, die nach den Forderungen des moralischen Gesetzes leben und versuchen, Schwierigkeiten zu beseitigen. (…) Dieses moralische Edikt ist hier eingemeißelt worden, damit es lange Zeit überdauere und damit mein Volk sich danach richte.« [3] Wie später der römische Kaiser Konstantin für das Christentum legte Ashoka einen wesentlichen Grundpfeiler für den Aufstieg des Buddhismus in ganz Asien.

Abgesehen von den Felsenedikten des Kaisers stammen die ersten erhaltenen buddhistischen Schriften erst aus dem 1. Jahrhundert vor unserer Zeitrechnung. Sie sind in Pali verfasst, der Sprache Nordindiens, die dem zur Zeit des Buddha verwendeten Magadhi relativ nahe ist. Der buddhistischen Schule des Theravada, genannt auch die Schule der Ordensälteren, dienen diese Schriften als praktisch ausschließliche Bezugsquelle, während die anderen Strömungen wie die des Mahayana noch auf weitere Lehren zurückgreifen. Diese Texte wurden etwa vierhundert Jahre nach dem Tod des Buddha verfasst und sind wahrscheinlich das Ergebnis einer langen mündlichen Überlieferung. Wir sind es gewohnt, schriftliche – sowie inzwischen audiovisuelle und digitale – Quellen zu nutzen, und vergessen leicht, wie wichtig Gedächtnis und mündliche Überlieferung in den traditionellen Gesellschaften waren. Ausufernde Erzählungen konnten erlernt und getreu von Generation zu Generation weitergegeben werden. Heute noch werden etwa in Indien volkstümliche Epen von Tausenden von Versen weiterhin mündlich überliefert, und das mit großer Originaltreue und obwohl sie schon seit Langem auch schriftlich vorliegen. Das Leben und die Lehren des Buddha wurden also über Jahrhunderte hinweg mündlich überliefert, in einer Zeit, in der das Memorieren genauso üblich war wie heute die Verschriftlichung; hilfreich waren dafür mnemotechnische Verfahren wie Versform, Wiederholung, Formelhaftigkeit und Gesang.

Angeblich soll diese Überlieferung ursprünglich auf die Anhänger des Buddha selbst zurückgehen, auf die ersten Mönche, die ihn kannten und mit ihm verkehrten und die bei seinem Tod um 483 vor unserer Zeit sein Andenken und seine Lehre für die Nachwelt retten wollten. Ein halbes Jahrhundert nach dem Tod des Buddha versammelten sich diese Mönche, die meist ein Wanderleben führten und durch Städte und Dörfer zogen, um weiterzuerzählen, was sie gelernt hatten, zu ihrem ersten Konzil. Möglicherweise kannten einige von ihnen den Buddha noch persönlich. Gemeinsam bemühten sie sich um die Aufstellung eines mündlichen Kanons, versuchten sich also darüber zu einigen, was überliefert werden sollte und wie es überliefert werden sollte. Etliche Regeln und Formeln, die zu diesem entscheidenden Zeitpunkt aufgestellt wurden, fanden sich auch später in den Schriften wieder. Fünfzig Jahre nach dem ersten wurde ein zweites Konzil abgehalten. Von nun an zerfiel der Buddhismus in mehrere Schulen – darauf werde ich noch zu sprechen kommen.

Der buddhistischen Überlieferung nach ist der sogenannte Dreikorb oder *Tipitaka,* der dreiteilige Pali-Kanon der Schule der Ordensälteren, zwischen den beiden Konzilen entstanden. Der *Tipitaka* gilt der Tradition als Niederschrift der ursprünglichen Lehrreden des Buddha. Er besteht aus drei Teilen. Der erste Teil, der *Vinaya Pitaka,* nennt die Ordensregeln und legt durch Bezugnahmen auf das Leben des Buddha die Umstände dar, unter denen sie aufgestellt wurden. Der zweite Teil, der *Sutta Pitaka,* umfasst in fünf Bänden an die zehntausend Predigten und Reden des Buddha und seiner engsten Schüler. Zwar behandeln diese Reden überwiegend Lehre und Glaubenssätze des Buddhismus, doch sie enthalten auch biografische Elemente, sodass man über Querbezüge die fünfundvierzig Jahre verfolgen kann, in denen der Buddha bis zu seinem Tod predigte. Der dritte Teil schließlich, der sogenannte *Abidhamma Pitaka* in sieben Kapiteln, ist den philosophischen Lehren gewidmet und enthält insbesondere eine tief greifende Analyse der Prinzipien, die die körperlichen und geistigen Vorgänge lenken. Der Überlieferung nach soll Buddha den *Abidhamma* in den vier Wochen nach seiner Erwachung erlassen haben; in den Kanon wurde er allerdings erst später aufgenommen, bei einem dritten Konzil der Theravada-Schule, sodass diese direkte Abkunft recht zweifelhaft erscheint. Was ist über dieses Textkorpus zu sagen? Wirkliche Objektivität – also der Anspruch, die Worte des Buddha wörtlich zu berichten – ist natürlich nur bedingt gegeben. Einerseits weil es trotz hoch entwickelter mnemotechnischer Fähigkeiten der Mönche völlig normal ist, dass im Laufe der Generationen Abänderungen, Auslassungen, Zufügungen, Verzierungen, Präzisierungen am ursprünglichen Text vorgenommen wurden. Außerdem drückten die Mönche dieser Lehre in Pali den Stempel ihrer Schule auf, des Theravada, denn es war die Zeit, in der innerhalb des Buddhismus Spaltungen offenkundig wurden. Bei all diesen Einschränkungen muss man aber den Pali-Texten doch ein historisches Substrat zuerkennen. Die indirekten Beschreibungen des religiösen Indiens im 6. und 5. Jahrhundert vor unserer Zeit werden durch andere, nichtbuddhistische Quellen bestätigt, insbesondere durch die Texte des Jainismus, einer Religion, die kurz vor dem Buddhismus entstand. Vor allem aber stellen die Ausführungen zum Thema Vedismus, der damals vorherrschenden Religion, schon für sich genommen einen Beweis dafür dar, dass diese Texte nicht um die Zeitenwende herum von null auf erfunden wurden und auch nicht in den zwei oder drei Jahrhunderten davor: Zu diesem Zeitpunkt war nämlich der Vedismus bereits dem gewichen, was wir heute als Hinduismus bezeichnen. Zudem werden die historischen Details in den Pali-Texten – etwa die Nennung der Namen von Königen, die zu der entsprechenden Zeit wirklich lebten, zum Beispiel Bimbisara, König des Reiches von Magadha, oder die Beschreibung vom Aufkommen des städtischen Lebens an bestimmten Orten, von sozialen Schichtungen, Bräuchen und Konventionen –, alle diese Details also werden von Archäologen und Historikern bestätigt. Diese Fülle von nachweislich historischen Ausführungen untermauert die Existenz eines realen Substrats für die Wanderungen, Taten und Worte des Buddha, wie sie traditionell überliefert werden.

Ausgehend vor allem von diesem Material, wurden die »Lebensbeschreibungen des Buddha« verfasst, ein ganz eigenes literarisches Genre, das vom 2. oder 3. Jahrhundert unserer Zeitrechnung an regelrecht florierte, das aber von keiner buddhistischen Schule in ihren Kanon integriert wurde, wie es bei den christlichen Evangelien der Fall ist. Begründen lässt sich dieses Fehlen, das sich in sonst keiner anderen religiösen Tradition wiederfindet, mit der wiederholten Warnung des Buddha vor dem Personenkult. Die Anekdoten über sein Leben, wie sie im buddhistischen Kanon berichtet werden, dienen als Beispiel, sind aber chronologisch ungeordnet; die ersten Biografen rekonstruierten das Leben des Buddha ausgehend von diesen versprengten Quellen. Oder stützten sie sich auf einen Bericht, der beim zweiten Konzil verfasst wurde und von dem, wie es die Überlieferung will, nur die Spur verloren gegangen ist? Dafür besitzen wir keinerlei Beweis. Die »Lebensbeschreibungen des Buddha« galten zunächst dem Leben des Buddha bis zu seiner Erwachung und seiner ersten Predigt, aber im Laufe der Jahrhunderte berichteten sie von den ganzen fünfundvierzig Jahren seines Predigerlebens. Ganz offensichtlich übernahmen sie auch systematisch einen legendären Anteil und mengten Wunder und übermenschliche Heldentaten unter den Bericht über den Weg des Mannes, der eines Tages beschlossen hatte, alles aufzugeben und sich auf die Suche nach der Wahrheit zu begeben.

Die älteste Quelle zu Sokrates ist umso verlässlicher, als sie zeitgenössisch ist … und feindselig! Wir befinden uns im griechischen Athen Ende des 5. Jahrhunderts vor unserer Zeit. Sokrates lebt noch, er geht auf die 50 zu, als das erste Werk erscheint, das ausdrücklich auf ihn Bezug nimmt. Und es ist alles andere als schmeichelnd! In seiner Komödie *Die Wolken* nämlich geißelt um 425 der Komödiendichter Aristophanes geradezu bissig den Philosophen, in dem er die Personifizierung aller Sophisten sieht, diese Meister der Rhetorik, die durch ganz Griechenland zogen und die Kunst lehrten, in der öffentlichen Rede mit Raffinesse jede beliebige These zu verteidigen, und mochte sie noch so widersprüchlich sein. In seinem Stück bezichtigt Aristophanes den Sokrates des Scharlatanismus, bezeichnet ihn als »Barfußgänger«, karikiert seine Lehre, denunziert seine hülsenhafte Leere. Dem Strepsiades, der an seine Tür klopft, um sich zu seinen Schülern zu gesellen, lässt er ihn sagen: »Nun denn! Sag an, wie ist dein Naturell,/Damit ich weiß, mit welchen neuen Waffen/Ich demgemäß dich anzufassen habe! (...) /Laß mich vor der Hand nur eins dich fragen.« (Aristophanes, *Sämtliche Komödien,* 2 Bände, übers. v. Ludwig Seeger, Zürich 1952, S. 144, Sz. 1)

An dieser letzten Bemerkung lässt sich ablesen, dass der Vater der Moralphilosophie bereits seine ureigene Methode entwickelt hat, die auf der Befragung des Gesprächspartners beruht – wir bezeichnen sie heute als »Mäeutik«, die Hebammenkunst. Aristophanes' Komödie verrät uns aber letztlich nur wenig über Sokrates' Denken und sein Leben. Immerhin bezeugt sie aber, dass es den Lehrer gegeben hat, und sie zeigt, dass er bereits damals in Athen eine gewisse Bekanntheit genoss, da er als emblematische Figur die dem Aristophanes verhassten Sophisten verkörpern soll.

Das meiste, was wir über Sokrates wissen, stammt aber von seinen Schülern und unter ihnen in erster Linie von Platon. Es ist unklar, wann genau die beiden Männer sich begegneten, aber Platon war ein junger Mann (etwa zwanzig Jahre alt), während Sokrates schon über sechzig war. Platons Faszination für seinen Lehrer, bei dem er mindestens acht Jahre verblieb, war so groß, dass er ihm die meisten seiner Schriften widmete; und es ist heute relativ schwierig, zwischen dem eigentlich platonischen Gedankengut und den sokratischen Lehren zu unterscheiden. Im Allgemeinen wird angenommen, der »wahre« Sokrates ist der, der in folgenden Dialogen auftritt: *Ion, Protagoras, Gorgias, Charmides, Menon, Phaidon, Kriton* ... In diesen Texten lässt Platon seinen Lehrer das Wort ergreifen und in der Lebendigkeit seines Stils gelingt es ihm, ihn vor unseren Augen zum Leben zu erwecken. Hier sehen wir Sokrates in seinem vollen Glanz, wie er eine Frage an die andere reiht, entschlossen, durch die Kunst des Dialogs der Wahrheit ans Licht zu verhelfen. In wahrscheinlich etwas idealisierter Form spricht Sokrates auch in *Theaitetos, Parmenides* und im *Gastmahl.* Doch ist er auch der Verteidiger der Ideen in der *Politeia?* Das ist kaum wahrscheinlich. Es ist bekannt, dass Platon nach dem Tod seines Meisters eine Zeit lang in Megara Zuflucht suchte, bevor er nach Athen zurückkehrte und seine Akademie gründete. Von diesem Zeitpunkt an macht er Sokrates zum Wortführer der Philosophie und der Doktrin seiner eigenen Schule. »Damit reproduziert Platon nicht den philosophischen Diskurs des Sokrates, sondern er produziert ihn« [4], sagt einer der größten Spezialisten der sokratischen Lehre, Gregory Vlastos. Und wahrscheinlich reproduziert Platon Sokrates' Worte nicht völlig treu: Gelegentlich dürfte er sie »aufgebessert« oder vervollständigt haben, ohne aber den Grundgedanken seines Lehrers dabei zu verunstalten.

Die zweite umfangreiche Quelle, über die wir verfügen, liegt im Werk eines weiteren, allerdings weniger nahen Schülers: Xenophon. Dieser Philosoph, Geschichtsschreiber und Soldat hatte mit Sokrates in dessen beiden letzten

Lebensjahren keinen Kontakt mehr, begleitete er doch zu diesem Zeitpunkt Kyros den Jüngeren auf einem Feldzug. Überhaupt scheint er nie zu Sokrates' engstem Kreis gehört zu haben. Als freilich gegen 390 vor unserer Zeit, also etwa neun Jahre nach dem Tod des Philosophen, der Sophist Polykrates eine aggressive *Anklage des Sokrates* verfasst und darin den Athener Prozess wieder aufwickelt, in dem Sokrates schließlich zum Tode verurteilt worden war, antwortet ihm Xenophon mit seinen *Memorabilien.* Dieses Werk ist einerseits eine philosophische Abhandlung, andererseits ein historischer Bericht über das Leben des Sokrates. Xenophon unternimmt dabei eine Erwiderung auf die *Anklage* und stellt Sokrates als Ehrenmann dar, der Sitten und Götter respektierte – ganz wie in seiner *Apologie des Sokrates* (nicht zu verwechseln mit Platons *Apologie*), die den Tod des Lehrers behandelt. Xenophons Werk mag in Glanz und Tiefe nicht an Platons Bücher heranreichen, es ist und bleibt aber ein wichtiges Instrument für die Sokrates-Biografen. Dank der Überschneidungen lassen sich mit seiner Hilfe verschiedene von Platon angeführte Informationen bestätigen.

Zu diesen Werken kommen noch einige Fragmente des Aischines von Sphettos, einem Vertrauten des Sokrates, dessen heute verschollene Dialoge angeblich den Lehrreden des Meisters am nächsten kamen; einige Bruchstücke des Antisthenes, auch er ein Schüler und späterer Begründer des Kynismus; sowie einige indirekte Hinweise von Aristoteles, der Sokrates selbst nicht kannte, aber zwanzig Jahre lang in Athen Schüler in Platons Akademie war, bevor er mit dem Lykeion seine eigene Schule gründete. Erwähnt seien noch die Bezugnahmen auf Sokrates, die sich überall in den Werken der späteren Philosophen finden, etwa bei Cicero, der im 1. Jahrhundert vor unserer Zeit leidenschaftlich die Feindseligkeit schilderte, die die Epikureer gegen ihn hegten, oder aber bei dem Platoniker Cassius Maximus Tyrius, der im 2. Jahrhundert unserer Zeitrechnung dem Gedankengut der Neoplatoniker den Weg bereitete. Insgesamt verfügen wir also über umfangreiches Material, aus dem wir Leben und Lehre des wichtigsten Lehrmeisters der westlichen Philosophie erschließen können. Die Frage, inwieweit dabei von diesen frühesten Zeugen verändert und idealisiert wurde, wird sich wohl kaum je definitiv beantworten lassen.

Jesus ist die Person, um deren Existenz, Leben und Wort seit Beginn der Aufklärung in Europa am meisten debattiert wurde; zugleich erhob sich ein Skeptizismus und griff in den Gesellschaften um sich, die über Jahrhunderte hinweg den »unbestreitbaren Wahrheiten« unterworfen waren, die von der Kirche behauptet wurden. War doch achtzehn Jahrhunderte lang der einzige Jesus, den die Gläubigen kannten, die von der Institution Kirche sorgfältig ausgearbeitete Figur: eine vorbildhafte Gestalt, die zudem noch als »Mensch gewordener Gott« galt. Sein Leben und sein Wort wurden im Katechismus und im sonntäglichen Gottesdienst gelehrt und kaum je hinterfragt. Das Aufkommen des Humanismus und der Reformation im 16. Jahrhundert erschütterte zwar die Autorität der katholischen Amtsmacht, stellte aber nicht die Wahrhaftigkeit des Zeugnisses in den Evangelien infrage. Erasmus oder Luther kritisierten den Papst, fochten aber nicht die Schrift als Grundpfeiler des Christentums an. Erst im Deutschland des späten 18. Jahrhunderts entwickelt sich eine historisch-kritische Lesart der Bibel. In Frankreich wird trotz des Widerstands der katholischen Kirche diese Bewegung unter der Führung einiger weniger kühner Exegeten und Theologen Anfang des 19. Jahrhunderts in der Straßburger Schule weitergeführt, deren Ziel es ist, die Gestalt Jesu von der schweren Last des Dogmas zu befreien. Doch dieses Unterfangen erweist sich als ausgesprochen schwierig, weil die Evangelien von bekennenden Gläubigen geschrieben wurden und nicht von unabhängigen Beobachtern.

Es geht hier nicht darum, Entstehen und Entwicklung der christlichen Exegese nachzuzeichnen. Dennoch scheint es mir wichtig, deren Singularität herauszustellen: Keine große historische Gestalt, erst recht kein Begründer einer religiösen oder spirituellen Strömung, wurde je Gegenstand einer derart aufwendigen objektiven Forschung, die sowohl von Atheisten wie von Gläubigen durchgeführt wurde und bei der bedenkenlos die Dogmen hintangestellt wurden, um der argumentierenden Analyse Platz zu machen – mit dem einzigen Ziel, die historische Wahrheit ausfindig zu machen.

Wie bereits erwähnt, leugnet kein Fachmann die Existenz einer Person namens Jesus, eines Juden, der wenige Jahre vor Beginn unserer Zeitrechnung geboren wurde und um das Jahr 30 in Jerusalem gekreuzigt wurde, nachdem er ein bemerkenswert kurzes öffentliches Leben geführt hatte: Den ersten Zeugnissen nach dauerte es nur ein bis drei Jahre. So wie bei Sokrates und dem Buddha stammen die meisten schriftlichen Bezugnahmen auf Jesus von seinen Jüngern, es gibt aber auch Hinweise von außerhalb dieser Kreise. Am wichtigsten ist der des jüdischen Historikers Flavius Josephus, der Jesus in seinem Hauptwerk *Jüdische Altertümer* vom Ende des 1. Jahrhunderts einige Zeilen widmet. In christlichen Kreisen zirkulierten verschiedene

Versionen dieser Zeilen, womöglich wurde hier verschiedentlich retuschiert. Ich verwende den Text des amerikanischen Exegeten John Meier, der diese Versionen übereinandergelegt und mit dem Stil des Autors der *Altertümer* verglichen hat. [5] So befindet er es für »wahrscheinlich«, dass Flavius Josephus schrieb: »Um diese Zeit lebte Jesus, ein weiser Mann. Er tat nämlich ganz unglaubliche Dinge und war der Lehrer derer, die gern die Wahrheit hören; so zog er viele Juden und viele aus dem Heidentum an sich. Auf Anklage der Vornehmen bei uns verurteilte ihn Pilatus zwar zum Kreuzestod; doch wurden die, die ihn zuvor geliebt hatten, auch jetzt ihm nicht untreu. Noch bis jetzt hat das Volk der Christen, die sich nach ihm nennen, nicht aufgehört.« [6]

Kurz erwähnt Josephus Jesus in einer weiteren Passage der *Altertümer;* Kontext ist die Übergangszeit in Jerusalem im Jahr 62 zwischen dem Tod des Prokurators Festus und der Ernennung seines Nachfolgers Albinus. Diese Zeit habe der Hohepriester Ananos der Jüngere genutzt: »Er versammelte daher den hohen Rat zum Gericht und stellte vor dasselbe den Bruder des Jesus, der Christus genannt wird, mit Namen Jakobus, sowie noch einige andere, die er der Gesetzesübertretung anklagte und zur Steinigung führen ließ.« [7]

Als weitere nichtchristliche Quellen seien die *Annalen* des römischen Geschichtsschreibers Tacitus (57–120) zitiert. Der Teil dieser *Annalen,* der den Zeitraum behandelt, in dem Jesus öffentlich auftrat, ist verloren. In einem anderen Teil aber, in dem der Brand Roms im Jahr 64 geschildert wird, für den das Gerücht Kaiser Nero verantwortlich machte, führt Tacitus aus: »Also schob Nero, um diesem Gerede ein Ende zu machen, die Schuld auf andere und bestrafte sie mit den ausgesuchtesten Martern. Es waren jene Leute, die das Volk wegen ihrer Schandtaten haßte und mit dem Namen ›Christen‹ belegte. Dieser Name stammt von Christus, der unter Tiberius vom Prokurator Pontius Pilatus hingerichtet worden war. Dieser verderbliche Aberglaube war für den Augenblick unterdrückt worden, trat aber später wieder hervor und verbreitete sich nicht nur in Judäa, wo er aufgekommen war, sondern auch in Rom, wo alle Gräuel und Abscheulichkeiten der ganzen Welt zusammenströmen und geübt werden.« [8] Eine Erwähnung findet sich außerdem in einem Brief des Prokonsuls Plinius des Jüngeren, den dieser um 112 an den Kaiser Trajan richtete, um ihn über die Verbrechen der »Christen« in Kenntnis zu setzen; in erster Linie gehe es dabei um die Weigerung, am Kaiserkult teilzunehmen, und um die regelmäßige Abhaltung von Versammlungen vor dem Morgengrauen, um »Christus als Gott« ein Lied darzubringen. [9] Plinius ergänzt, er habe die Anklagen wegen Kannibalismus und Inzest, die gegen die Christen erhoben worden seien, nicht weiter verfolgt, aber dennoch einige von ihnen hinrichten lassen. In den jüdischen Schriften, die nach der Zerstörung des Tempels von Jerusalem (70 unserer Zeit), also nach dem Bruch mit den Christen jüdischer Herkunft, verfasst wurden, finden wir den Namen Jesu erwähnt im Traktat Sanhedrin des Babylonischen Talmud. Der entsprechende Abschnitt erwähnt einen gewissen Jesus, der »Zauberei getrieben, Israel verführt und abtrünnig gemacht hat«, bevor er am Vortag des Passahfestes erhängt wurde.

Das meiste, was wir von Jesus und seiner Botschaft wissen, stammt aus christlichen Quellen, die mindestens zwanzig Jahre nach seinem Tod verfasst wurden. Die ersten Texte sind die Briefe (oder Episteln) des Paulus, eines jüdischen Schriftgelehrten, der die Jünger Jesu verfolgte, bevor er konvertierte und ein leidenschaftlicher Verkündiger des christlichen Glaubens wurde. Paulus geht davon aus, dass seine Leser Jesu Leben und Wort im Wesentlichen bereits kennen – was die Existenz einer mündlichen Überlieferung beweist; ihm ist vor allem daran gelegen zu erklären, was gegenüber dem jüdischen Gesetz am christlichen Glauben neu ist, und seine Episteln begründen regelrecht die christliche Doktrin. Dazu kommen weitere Apostelbriefe, etwa die von Petrus und Jakobus, die die Jerusalemer Urgemeinde leiteten. Doch erst nach deren Tod etwa dreißig Jahre nach der Kreuzigung Jesu hatten die Christen das Bedürfnis, das mündliche Zeugnis dieser Augenzeugen schriftlich festzuhalten. So wurden die vier Evangelien verfasst – Markus, Matthäus, Lukas und Johannes –, die vorgeblich vom Leben Jesu berichten und sein Wort wiedergeben.

Einzelheiten liefern noch weitere Schriften, die sogenannten Apokryphen, die also nicht in den offiziellen Kanon der christlichen Kirchen mit aufgenommen wurden. Diese apokryphen Texte haben seit dem Welterfolg des Dan-Brown-Romans *Sakrileg (The Da Vinci Code)* ein sehr starkes Echo hervorgerufen, denn in diesem Roman werden sie als authentischer dargestellt als die vier kanonischen Evangelien. Exegeten und Historiker sind sich dagegen einig, dass sie historisch weniger zuverlässig sind als diese vier Evangelien. So sind die Apokryphen nicht nur sehr viel später verfasst worden – im 2. bis 4. Jahrhundert –, sondern zeugen auch ganz offensichtlich entweder von dem Bestreben, das Leben Jesu auszuschmücken wie das Protoevangelium des Jakobus oder das Kindheitsevangelium nach Thomas, oder aber von einer gnostischen Perspektive wie die Evangelien des Judas, der Maria oder des Philippus. Besonderes Interesse dagegen bringen die Forscher einem Thomasevangelium entgegen, das von christlichen Autoren des 3. Jahrhunderts zitiert wird; eine koptische Version davon wurde 1945 im ägyptischen Nag Hammadi gefunden. Es besteht aus 114 Sprüchen Jesu, die jeweils mit der Formel »Jesus sprach« eingeleitet werden; etwa für die Hälfte von ihnen finden sich Entsprechungen in den kanonischen Evangelien. Die Forscher schließen nicht aus, dass seine ursprüngliche Version älter ist als das Markusevangelium.

Zwar wurde das Leben Jesu sehr viel schneller schriftlich festgehalten als das des Buddha; war es aber nicht trotzdem zu spät, als dass sich diese Texte als verlässliches historisches Dokument lesen lassen? Nennen wir einige Daten. Das älteste der vier Evangelien, das Markusevangelium, wurde zwischen 66 und 70 verfasst, kurz nach dem Tod von Petrus und Paulus, aber noch zu Lebzeiten anderer direkter Zeugen der Ereignisse. Der Bischof Irenäus von Lyon nennt 180 Markus den »Schüler und Dolmetscher Petri« [10], selbst gekannt habe er Jesus aber nicht. Im 4. Jahrhundert bestätigt der Historiker Eusebius von Caesarea die Funktionen des Markus und greift dabei auf das Zeugnis das Papias zurück, des Bischofs von Hierapolis im Jahr 120: »Markus hat die Worte und Taten des Herrn, an die er sich als Dolmetscher des Petrus erinnerte, genau, allerdings nicht ordnungsgemäß, aufgeschrieben. Denn nicht hatte er den Herrn gehört und begleitet; wohl aber folgte er später, wie gesagt, dem Petrus, welcher seine Lehrvorträge nach den Bedürfnissen einrichtete, nicht aber so, dass er eine zusammenhängende Darstellung der Reden des Herrn gegeben hätte. Es ist daher keineswegs ein Fehler des Markus, wenn er einiges so aufzeichnete, wie es ihm das Gedächtnis eingab. Denn für eines trug er Sorge: nichts von dem, was er gehört hatte, auszulassen oder sich im Berichte keiner Lüge schuldig zu machen.« [11] Die Evangelien des Matthäus, eines zum Christen gewordenen syrischen Juden, und des Lukas, eines konvertierten Heiden aus Antiochia, wurden zwischen 80 und 90 auf Griechisch verfasst, wahrscheinlich sind sie von Markus inspiriert. Allerdings weichen sie in der Chronologie von Markus' Text ab und enthalten zwei zusätzliche Kapitel über die Kindheit sowie eine erstaunliche gemeinsame Sammlung von sonst unerwähnten Jesusworten, die – seit ihrer Rekonstruktion Ende des 19. Jahrhunderts durch deutsche Exegeten – Logienquelle oder Q (vom Wort »Quelle«) genannt wird. Wahrscheinlich war Q eine schriftliche Sammlung von Sprüchen Jesu, die unter unbekannten Umständen vor Ende des 1. Jahrhunderts verschollen ist. Das vierte Evangelium schließlich, das dem Apostel Johannes zugeschrieben wird und um 100 verfasst wurde, unterscheidet sich sehr stark von den drei vorherigen – den sogenannten synoptischen Evangelien, weil sie nebeneinander in Spalten angeordnet und verglichen werden können und weil sie, trotz chronologischer Abweichungen, in derselben Weise das Wirken Jesu in Galiläa beschreiben, eine einzige Reise nach Jerusalem und schließlich die Kreuzigung. Johannes dagegen weitet Jesu Wirkungsraum auf Judäa aus, beschreibt ihn bei mindestens vier Gelegenheiten in Jerusalem und lässt ihn große Reden halten statt der kurzen Ansprachen, die die Synoptiker bevorzugen.

Diese Abweichungen unter den vier Berichten der Evangelien wurden gelegentlich als Beweis für ihre Nichtauthentizität interpretiert. Es wird gar behauptet, die entstehende Kirche habe diese Texte schlicht erfunden, um ihre Macht auf einem mythischen Leben und den Worten eines Jesus zu begründen, den es vielleicht nie gegeben habe. Meiner Ansicht nach verhält es sich genau umgekehrt: Hätte eine junge Institution frei erfundene Dokumente erstellen wollen, so hätte sie sie doch übereinstimmen lassen! Ganz gewiss hätte sie sich nicht mit vier Zeugenberichten herumgeschlagen, sondern hätte eine einzige »Vita Jesu« verfasst, die von vorne bis hinten glatt und kohärent wäre! Die Tatsache, dass eine Institution diese vier Berichte bereits im 2. Jahrhundert anerkannte und Ende des 4. Jahrhunderts in ihren offiziellen Kanon aufnahm, dass sie nicht einmal versuchte, sie in Einklang zu bringen und die Unstimmigkeiten zu kaschieren oder auch Passagen zu streichen, die ihr selbst ungelegen kamen, ist für mich ein deutlicher Hinweis auf ihre Autorität, also auf den Anspruch auf Authentizität, den sie bei den ersten Generationen der Christen genossen. Das heißt freilich nicht, dass alle Aussagen der vier Evangelien strikt als die Wahrheit über das Leben und die Worte Jesu gelten müssen. Eben die Tatsache, dass es Unstimmigkeiten zwischen den Berichten gibt, zeigt, dass einige Ereignisse nicht genau so geschehen sind, wie sie von dem einen oder anderen Erzähler dargestellt wurden. Von Beginn der christlichen Überlieferung an besteht also das Bedürfnis, die fundamentalen Schriften zu interpretieren.

Diese Interpretation wird dadurch umso legitimer, als die Evangelien – anders als die Berichte über den Buddha, die seine Worte so festhalten wollen, wie er sie gesprochen hat – sich offen als Berichte präsentieren, die den besonderen Blickwinkel ihrer Verfasser wiedergeben. Die christliche Überlieferung anerkennt, dass diese ersten Berichte aus dem Blickwinkel von Gläubigen verfasst und keine objektiven Reportagen oder gar Texte sind, die von Gottes eigener Hand geschrieben worden wären. Das Wort Gottes ist die heilige Schrift für die Christen nicht, weil sie unter Gottes Diktat verfasst, sondern weil sie Gläubigen von Gott eingegeben wurde. Doch wie jeder Zeuge bringen die Gläubigen beim Schreiben ihre Persönlichkeit ein, ihren Blickwinkel, ihre Empfindsamkeit, stoßen aber auch an die Grenzen ihres Gedächtnisses und der schriftlichen oder mündlichen Quellen, auf die sie zugreifen. Es ist also unvermeidlich und anerkannt, dass es zu Näherungen und Interpretationen kommt. Statt jedes Wort der Evangelien buchstäblich auszulegen, versuchen die christlichen Exegeten und Theologen sie vielmehr in ihrer Gesamtheit zu betrachten und die Hauptlinien der Berichte herauszustellen. Diese aber sind klar genug, um sich eine recht genaue Vorstellung davon machen zu können, wie das Leben und die wichtigsten Lehren Jesu aussahen. Über das eine oder andere Ereignis wird noch debattiert, auch über die Authentizität des einen oder anderen Jesuswortes, im Wesentlichen aber sind sich die Exegeten darin einig, was in den Berichten der Evangelien der Wirklichkeit am nächsten kommt.

2 Soziale Herkunft und Kindheit

Siddhartha der Inder, Sokrates der Grieche und Jesus der Jude wurden in familiär und kulturell sehr unterschiedlichen Umfeldern geboren. Gemeinsam ist ihnen aber, dass in der Gesellschaft, in der sie aufwachsen, ein Klima der Auflehnung gegen die Ordnung herrscht, die von den politischen und religiösen Eliten aufgestellt wurde. Das wird sich auch in der starken rebellischen Ausprägung ihres Lebens und ihrer Botschaft niederschlagen.

Siddhartha, indischer Aristokratensohn

Der Überlieferung nach war Siddhartha Shakyamuni (besser bekannt unter seinem Ehrentitel Buddha) ein Blutsprinz, der älteste Sohn des mächtigen Suddhodana, König von Kapilavatthu. Siddhartha ist dieser Überlieferung gemäß in einem Wald in Lumbini geboren, am Fuß des Himalaja im Nordosten des indischen Subkontinents, wo seine Mutter auf Reisen war. Der am allgemeinsten anerkannten Hypothese nach war das im Jahr 560 vor unserer Zeit, nach der singhalesischen Überlieferung siebzig Jahre früher und nach chinesischen Quellen fünfzig Jahre später. Noch am selben Abend kehrten das Kind, die Mutter und ihr Gefolge in den Familiensitz in Kapilavatthu zurück. Die historischen und archäologischen Untersuchungen zum Geburtsort haben bewiesen, dass Kapilavatthu ein kleiner Ort in der Gangesebene war. Alles deutet darauf hin, dass Siddharthas Vater allenfalls ein lokaler Kleinherrscher war, wahrscheinlicher aber ein Mitglied der aristokratischen Klasse des Shakya-Klans (daher der Name Shakyamuni), ein gewiss einflussreicher Mann, dessen soziale Stellung seiner Familie andere Lebensbedingungen sicherte als dem gemeinen Volk, der aber doch nicht den Fürstenstatus innehatte, den man ihm angedichtet hat, um die Geschichte auszuschmücken.

Das Indien jener Zeit ist noch weitgehend vom Vedismus beherrscht, einer Religion, die ganz von ihren Priestern in Beschlag genommen ist, den Brahmanen, Mitgliedern einer höheren Kaste, die sich nicht unter das Volk mischen, sondern sich endlosen, komplexen Riten widmen, die im Veda kodifiziert sind. [12] Sie bringen zahlreiche Opfer dar, mit denen den Göttern geschmeichelt werden soll. Von den aus dem Kaukasus stammenden Ariern, die das Indusgebiet Anfang des 2. Jahrtausends kolonisierten, hatte man unter deren Einfluss eine soziale Aufteilung mit einer Hierarchie von Klassen oder *Varna* übernommen, die absolut undurchlässig waren – später wird man sie Kasten nennen. Drei Klassen setzen sich durch: die der Brahmanen oder Ordenspriester des Veda-Ritus, die der Kshatriyas, zu denen Adlige und Krieger gehören, sowie die der Vaishyas, der produzierenden Bevölkerung, die wiederum in mehrere Unterklassen unterteilt ist (Kaufleute, Ackerbauern, Diener …). Dazu kommt ein vierter Stand, die »Klassenlosen«, Unreinen oder Candala, wörtlich »die Wilden«.

Siddharthas Familie gehörte wahrscheinlich den Kshatriyas an. Die buddhistischen Quellen führen aus, dass der

König Brahmanen berief, um das Leben seines Sohnes unter gute Vorzeichen zu stellen. Nicht aber schickte er offenbar nach einem der »Waldasketen«, diesen Sinnsuchern, die dem exzessiven Ritualismus zu entkommen suchten und in ihrem persönlichen Wahrheitsstreben seit etwa hundert Jahren die Städte verließen, um ihre Suche bis ans Ende fortzutreiben. Häufig kritisierten sie das starre Kastensystem, wie es später auch der künftige Buddha tun sollte, und ihre Lehre, die zunächst ausschließlich vom Lehrer an den Schüler weitergegeben werden sollte, war doch aus ihrem geschlossenen Kreis nach außen gedrungen. Das Volk hatte sich daran gewöhnt, dass sie in die Dörfer kamen und in Holztiegeln um eine Gabe bettelten, und suchte Rat bei ihnen. Gewiss konnte man ihnen auch in Kapilavatthu begegnen, wo der künftige Buddha aufwuchs. Doch die Religion blieb noch immer weitgehend von den Priestern beherrscht, die über ihre Rituale die Garanten für den Reichtum der Kaufleute und Ackerbauern waren und das Wohlergehen der gesamten Gesellschaft unter dem wohlwollenden Blick der Götter sicherten.

Siddharthas Kindheit war gewiss eine goldene, wie die aller Angehörigen seiner Kaste. Von dieser Kindheit wissen wir nur, was die spätere buddhistische Literatur davon berichtet, und darin überwiegt häufig das Phantastische gegenüber dem Wahrscheinlichen. Diesen Berichten zufolge beginnt seine Geschichte noch vor der Geburt, ja vor seiner Zeugung. Seine Mutter, Königin Maya, die kein Kind bekommen konnte, sieht im Traum einen weißen Elefant mit sechs Stoßzähnen, der sie mit dem Rüssel an der Seite berührt. König Suddhodana beruft die Brahmanen ein, die diesen Traum einstimmig interpretieren: Dieses Kind wird sehr groß sein, sehr vornehm, seine Macht wird sich über die ganze Welt ausbreiten. Siddhartha wird, auch das berichtet die buddhistische Überlieferung, von Maya im Stehen geboren. Oder vielmehr steigt er aus der rechten Seite der Königin Maya herab, die im zehnten Monat der Schwangerschaft stand. Einige Tage später, berichtet der *Nidanakatha*, die einzige auf Pali verfasste Biografie des Buddha, werden acht Brahmanen und Zeichendeuter einberufen, um den Neugeborenen zu untersuchen: Sie finden auf seinem Körper die zweiunddreißig Kennzeichen des »großen Mannes«, die nach der indischen Tradition eine außergewöhnliche Bestimmung voraussagen. Sieben von ihnen erklären, das Kind werde entweder ein Erwachter, ein »Buddha«, werden oder aber ein weltbeherrschender König. Der achte, Kondanna, schließt als Einziger die zweite Hypothese aus und erklärt, dieses Kind werde die Erweckung erfahren; er werde den Palast seines Vaters verlassen, wenn er vier großen Vorzeichen begegnet sei: einem vom Alter Bedrückten, einem Kranken, einem Toten und einem Mönch. Zu diesem Zeitpunkt wird ihm der Name Siddhartha gegeben, »der, der die Wünsche der *Deva* [der Gottheiten] und der Menschen erhören kann«.

Seine Mutter stirbt wenige Tage nach der Geburt, und so wächst er bei seiner Tante auf, wie es in Indien Brauch ist. Der Vater des künftigen Buddha will ihn zum Thron erben machen und setzt alles daran, damit der Sohn den vier schicksalhaften Zeichen nicht begegnet. Niemand kann sich den Befehlen des Suddhodana widersetzen, der von allen die strikte Beachtung seines Ediktes verlangt: Sein Sohn soll ein durchweg annehmliches Leben führen. Seine Biografen berichten, beinahe dreißig Jahre lang habe Siddhartha müßig in einem Palast gelebt, aus dem Armut und selbst Krankheit verbannt sind. Er ist umgeben von Dienern, Köchen, Musikanten, Tänzern, Kurtisanen, und deren ganzes Leben gilt dem Wohlergehen des Prinzen. Sein Vater wird noch weitere Kinder haben, die in den Schriften kaum erwähnt werden bis auf den Jüngsten, Nanda, der nach Siddharthas Weggang neuer Thronerbe wird. Im Lauf seines späteren Wanderlebens wird der Erwachte zweimal in den Palast seiner Kindheit zurückkehren und seinen Vater treffen, der am Ende seiner Tage schließlich ein Jünger seines Sohnes wird und sich zum *Dharma*, dem Weg, bekennt.

Sokrates, Sohn einer Hebamme und eines Bildhauers

Verglichen mit dem, was die buddhistische Überlieferung über die Jugend Siddharthas berichtet, sind die Erzählungen über die Kindheit des Sokrates, obgleich sie schon kurz nach seinem Tod überliefert wurden, recht dürftig – damit aber, wie mir scheint, umso glaubhafter. Sokrates ist kein Fürst, sondern gehört der gehobenen Athener Mittelschicht an. Sein Vater Sophroniskos lebt als angesehener Bildhauer von seiner Kunst. Seine Mutter Phainarete ist Hebamme, die man sich auf dem Weg von einem Haus ins andere vorstellen muss, überallhin, wo neues Leben erwartet wird. Sie ist eine energische Frau mit ihrem eigenen Beruf, eine geradezu »moderne« Frau, die Familien- und Berufsleben in Einklang zu bringen sucht.

Athen, wo Sokrates um 470 vor unserer Zeitrechnung geboren wird, bebt von revolutionären Bestrebungen wie Indien – aber auch, und praktisch gleichzeitig, wie Mesopotamien und China. Während Letztere ihre »Kulturrevolution« im Religiösen angehen und mit den alten Traditionen brechen, um die spirituellen Bestrebungen des Einzelnen zu bedienen, unternimmt Griechenland diesen Bruch in den Bereichen Weisheit und Philosophie. Parallel zu den Priestern, die das Verhältnis zu den Göttern regeln, hat sich eine Bewegung von Denkern herausgebildet. Diese Denker wirkten zunächst nicht in Athen, der wichtigsten Polis, in der sich die Organe der Macht konzentrierten, sondern in abgelegenen Gebieten, an der Mittelmeerküste Kleinasiens, insbesondere in der Gegend um Milet in der heutigen Türkei; Thales (um 625–um 547) und später sein Schüler Anaximenes (um 585–um 525) suchten dort nach »rationalen« Antworten auf metaphysische Fragen, nach solchen also, die sich auf empirische Erkenntnisse stützen.

Sehr schnell gelangen diese Denker, die man noch nicht als »Philosophen«, sondern als *φυσικοί* (»Naturphilosophen«) bezeichnet, zu der Feststellung, dass das Universum ein Ganzes bildet und dass zur Kenntnis der Welt nur die Kenntnis des Menschen führt: »Man muss sich selbst erforschen und sein ganzes Wissen aus sich selbst schöpfen«, erklärt etwa Heraklit (etwa 540–450), der Denker aus Ephesus nahe Milet. Parallel dazu breiten sich Mysteriensekten aus wie die Schule des Pythagoras, die ihren Anhängern eine Geheiminitiation bieten, in der Selbsterkenntnis und esoterische Religion ineinandergreifen. Athen dagegen bleibt zunächst unberührt von diesen Gelehrten, die über die *φύσις* (Physis) nachdenken (die Natur, die Weltenordnung, den Ursprung der Wesen) und über die Natur der Seele. Der eine oder andere Widerklang mag zwar dorthin vordringen, doch selbst steigt die Stadt erst einige Jahrzehnte später in die Bewegung mit ein, als sich mit Anaxagoras (etwa 500–438) der erste Philosoph dort niederlässt. Gleichzeitig mit Anaxagoras gelangen neue Weise, Redner und Lehrer aus den peripheren Städten in die Polis. Man nennt sie Sophisten, die Spezialisten der *σοφία*, der Weisheit – obgleich ihre Lehre vor allem die Kunst der Rhetorik oder der Politik betrifft. Ihre Schüler, überwiegend die Söhne der Adeligen, bezahlen für die Teilnahme an ihrem Unterricht teures Geld; lernen sollen sie dabei nicht so sehr das Philosophieren über den Sinn des Lebens oder über die Natur der Welt, sondern die Kunst, zu diesen Themen zu argumentieren, um später besser in einer Stadt regieren zu können, die die öffentliche Debatte zur hohen Kunst erklärt und den Redekampf geradezu verherrlicht. Das Volk freilich sucht seinen Halt eher bei den Priestern und Göttern der Tempel als bei den Sophisten.

Ein paar Worte zur politischen Lage in Athen. Das Griechenland des Sokrates erhebt sich gerade aus dem, was man das »dunkle Zeitalter« nennt, also die vier oder fünf Jahrhunderte nach dem rätselhaften Verlöschen der mykenischen Kultur um 1200 vor unserer Zeitrechnung. In dieser Zeit nimmt die Bevölkerung Griechenlands ab, und das Land zerfällt in unbedeutende Kleinststaaten unter schwachen Kleinkönigen, denen aber die Sprache gemeinsam ist, die Götterwelt und die Gründungssagen, nämlich *Ilias* und *Odyssee*, die später Homer zugeschrieben wurden, sowie Hesiods *Werke und Tage*. Allmählich bildet sich ein Landadel heraus, der die eigentliche Macht innehat, und ihm verdanken die Städte oder *πόλεις* (Poleis) eine neue Blüte. Jede von ihnen setzt einen Gott oder eine Göttin als Schutzpatron ein, gibt sich ein Heer und ab dem 6. Jahrhundert eine eigene Währung, schließlich eigene Gesetze. Die Künste, die Mathematik, die Philosophie beginnen sich zu entwickeln. Vom 6. Jahrhundert an, vor allem aber im 5. Jahrhundert erweist sich Athen, das damals 300 000 Einwohner hat – ein Drittel davon sind Bürger, also freie Männer über 18 Jahre, deren Eltern auch bereits Athener waren –, an Reichtum und Ausstrahlung den anderen griechischen Stadtstaaten deutlich überlegen. Um 499 vor unserer Zeit erheben sich die ionischen Städte, unter ihnen Milet als reichste von ihnen, gegen das Joch der Perser und rufen Athen um Hilfe an. Nach den beiden Perserkriegen übernehmen die Athener um 479 die Kontrolle über die Inseln der Ägäis und errichten kurz darauf den sogenannten Attischen Seebund, und zwar auf einer Zusammenkunft, an der Vertreter aller griechischen Stadtstaaten teilnehmen. Es kommt zur Einrichtung eines einheitlichen Heeres und einer Währung, und mehr und mehr übernimmt Athen als Vorreiter dieses Bundes eine erdrückende Vormachtstellung. Athen wird nicht von einem König regiert, sondern von einem Kollegium von zehn Strategen aus den angesehensten Familien, die jährlich von der Volksversammlung gewählt werden. Im Kriegsfall bestimmt das Kollegium einen Strategen zum Oberbefehlshaber. Perikles, der fünfzehnmal zum Strategen gewählt wurde, war einer der einflussreichsten Politiker Athens – sodass man diese Epoche heute auch als »Perikleisches Zeitalter« bezeichnet.

Man darf annehmen, dass Sokrates die klassische Erziehung erfuhr, die das Gesetz für die jungen Athener seiner sozialen Schicht vorsah: Unterricht in Gymnastik, Musik, Geometrie, Landwirtschaft und natürlich das Studium der großen Dichter wie Homer, Äsop und Hesiod. Ob er einen Beruf hatte, ist unbekannt. Vielleicht versuchte er sich in der Bildhauerei wie sein Vater, zumindest deutet das

Diogenes Laertios in seinem Werk *Leben und Meinungen berühmter Philosophen* an. Beruft man sich allerdings auf Platons *Parmenides,* so sieht man Sokrates bereits mit 19 Jahren lieber Gespräche mit Sophisten wie dem Eleaten, Protagoras, Polos und Zenon führen, außerdem mit geistvollen Frauen wie Aspasia, der Gefährtin des Perikles. Hatte er einen bevorzugten Lehrer? Im *Kratylos* lässt Platon den Sokrates sagen, er sei ein Schüler des Prodikos gewesen. [13] In den anderen Dialogen dagegen besteht Sokrates darauf, er habe sich zwar sein Leben lang gebildet, sei aber niemands Schüler gewesen; vielmehr habe seine nie endende Neugier ihn dazu getrieben, von allen Wassern zu trinken, von den Naturphilosophen vor ihm bis zu den Sophisten, diesen Meistern der Redekunst, und wahrscheinlich auch von den Anhängern der Mysterienkulte.

Sokrates war seiner Heimatstadt eng verbunden und verließ Athen nur zu seinem Militärdienst; insbesondere nahm er an der Schlacht von Potidaia gegen Korinth und dessen Verbündete unmittelbar vor Beginn des Peloponnesischen Kriegs teil, wo er dem Alkibiades das Leben gerettet haben soll (um 432 vor unserer Zeit), dann an der Schlacht von Delion und von Amphipolis (zwischen 424 und 422 vor unserer Zeit). Sonst ist über seine Kindheit und seine Jugend sowie über seine ersten Jahre der Mannesreife nichts bekannt. In den Dialogen und sonstigen Schriften, die seine Schüler ihm widmeten, findet sich keinerlei Hinweis auf seine Erziehung. Das Einzige, was die Berichte festhalten, ist der Beruf seiner Mutter, den er nach eigener Aussage auf seine Weise übernahm: Er betrieb die Hebammenkunst. Und brachte damit die Vernunft ans Licht der Welt …

Mit 31 Jahren schließlich lehnte Sokrates es wohl ab,

dem Rat der Polis beizutreten: Lieber zog er durch die Straßen, erweiterte sein Wissen, befragte die anerkannten Garanten von Weisheit und Wissen, vernachlässigte auch nicht Götterkult und Opfergaben. Der Ruf der Weisheit sollte in ihm immer einen stärkeren Nachhall finden als der der Politik.

Jesus, palästinensisch-jüdischer Handwerkersohn

Etwa fünf Jahrhunderte trennen den palästinensischen Juden Jesus von dem Inder Buddha und vier von dem Athener Sokrates. Zu Beginn unserer Zeitrechnung hat der Buddhismus in ganz Asien mächtig und dauerhaft Fuß gefasst, während im Römischen Reich, das auf den Trümmern des antiken Griechenlands erwuchs, eine beträchtliche Reihe philosophischer Schulen entstanden sind; sie stützen sich auf die sokratische Intuition und streben mehr nach der Kenntnis des Menschen als nach dem Verständnis der Welt.

Den Evangelisten Matthäus und Lukas zufolge soll Jesus in den letzten Regierungsjahren Herodes' des Großen in Bethlehem geboren sein. Da dieser im Jahr 4 vor unserer Zeitrechnung starb, bedeutet das, dass die christlichen Mönche der Spätantike, die ausgehend von der Geburt Jesu einen neuen Kalender erstellten, sich um einige Jahre geirrt haben. Nach Lukas stammten seine Eltern, Josef und Maria, zwar aus Nazareth, einer Stadt in Galiläa, waren aber für die Volkszählung, die unter dem Statthalter Quirinius durchgeführt wurde, ins judäische Bethlehem gereist. Hier wiederum wissen wir, dass Quirinius erst ab dem Jahr 6 vor unserer Zeitrechnung in der Region herrschte. Am plausibelsten scheint es den Historikern also, dass Jesus um 5 oder 6 vor unserer Zeit geboren ist, und zwar nicht in Bethlehem, sondern in Nazareth. Dass die beiden Evangelisten Bethlehem nennen, wäre demnach eine theologische Ausschmückung, die eine Verbindung zum Geschlecht Davids herstellen soll: Der jüdischen Überlieferung nach, die sich auf das Versprechen Jahwes gründet (»Ich will dir einen Nachkommen erwecken, der von deinem Leibe kommen wird«), wird der Messias aus diesem Geschlecht stammen. Für die ersten Christen, die alle vom Judentum herkommen, ist dieser Punkt ganz wesentlich, und Paulus weist in seinen Episteln denn auch ausdrücklich darauf hin (Römer 1,3).

Nazareth, wo Jesus die ersten dreißig Jahre seines Lebens verbracht hat, ist eine galiläische Ortschaft mit etwa zweitausend Einwohnern, überwiegend Juden. Ein Ort ohne besondere Kennzeichen, der nicht einmal in der hebräischen Bibel erwähnt wird (dem Alten Testament der Christen). In Palästina, das 63 vor unserer Zeit unter Pompeius erobert worden war, herrscht damals eine tiefe Krise. Heute würde man sagen, das Land litt an Schizophrenie: Es ist von der Religion her jüdisch, kulturell griechisch und lebt unter der Besatzung der Römer, die seinen Einwohnern zwar eine gewisse Kultfreiheit zugestehen, sie aber doch an ihre Kultur heranzuführen suchen, selbst wenn sie damit Anstoß erregen. Ein Sohn Herodes des Großen, Herodes Antipas, der unter römischer Obrigkeit in Galiläa herrscht, schmückt beispielsweise seinen Palast in der neuen Hauptstadt Tiberias mit Tierdarstellungen, die der jüdischen Welt widerstreben. Zudem überbaut er mit dieser Stadt einen alten Friedhof, für die Juden also eine unreine Stätte.

Der römische Statthalter Pilatus, der Jesus zur Todesstrafe verurteilte, prägt Münzen mit heidnischen Augurenstäben. Zudem erhebt Rom sehr schwere Steuern. In Palästina brodelt demnach echte Revoltenstimmung.

Das Judentum unterteilt sich damals in vier große Gruppen, die der Historiker Flavius Josephus in seinen *Altertümern* aufzählt. Die Sadduzäer, meist Aristokraten und hochrangige Priester, führen den Tempel, wo alle Juden zum Opferkult und den reinigenden Waschungen zusammenkommen. Die Pharisäer, zahlenmäßig die größte der jüdischen Gruppen, predigen die Gleichberechtigung von Tora und Tempelkult; sie sind so von der Reinheit besessen, dass sie sogar den Umgang mit Heiden verweigern, legen Wert auf die exakte Befolgung des Gesetzes und leben in der Erwartung eines Messias. Die dritte Gruppe bilden die Essener; diese kontemplativen Asketen leben in Gemeinschaften zurückgezogen in der Wüste, sie vollziehen häufige Waschungen und gemeinschaftliche Gebete, weisen die Autorität des Tempelkults zurück und nehmen nicht an den Festen teil. Flavius Josephus nennt schließlich eine vierte Gruppe, nämlich Aufständische, die sich für den bewaffneten Kampf im Namen Gottes einsetzen: Man wird sie später die Zeloten nennen. All diese Gruppen sind freilich weiterhin durch die Tora und den Monotheismus geeint, außerdem durch ihr Gefühl der Zugehörigkeit zu demselben Volk. Neben diesen verschiedenen Parteiungen kommen noch messianische Bewegungen auf, und zahlreiche, manchmal sehr populäre Wanderprediger ziehen über die Straßen.

In diesen Kontext extremer politischer Anspannung und religiöser Umtriebigkeiten hinein wird Jesus geboren. Wie die buddhistische Überlieferung dem Buddha, so schreiben die christlichen Texte Jesus eine wunderbare Empfängnis und Geburt zu. Die Berichte der Evangelisten Matthäus und Lukas ergänzen einander, sind aber zugleich in einigen Punkten widersprüchlich. Lukas beginnt mit dem Bericht der ebenfalls wunderbaren Empfängnis Johannes' des Täufers, des Sohns von Elisabeth, der Cousine Marias, und dem greisen Priester Zacharias. Dann erzählt er von der Verkündigung Mariä durch den Engel Gabriel: Sie werde durch den Heiligen Geist einen Sohn empfangen, der »Sohn des Höchsten« genannt werden wird. Diese in der christlichen Malerei als Bildtypus seit Langem dargestellte Verkündigungsszene taucht bei Matthäus freilich nicht auf. Zwar spricht auch er von der wunderbaren Empfängnis Mariä durch den Heiligen Geist, erklärt aber, dass die Verkündigung durch den Engel sich an Josef richtete, der seine Verlobte zu verlassen gedachte, als er merkte, dass sie schwanger war, noch bevor er sie angerührt hatte.

Diese Familie, in die Jesus geboren wird, ist sicherlich sehr fromm, wie damals fast alle Juden in Palästina. Man weiß, dass sie den Sabbat befolgt (die Ruhe am siebten Tag), dass sie das Neugeborene beschneiden lässt, dass sie an den jüdischen Festen teilnimmt und in den Jerusalemer Tempel geht, wo Jesus (hebräisch Jeschua) kurz nach seiner Geburt dargestellt wird. Dem Bericht des Matthäus zufolge soll Jesus noch als Kind dem von Herodes dem Großen angeordneten Massaker an allen Knaben unter zwei Jahren entkommen sein, weil seine Familie nach Ägypten fliehen konnte. Doch die Historiker verfügen über keinerlei Belege für diese Begebenheit und bewerten sie als kaum glaubhaft.

Josef gehört der unteren gesellschaftlichen Mittelschicht an, er ist Zimmermann – eigentlich bedeutet die griechische Bezeichnung eher Schreiner: einer, der Holz bearbeitet. Maria kümmert sich wohl um die Erziehung ihres Sohnes, an dessen Seite sie bis zu seiner Kreuzigung stets bleiben wird. Ist er ein Einzelkind? Innerhalb des Christentums wurde das sehr früh zur Streitfrage. Markus und ähnlich Matthäus erwähnen vier »Brüder« Jesu: Jakobus, Josef/Joses, Judas und Simon, sowie mindestens zwei Schwestern, deren Namen aber ungenannt bleiben (Mk 6,3 und Mt 13,55). Das hebräische Wort *ach* bezeichnet sowohl Brüder als auch Halbbrüder und Cousins. Im zweiten Jahrhundert erklären die Kirchenväter Tertullian und Hegesipp, es handle sich um echte Brüder, um »Brüder nach dem Fleisch«; das Protoevangelium des Jakobus hält fest, dass diese Brüder und Schwestern eigentlich Halbgeschwister aus Josefs erster Ehe sind. Im Laufe der Jahrhunderte haben sich die Kirchen in dieser Frage – die deshalb so heikel ist, weil sie womöglich das Dogma der »ewigen Jungfräulichkeit« der Maria infrage stellt – unterschiedliche Auffassungen zu eigen gemacht: Für die katholische Kirche sind diese *ach* Cousins; die Ostkirchen stellen sie als Halbgeschwister dar; und die protestantischen Kirchen schließen nicht aus, dass es sich um echte Geschwister handelt.

Zu Jesu Jugend notieren die Evangelien lediglich: »Das Kind aber wuchs und wurde stark« (Lk 2,40), und »Jesus nahm zu an Weisheit, Alter und Gnade bei Gott und den Menschen« (Lk 2,52). Lukas führt aus, dass die Familie jedes Jahr zum Passahfest in den Tempel kam; bei einer dieser Jerusalemreisen soll der damals zwölfjährige Jesus sich abgesetzt und seinen Eltern einen gehörigen Schrecken eingejagt haben, die ihn mehrere Tage lang überall suchten und ihn schließlich im Jerusalemer Tempel wiederfanden, mitten unter den Rechtsgelehrten, die er äußerst stichhaltig befragte (Lk 2,42–50). Der Junge ist frühreif, intelligent, man darf annehmen, dass er wie die anderen jüdischen Kinder bis zur Pubertät in die Synagogenschule geht, wo er Hebräisch lernt, und dann als Ältester noch etwas weiter lernt, bevor er den Beruf seines Vaters übernimmt. Übrigens bezeichnen ihn die Nazarener mit dem Beinamen »Zimmermann«, als er in der Synagoge zu ihnen spricht (Mk 6,3). Außer Hebräisch spricht er Aramäisch, die damals in Palästina gebräuchliche Sprache, und vielleicht etwas Griechisch und Lateinisch, die Sprachen der Elite.

Zu den recht knappen Ausführungen der Kanoniker fügen die apokryphen Evangelien eine ganze Reihe wunderbarer Ereignisse hinzu. So sieht man etwa im Protoevangelium des Jakobus oder im Kindheitsevangelium nach Thomas einen Jesus, der als Kind Wunder vollbringt, der etwa Tonvögeln Leben verleiht. Ebenfalls im Protoevangelium des Jakobus aus dem 2. Jahrhundert findet sich der Bericht von der »unbefleckten Empfängnis« der Maria, der Mutter Jesu. Nach dem Glaubensdogma, das die katholische Kirche sehr viel später aufstellen wird (1854), ist Maria selbst unbefleckt empfangen worden und damit frei vom Makel der Erbsünde, weil sie später berufen sein sollte, Jesus zu gebären, den »Sohn des Höchsten«. Wie bei den wunderbaren Zügen in der Kindheit des Buddha kann der Historiker angesichts solcher Berichte, von denen es in den Lebensbeschreibungen berühmter religiöser Gestalten geradezu wimmelt, natürlich nur skeptisch sein; ihr Ziel ist es, die Gläubigen zu erbauen, indem sie aufzeigen, wie außergewöhnlich ihre Bestimmung war. Ob man diesen Berichten anhängt, ist eine Frage des Glaubens.

3 Sexualität und Familie

Waren Sokrates, Jesus und Siddhartha Junggesellen oder verheiratet? Weiß man etwas über ihr sexuelles und eheliches Leben? Zwar halten sich ihre ältesten Biografen mit diesen Fragen nicht auf, doch sie geben immerhin genügend, überdies höchst plausible Hinweise, wenn man unsere heutige Kenntnis des historischen Kontextes berücksichtigt, in dem sie jeweils lebten; so können wir uns eine recht genaue Vorstellung von ihrem Ehestand und davon machen, welches Verhältnis zur Sexualität sie pflegten.

Sokrates: Der Familienvater mit einer Vorliebe für junge Männer

Sokrates stammt aus einer Familie des Kleinbürgertums: Wie die Sitte es verlangt, ist er verheiratet. Mehreren Quellen zufolge soll er eine einzige Ehefrau haben, die zänkische Xanthippe, von der er drei Kinder bekommt. Diogenes Laertios, griechischer Historiker zu Beginn des 3. Jahrhunderts, zitiert in dem Abschnitt, den er dem Vater der Philosophie widmet, einige Anekdoten, die sich angeblich im ehelichen Heim zugetragen haben; insbesondere habe Sokrates einmal »eine Anzahl reicher Bekannter« zum Essen eingeladen, was seiner Gattin wegen der Bewirtung einiges

Kopfzerbrechen bereitete, weil sie nur so wenig Geld zur Verfügung hatte (Diogenes Laertios, *Leben und Meinungen berühmter Philosophen* II, 34). Auch von Szenen berichtet er, die Xanthippe dem Sokrates macht, wenn sie ihm etwa in der Öffentlichkeit den Mantel vom Leib reißt oder ihm in einem Wutanfall einen Eimer Wasser ins Gesicht schüttet. »Sagte ich nicht, daß Xanthippe, wenn sie donnert, dann auch Regen bringt?«, erwidert der Gatte ihr da trocken (Diogenes Laertios, *Leben und Meinungen berühmter Philosophen* II, 36).

In Platons *Phaidon* sieht man Xanthippe und ihre Söhne Sokrates im Gefängnis besuchen, kurz bevor er den Schierlingsbecher trinkt. Andere, auf Aristoteles bezogene Quellen erklären, Xanthippe sei seine erste Frau gewesen, von der er den Sohn Lamprokles hatte; in zweiter Ehe habe er Myrto geheiratet, Spross einer hochrangigen Patrizierfamilie und Mutter seiner beiden anderen Söhne, Sophroniskos und Menexenos. Im Blick auf die Besuchsszene Platons, der aber selbst kein direkter Zeuge war, scheint diese Hypothese plausibler: Der jüngste Sohn des Sokrates ist damals gerade einmal zehn Jahre alt. Sokrates selbst ist siebzig, Xanthippe etwa gleich alt, was zu der Annahme berechtigt, dass sie nicht die Mutter dieses Kindes sein kann. [14]

Im damaligen Griechenland verpflichtet die Ehe keinesfalls zur Treue: Verheiratet sind die Männer damals mit dem erklärten Ziel, eine Familie zu gründen, doch fast alle führen ein Parallelleben, das von der Gesellschaft toleriert, ja sogar gutgeheißen wird. Ein Dialog zwischen Sokrates und Alkibiades in der Fassung von Diogenes Laertios fasst diese Situation in knappe Worte: Auf Alkibiades' Frage, wie er noch das Gekeife seiner Gattin ertragen könne, gibt

Sokrates zurück, er, Alkibiades, ertrage doch auch das Geschrei seiner Gänse. »Dafür bringen sie mir auch Eier und Junge«, erklärt der. Und Sokrates erwidert: »Auch ich habe von Xanthippe Kinder bekommen.« (Diogenes Laertios, *Leben und Meinungen berühmter Philosophen* II, 34 und 36)

Den Berichten von Sokrates' Schülern ist zu entnehmen, dass er wenig Umgang mit dem weiblichen Geschlecht pflegte und wie viele seiner Mitbürger lieber bei den jungen Männern weilte. Platon lässt verlauten, »daß Sokrates in die Schönen verliebt ist und sich immer mit ihnen zu schaffen macht und voller Entzücken ist«. (Platon, *Das Gastmahl* 216d) Sokrates selbst gesteht es im *Gorgias,* als er Kallikles anvertraut, er sei »von doppelter Liebe erfüllt«, »zu Alkibiades, des Kleinias Sohn, und zu der Philosophie«. (Platon, *Gorgias* 481d) Und zu Beginn des *Protagoras* macht sich sein Gesprächspartner lustig: »Woher des Weges, Sokrates? Gewiß nicht anderswoher als von der Jagd auf des Alkibiades Schönheit!« (Platon, *Protagoras* 309a)

Es steht fest, dass Sokrates Knaben liebte. Doch nirgends ist ausdrücklich davon die Rede, dass er körperlich bis ans Ziel seiner Leidenschaft ging: Aus den Dialogen lässt sich trotz der Bekundungen seiner Zuneigung eher das Bestreben des Philosophen erschließen, die körperliche Liebe zugunsten der reinen seelischen Liebe hintanzustellen. Derselbe Alkibiades, den Sokrates so liebt, zählt im *Gastmahl* all seine vergeblichen Mühen auf, um den Philosophen leiblich zu erobern. Von ihrem ersten Beisammensein unter vier Augen etwa berichtet er von seiner Erwartung, »er würde mir alsbald mit Anträgen kommen, wie sie ein Liebhaber seinem Geliebten an einsamer Stelle macht«. (Platon, *Das Gastmahl* 217b) Doch nichts dergleichen.

Und von ihren gymnastischen Übungen, die sie, wie damals üblich, wahrscheinlich unbekleidet vornahmen, erzählt er: »Es war alles umsonst.« (Platon, *Das Gastmahl* 217d) In der Nacht schließlich, in der Alkibiades sich zu diesem »wahrhaft dämonischen und wunderbaren Mann« ins Bett gleiten lässt, stößt er sich einmal mehr an Sokrates' Gefühllosigkeit, denn der bedenkt ihn nur mit »Verachtung verbunden mit Spott und Hohn über meine Jugendreize«, so Alkibiades (Platon, *Das Gastmahl* 218d). Offenbar ist er über die Sache noch immer nicht hinweg: »Bei allen Göttern und allen Göttinnen, nachdem ich mit Sokrates das Lager geteilt, erhob ich mich, ohne daß etwas Weiteres geschehen wäre, als wenn ich beim Vater oder älteren Bruder geschlafen hätte.« (Platon, *Das Gastmahl* 219c–d)

Buddha, der Entsager

Der junge Prinz Siddhartha genießt in seinem Palast alle Annehmlichkeiten des Lebens, darunter auch die zu Diensten stehenden Kurtisanen, die ihm seinen Biografen zufolge jegliche Art körperliche Anwendungen, Duftbäder und raffinierte Massagen zukommen lassen, was er sich sehr gefallen lässt. Gerade siebzehn Jahre ist er alt, als er eine Gattin erwählt, seine Cousine Prinzessin Yasodhara, und sich dem Brauch gemäß einen Harem einrichtet. Der junge Mann verweigert weder die fleischlichen Genüsse noch den Überfluss: Dreißig Jahre lang schwelgt er in dem überschwänglichen Wohlleben, das ihm geboten wird; auch an Orgien hat er nichts auszusetzen. Und es liegt auch eine durchfeierte Nacht hinter ihm, als er beschließt, alles aufzugeben und sich auf die Suche nach dem rechten Weg zu machen. Eine Nacht, in der die Musikantinnen, Tänzerinnen und Kurtisanen ihr Bestes gaben, in der er bis zum Überdruss alle Gelüste auslebte, bis er inmitten der halb entblößten Frauen einschlief. Als er erwacht, liegt der gesamte Palast noch im Schlummer, und plötzlich überkommt ihn ein Ekel beim Anblick dieser Körper, in denen er nur noch eine Anhäufung von Kadavern sieht. Und da geht er, freilich nicht ohne zuvor einem letzten Wunsch nachgegeben zu haben: seinen neugeborenen Sohn zu küssen, den er Rahula nennt, wörtlich »Fessel«. Doch als er im Gemach seiner Gattin steht, auf Rahula zugeht und ihn eben zum Abschied in den Arm nehmen will, weicht er zurück: Die alten Schriften erklären, der Prinz habe befürchtet, das Kind so lieb zu gewinnen, dass er auf seinen Weggang verzichten könnte. So wendet er sich ab und verlässt den Palast.

Hier endet den Biografen zufolge das sexuelle Leben des Buddha, der seine Anhänger unablässig mahnt, sich in Acht zu nehmen vor der Suche nach dem falschen Glück, das die sinnlichen Genüsse bieten. Weil die Sexualität das Begehren schlechthin und das Begehren die hauptsächliche Hürde auf dem Pfad des Erwachens ist, untersagt er sie denen, die sich für das Mönchsleben entscheiden, denen also, die nach diesem Leben das *Nirwana* anstreben. Dieses Verbot gehört zusammen mit dem Verbot zu stehlen, zu töten und zu lügen zu den vier *Parajikas*, den vier wichtigsten Vergehen in den 227 Ordensregeln, deren Einhaltung von Mönchen und Nonnen verlangt wird. Wer sich als Laie auf diesen Pfad macht, hat nach dem Erlass des Buddha eine verkürzte Liste von Tugendregeln zu befolgen, und obwohl er ihnen die Ausübung des Geschlechtsverkehrs nicht untersagt, verlangt er, »keine ausschweifenden sinnlichen Handlungen auszuüben« und während der *Uposatha*, der »Tage der Einkehr«, ganz keusch zu bleiben.

Jesus, der Junggeselle

Jesus war immer von vielen Frauen umgeben, auch in der Gruppe der Jünger, die ihm nachfolgten; im damaligen Palästina mag das verwundern, denn der Tradition gemäß (die im Übrigen im gesamten Mittelmeerraum galt) verließen die Frauen als ewig Unmündige Haus und Vormundschaft des Vaters nur, um in die des Ehemanns einzutreten.

Die Frauen in Jesu Gefolgschaft waren manchmal von zweifelhaftem Ruf: Geächtete, Witwen, Prostituierte, »dazu einige Frauen, die er gesund gemacht hatte von bösen Geistern und Krankheiten, nämlich Maria, genannt Magdalena, von der sieben böse Geister ausgefahren waren, und Johanna, die Frau des Chuzas, eines Verwalters des Herodes, und Susanna und viele andere, die ihnen dienten mit ihrer Habe«. (Lk 8,2–3) Die Beziehungen, die er zu ihnen unterhält, sind bei zeitgenössischen Beobachtern nicht immer gern gesehen. Im Haus eines Pharisäers, der ihn an seinen Tisch lädt, lässt sich Jesus etwa von einer »Sünderin« die Füße mit Salböl und Tränen benetzen und schließlich – was für eine sinnliche Geste! – mit ihren Haaren trocknen, was seinen Gastgeber befremdet (Lk 7,36–39). Und er geht gar noch weiter und erregt den Unmut seiner Zuhörer mit den Worten: »Die Zöllner und Huren kommen eher ins Reich Gottes als ihr.« (Mt 21,31)

War Jesus verheiratet? Nach seinen eigenen Worten ist

die Ehe ein natürlicher, ja ein edler Stand: »Der im Anfang den Menschen geschaffen hat, schuf sie als Mann und Frau und sprach: ›Darum wird ein Mann Vater und Mutter verlassen und an seiner Frau hängen, und die zwei werden ein Fleisch sein‹«. (Mt 19,4–5) Dennoch lässt sich fast mit Gewissheit sagen, dass Jesus selbst nie geheiratet hat. Weder die Texte des Neuen Testaments noch irgendeine Schrift aus den ersten drei Jahrhunderten erwähnt auch nur in einer Anspielung die Existenz einer Frau oder von Kindern Jesu. Diese Frage war bei den ersten Generationen von Christen nicht umstritten, und das zeigt, dass sie sich nicht einmal stellte. Wenn Jesus aber verheiratet gewesen wäre und eine Familie gegründet hätte, so wäre nicht einzusehen, warum seine Jünger das nicht erwähnt hätten. In der jüdischen Tradition nämlich genießt die Ehe große Wertschätzung, und alle damaligen Rabbis, Priester und Schriftgelehrten waren verheiratet. Die meisten seiner Apostel, allen voran Petrus, hatten Ehefrauen, und man fragt sich, was sie dazu gebracht haben sollte, ein solches Schweigekartell zu schmieden, um einen Lebensstand zu verheimlichen, der damals der allgemeinen Ansicht nach mit einer geistlichen Mission völlig vereinbar war. Die Wahrheit ist wohl sehr viel einfacher: Wie die Evangelien berichten, folgte Jesus lieber dem Weg der wandernden Propheten und der Essener, dieser radikalen Asketen, die zur Erlangung des Himmelreichs das Zölibat predigten, wie es uns neuere Handschriftenfunde am Toten Meer bestätigen.

So weit, so gut. Doch wenn Jesus also keine Familie hatte, hatte er dann trotzdem fleischlichen Umgang mit einer Frau? Die vier kanonischen Evangelien sagen dazu gar nichts. Doch unter den verschiedenen apokryphen Schriften, die 1945 im ägyptischen Nag Hammadi entdeckt wurden, erwähnt eine Maria von Magdala und stellt sie zweimal als Gefährtin Jesu dar. Es handelt sich dabei um das Philippusevangelium aus dem 4. Jahrhundert: »Drei (Frauen) hatten ständigen Umgang mit dem Herrn: Maria, seine Mutter, ihre Schwester und Magdalena, die ›seine Gefährtin‹ genannt wird.« (Philippusevangelium Spruch 32) Einige Absätze weiter führt der Text aus: »Der Erlöser liebte sie mehr als alle Jünger, und er küsste sie oft auf ihren Mund. Die übrigen Jünger [reagierten eifersüchtig und beklagten sich]. Sie sagten zu ihm: ›Weswegen liebst du sie mehr als uns alle?‹ Der Erlöser antwortete und sprach zu ihnen: ›Weswegen liebe ich euch nicht so wie sie?‹« (Spruch 55, Zitate nach Hans-Josef Klauck, *Apokryphe Evangelien*, Stuttgart 2002, S. 170f.) Diesen zweiten Text zitiert Dan Brown in seinem Roman *Sakrileg;* [15] ihm zufolge stellt er den Beweis für die fleischliche Beziehung dar, die Jesus und Maria von Magdala unterhielten.

Diese Auslegung ist nicht ausgeschlossen, aber doch etwas übereilt. Zunächst einmal, weil das Philippusevangelium unter Dutzenden von kanonischen und apokryphen Texten der einzige ist, der Maria von Magdala explizit als Gefährtin Jesu darstellt. Und nichts lässt darauf schließen, dass ausgerechnet er der historischen Wahrheit näher kommt. Dan Browns in *Sakrileg* vertretener These folgend, könnte man dagegen einwenden, die Kirche habe eben nur die Evangelien beibehalten, die dieses Geheimnis verschwiegen. Das mag sein, doch dann stellt sich weiterhin die Frage, warum in den zahlreichen weiteren apokryphen Evangelien, die die Kirche gleichfalls verworfen hat, ebenso wenig davon die Rede ist. Außerdem spricht, und das ist der wesentliche Punkt, eine vollständige Lektüre des Philippusevangeliums auch für eine andere Interpretation.

Anders als die kanonischen Evangelien stellt dieser Text keinen Bericht über das Leben Jesu dar, sondern eine Sammlung von Sprüchen, die zum Teil Jesus, »dem Herrn« zugeschrieben werden. Absicht des Autors – oder der Autoren – ist es nicht, das Wirken, die Taten und Worte Christi bekannt zu machen, sondern mittels einer Sammlung mystischer Sprüche und Metaphern eine esoterische Lehre zu vermitteln. Fachleute, die mit den Handschriften von Nag Hammadi vertraut sind, haben den gnostischen Charakter dieses Textes nachgewiesen und ihn als regelrechte Initiationsschrift über die geistige Vermählung Gottes mit der gefallenen menschlichen Seele erklärt. Zu dieser mystischen Hochzeit aber kommt es dank dem »Atem« (die koptische Entsprechung zum griechischen *πνεῦμα*), den Christus seinen Jüngern weitergibt. Zahlreiche Passagen dieses Philippusevangeliums verwenden die Bilder der »Umarmung« und des »Kusses«, um die Übertragung des Atems an den Eingeweihten zu symbolisieren. Wie der Philosoph und orthodoxe Theologe Jean-Yves Leloup treffend feststellt, wird der Sinn des Kusses zwischen Jesus und Maria von Magdala nur dann verständlich, wenn man ihn nicht nur im Kontext der Gnosis, sondern auch im Kontext des mystischen Judentums verankert. Das hebräische Wort für »küssen« aber *(nashak)* bedeutet »gemeinsam atmen«. Die jüdische Mystik beschreibt die Weitergabe des göttlichen Atems mit dem Bild eines Kusses, und bei der Vereinigung im Kuss wird das Geheimnis weitergegeben, das ins »Brautgemach« führt, das wahre Allerheiligste. Und genau das ist das zentrale Thema des Philippusevangeliums – Jesus überträgt den Atem auf seine Jünger, um sie ins Brautgemach zu führen, und auch die Weitergabe unter Eingeweihten symbolisiert der Kuss:

»Denn der Vollkommene wird durch einen Kuss schwanger und durch einen Kuss gebären. Deswegen küssen auch wir einander und empfangen die Schwangerschaft durch die Gnade, die unter uns ist.« (Philippusevangelium, 31) In diesem symbolischen und mystischen Kontext erscheint es viel logischer, in Maria von Magdala ein Modell des vollkommenen Jüngers zu sehen als die Geliebte Christi. Deswegen sind die Jünger eifersüchtig und fragen Jesus, warum er sie mehr liebt als sie. Dass der vorbildliche Jünger (der also, der den Herrn küsst) eine Frau ist, entspricht auch der Logik des Textes, der die Vereinigung des Männlichen und des Weiblichen als irdisches Abbild der Vereinigung der Seele mit Gott darstellt.

Dass Jesus tiefe Zuneigung zu bestimmten in den Evangelien erwähnten Frauen empfand, ist sicher. Ob er mit einer oder mehreren von ihnen fleischlichen Kontakt hatte, wird wohl niemand je wissen.

4 Aufkommen einer Berufung

Wie wurden Siddhartha, Sokrates und Jesus zu derart prägenden geistlichen Führern? Welche Ereignisse brachten sie dazu, ihre Botschaft und ihre Lehre öffentlich zu verkünden? Wie kam ihre Berufung auf? Und erwählten sie sie eigentlich, oder überkam sie sie unwillkürlich?

Buddha: das innere Erwachen

Die Biografen des Buddha geizen zwar nicht mit wundersamen Begebenheiten rund um seine Geburt und seine Kindheit, doch nie erwähnen sie eine frühzeitige innere Suche. In seinem Palast ist der junge Prinz Siddhartha ganz von den Annehmlichkeiten des Lebens in Beschlag genommen. Doch irgendwann überkommt ihn der Überdruss, er beginnt sich zu langweilen. Eines Tages lässt er seinen getreuen Wagenlenker sein Pferd anspannen, um in den königlichen Garten außerhalb der Palastmauern zu fahren. Der Wagenlenker gehorcht trotz der Befehle des Königs, der seit der Warnung durch Astrologen und Brahmanen aktiv darauf hinwirkt, seinen Sohn von den vier Visionen fernzuhalten, die sein Leben verändern sollen: dem Anblick eines Greises, eines Kranken, eines Toten und schließlich eines Asketen.

Ein weiteres Mal, so heißt es in den Schriften, greifen die *Deva* in das Leben des jungen Mannes ein und senden ihm das erste Zeichen: Siddhartha, der bisher nur junge, gesunde Menschen kannte, begegnet auf dem Weg einem runzeligen, zahnlosen Greis mit weißem Haar, der sich über seinen Stock krümmt. Schockiert von diesem Anblick, befragt er seinen Wagenlenker, der ihm erwidert: »Das ist, Hoheit, ein Alter, wie man sagt: der hat nun nicht mehr lange zu leben.« Dann fügt er hinzu: »Wir alle sind dem Alter unterworfen, können dem Alter nicht entgehen.«

Vier Monate später beschließt der Prinz, wieder in den Garten zu fahren. Da sieht er, wie ein geschwächter, fiebriger Mann, dessen Körper mit Geschwüren übersät ist, vor seinen Augen von seiner Familie auf die Straße gesetzt wird. Wieder erklärt ihm sein Wagenlenker: »Das ist, Hoheit, ein Kranker, wie man sagt: o daß er doch von diesem Siechtum genesen könnte!« »Bin auch ich der Krankheit unterworfen?«, fragt der Prinz. »Auch du, Hoheit, und wir alle sind der Krankheit unterworfen, können der Krankheit nicht entgehn«, erklärt der Wagenlenker. Und da wird Siddharta die Vergänglichkeit der sinnlichen Genüsse bewusst.

Wieder vergehen vier Monate, bis Siddhartha erneut in den Garten fährt und einem Trauerzug begegnet; erstaunt erfährt er, was der Tod ist: »Das ist, Hoheit, ein Toter, wie man sagt«, erklärt ihm sein Wagenlenker, »der wird nun nicht mehr von Mutter oder Vater oder anderen verwandten Sippen wiedergesehn, und auch er wird Mutter oder Vater oder andere verwandte Sippen nicht wiedersehn.« »Bin auch ich dem Tode unterworfen?«, fragt der Prinz erschrocken. »Auch du, Hoheit, und wir alle sind dem

Tode unterworfen, können dem Tode nicht entgehn.« Dieses dritte Zeichen verstört den Prinzen, und er gelobt sich, ein Mittel zu finden, um dem Tod zu entkommen.

Vier Monate später fährt Siddhartha ein letztes Mal aus. Und er sieht das letzte der vier Zeichen: einen Pilgermönch mit seiner Almosenschale, mit heiterem Gesichtsausdruck in einer tiefen Meditation versunken. Er begreift, dass sein Leben im Reichtum ihn nicht vor dem Alter, der Krankheit und dem Tod wird schützen können, sondern dass er aufbrechen muss zur Suche nach der Wahrheit, die allein ihn befreien kann.

Die Überlieferung berichtet sehr ausführlich von den Umständen dieses Aufbruchs. Wie oben bereits erwähnt, kommt es zu dem entscheidenden Auslöser nach einer durchfeierten Nacht, als der Prinz dreißig Jahre alt ist. Er verabschiedet sich nicht von seinem Sohn, lässt sein Pferd satteln und flieht aus dem Palast. Als er weit genug gekommen ist, lässt er seinen Wagenlenker halten. Er überlässt ihm sein Gespann, seinen Mantel und all seinen Besitz, schert sich den Kopf und tritt in die zweite Phase seines Lebens ein, die Phase der Entsagung. Im Wald erhält der zum Bettler gewandelte Prinz den Namen Gautama, wörtlich »der mit rühmlicher Weisheit begabt ist«, und schließt sich Alara und Udaka an, zwei der angesehensten Yogi-Meister. Sehr schnell übertrifft er sie in der Konzentration, stellt aber fest, dass die yogische Praxis nicht ausreicht, um ihn vom *Samsara*, dem Lebensrad, zu befreien. So setzt Gautama seine Suche fort, diesmal bei fünf der strengsten Asketen überhaupt. Diese Weltentsager interpretieren die soziale Logik des Opfers um und predigen die Verinnerlichung des Opferaktes; dabei gehen sie bis zu extremer Selbstaufgabe, in der sie den einzigen Weg zur Befreiung sehen. Sicherlich machten einige von ihnen damals von sich reden, aber die Geschichte hat ihre Namen vergessen: Kein Text, keine Inschrift bezeugt den Lebensweg dieser Menschen, die an der Emanzipation ihrer Seele von der endlosen Wiederkehr der Wiedergeburten arbeiteten. (Der Glaube an diesen »Kreislauf« entstammt einem alten schamanischen Urmuster der Induskultur und findet sich, wenngleich weniger explizit, auch in anderen primitiven menschlichen Kulturen.)

Doch zurück zu Gautama. Fünf Jahre verbringt er an der Seite seiner neuen Gefährten, kommt wegen seiner Enthaltsamkeit und seinem Leiden dem Tode nahe, erfährt aber noch immer keine Erlösung. Stattdessen befindet er sich in einem derartigen Schwächezustand, dass er nicht einmal mehr die Meditation praktizieren kann. Er beschließt, diesen extremen Pfad zu verlassen, da er nun dessen innere Leere erkennt. Er beginnt sich wieder normal zu ernähren und wird folgerichtig aus der Gruppe von Asketen ausgestoßen.

Gautama macht sich also einmal mehr auf den Weg, diesmal allein. Er wandert bis an den Rand eines Dorfes, des Weilers Uruvela (heute Bodhgaya), und setzt sich mit verschränkten Beinen unter einen Bodhi-Baum (auch *Ficus religiosus*); er schwört, nicht mehr aufzustehen, bevor er die Wahrheit erkannt hat. Die kanonischen Schriften berichten, wie Mara, der Gott des Todes, all seine Kräfte aufwendet, um ihn von diesem Ziel abzubringen. Er versucht ihn mit Heeren von Dämonen zu verschrecken, ihn mit außerordentlich schönen Frauen zu versuchen. Verlorene Mühe. Eines Nachts gelangt Siddhartha zur Erwachung: Er begreift das Geheimnis des Lebens und die Möglichkeit, die Menschen vom *Samsara* zu befreien, dem teuflischen Kreislauf der Wiedergeburten. Damit wird Siddhartha Gautama zum »Buddha«. Wie die anderen »Erwachten« vor ihm, die aber keine Lehre hinterlassen haben, erwirbt er das, was die Überlieferung die »sechs Kenntnisse« nennt: alles zu sehen, alles zu erschaffen, alles zu hören, alles zu wissen, seine früheren Leben zu kennen und die der anderen, und schließlich die Kenntnis, die es erlaubt, das *Samsara* zu verlassen.

Sieben Tage verbringt er an derselben Stelle sitzend, er zögert noch, aufzubrechen und die Lehre vom *Dharma* zu verkünden, den Pfad zu gehen, den er begriffen hat, weil er weiß, dass er steinig ist. Die buddhistischen Berichte erzählen, er habe schließlich dem Flehen des Gottes Brahma nachgegeben, der sich im Kreis der *Deva* vor ihm verneigte. [16] Aus Mitgefühl also macht sich nach dieser einwöchigen Meditation der Buddha wieder auf den Weg des Wanderpredigers – 45 Jahre wird er dabei bleiben.

Jesus: der Ruf Gottes

Von der Kindheit Jesu, das sagte ich bereits, wissen wir fast nichts; nur dass er schon sehr früh eine regelrechte Leidenschaft für das Religiöse zeigte, die ihn schon als kaum Jugendlichen ein Gespräch mit den Rabbis im Jerusalemer Tempel führen ließ. Die christlichen und nichtchristlichen Quellen, über die wir verfügen, decken lediglich die (kurze) Zeit ab, in der Jesus öffentlich tätig war – das heißt zwischen einem Jahr (nach den Synoptikern) und drei Jahren (nach Johannes) unter der Herrschaft des Kaisers Tiberius, während Pontius Pilatus in Judäa Statthalter war.

Ist die Berufung Jesu zum Prediger in seinen ersten dreißig Lebensjahren langsam erwachsen? Hatte er Umgang mit den »Propheten«, oder folgte er denen, die in den Dörfern predigten oder ihre Anhänger in der Wüste versammelten, wie es im damaligen Palästina üblich war, in dem das Judentum keinesfalls monolithisch, sondern von zahlreichen Strömungen durchzogen war? Hatte er mit der Gemeinschaft der Essener Kontakt? Die Qumran-Handschriften, diese essenische Bibliothek, die von 1947 an in Höhlen nahe Jerusalem gefunden wurde, erwähnen Jesus mit keinem Wort – freilich sind die meisten dieser Handschriften vor das 1. Jahrhundert unserer Zeit zu datieren, und die Gruppierung selbst ist höchstwahrscheinlich nach der Zerstörung des Tempels im Jahr 70 untergegangen. Wir verfügen über keinerlei Beleg, um all diese Fragen überzeugend zu beantworten.

Das Szenario der Evangelien spricht für eine eher plötzliche Berufung, als Jesus mit »etwa dreißig Jahren« (Lk 3,23) am Jordanufer in Bethanien seinem Vetter Johannes dem Täufer begegnet. Johannes der Täufer ist damals einer dieser Propheten, die sich einerseits politisch betätigen (er kritisiert heftig den Gesetzesbruch durch Herodes Antipas, den Tetrachen von Galiläa) und andererseits religiös wirken: Er verkündet die baldige Ankunft des Messias, fordert das Volk in Erwartung des jüngsten Gerichts zur Buße auf und zelebriert eine reinigende Wassertaufe. Herodes wird ihn festnehmen und töten lassen, wie es der Historiker Flavius Josephus berichtet: »Den Letzteren nämlich hatte Herodes hinrichten lassen, obwohl er ein edler Mann war, der die Juden anhielt, nach Vollkommenheit zu streben, indem er sie ermahnte, Gerechtigkeit gegeneinander und Frömmigkeit gegen Gott zu üben und so zur Taufe zu kommen. (…) Da (…) fürchtete Herodes, das Ansehen des Mannes, dessen Rat allgemein befolgt zu werden schien, möchte das Volk zum Aufruhr treiben, und hielt es daher für besser, ihn rechtzeitig aus dem Wege zu räumen, als beim Eintritt einer Wendung der Dinge in Gefahr zu geraten und dann, wenn es zu spät sei, Reue empfinden zu müssen.« [17]

Jesus lässt sich von Johannes im Jordan taufen. Die Evangelisten Markus, Matthäus und Lukas halten fest, dass in dem Moment, als Jesus aus dem Wasser stieg, der Himmel sich aufgetan habe: Der Heilige Geist sei in Form einer Taube auf ihn herniedergefahren, und eine Stimme »kam aus dem Himmel« und sagte: »Du bist mein Sohn.« (Lk 3,21–22) Johannes dagegen verschweigt die Taufszene, behält aber den Bericht vom als Taube herabfahrenden Heiligen Geist auf den, über den er den Täufer sagen lässt: »Dieser ist Gottes Sohn.« (Joh 1,34)

Nach den drei synoptischen Evangelien folgt auf die Taufe ein einsamer Rückzug in die Wüste; dort kämpft er, wie der Buddha, gegen den Satan, der ihn durch drei große Versuchungen von seiner Mission abzubringen versucht, aber an seiner Standhaftigkeit scheitert. Erst danach heißt es: »Und Jesus kam in der Kraft des Geistes wieder nach Galiläa, und die Kunde von ihm erscholl durch alle umliegenden Orte. Und er lehrte in ihren Synagogen und wurde von jedermann gepriesen.« (Lk 4,14–15) Johannes berichtet, zwei erste Jünger, darunter Andreas, der Bruder des Simon Petrus, hätten die Worte Jesu gehört und beschlossen, ihm als ihrem Meister nachzufolgen. Schnell schließen sich der kleinen Gruppe weitere Jünger an: Petrus, der Bruder des Andreas, dann Philippus und Nathanael, dann die Zwölf (eine Zahl, die in symbolischem Bezug zu den zwölf Stämmen Israels steht); schließlich wächst der Kreis noch weiter an und umfasst auch zahlreiche Frauen. Da beginnt Jesus sein Wirken als Wanderprediger, zieht durch die Dörfer Galiläas und verrichtet Exorzismen, Heilungen und Wunder – dem Neuen Testament zufolge die zentralen Elemente seines Wirkens.

Das Delphische Orakel und das Daimonion *des Sokrates*

Kannte Sokrates seinen Vorgänger Anaxagoras aus Klazomenai? Ihm nämlich kommt der Ruf zu, die Philosophie nach Athen gebracht zu haben. Einer Legende nach soll Sokrates zunächst zu den Anhängern des Anaxagoras gehört haben, der die Theorie des *νοῦς* (Nous) vertrat, eines physischen, fast mechanischen Weltgeistes, der das Universum lenkt. Wegen dieser Theorie wird übrigens Anaxagoras wegen Gottlosigkeit zum Tode verurteilt werden, aber aus Athen fliehen und sein Leben in Milet beenden, der Wiege der Philosophen. Sehr wahrscheinlich sind sich die beiden Männer in den Athener Denkerkreisen begegnet, in denen sie beide verkehrten. Platons *Phaidon* sowie Aristophanes' *Wolken* lässt sich entnehmen, dass Sokrates sich anfänglich für die Spekulationen der Physik interessierte, den wesentlichen Lehrstoff dieser Philosophen, die man heute als »Vorsokratiker« bezeichnet. Dennoch wird Sokrates schon bald anderswo nach Antworten auf seine Fragen suchen: »Ich bin nämlich, meine Mitbürger, durch nichts anderes zu diesem meinem Ruf gekommen als durch eine bestimmte Art von Weisheit. Und was ist das für eine

Weisheit? Vielleicht nichts anderes als schlichte Menschenweisheit.« (Platon, *Apologie des Sokrates* 20d) Wenn Platon dem Sokrates in seiner *Apologie* diese Worte in den Mund legt, gibt er damit zu verstehen, dass er bei seiner inneren Suche schon immer die Reflexion genutzt hat. Übrigens fühlen sich unter seinen ersten Gefährten manche bereits als seine Schüler, obwohl er seine Laufbahn als Wanderphilosoph noch gar nicht begonnen hat – eine ganz ähnliche Laufbahn übrigens wie die der Prediger, die gleichzeitig durch die fernen Gegenden von Indus und Mesopotamien ziehen. [18]

Den wirklichen Beginn seiner Lehre bildet eine seltsame Begebenheit um 420 vor unserer Zeit, die hauptsächlich Platon in seiner *Apologie* [19] überliefert. Sokrates ist damals etwa 50 Jahre alt. Sein Kindheitsfreund Chairephon reist nach Delphi, um dort das pythische Orakel zu befragen; und dieses berühmteste Orakel Griechenlands erklärt also, »es sei niemand weiser« als er (sophos *σοφός*). Zweifelnd begibt sich Sokrates zu einem Mann, der als der größte Weise Athens gilt, einem Politiker, dessen Namen er aber verschweigt. Nach der Begegnung ist er verstört: »Bei mir selber aber dachte ich im Weggehen: ›Diesem Mann bin ich allerdings an Weisheit überlegen; denn wie es scheint, weiß von uns beiden keiner etwas Rechtes und Ordentliches, aber er bildet sich ungeachtet seiner Unwissenheit ein, etwas zu wissen, während ich, meiner Unwissenheit mir bewußt, mir auch nicht einbilde etwas zu wissen.‹« Als Nächstes wendet er sich an Dichter, Künstler, an alle Berühmtheiten der Stadt. Und er gelangt zu diesem Schluss: Einen weisen Menschen gibt es nicht. Von nun an interpretiert Sokrates den Orakelspruch der Pythia als Zeichen einer göttlichen Sendung, als Aufforderung zur

Lehre. Und er macht sich den Wahlspruch zu eigen, der als Inschrift den Apollotempel ziert: »Erkenne dich selbst.«

Mehrmals erklärt Sokrates ausdrücklich, es gebe in ihm eine innere »Stimme«, ein *Daimonion (δαιμόνιον)*, einen vertrauten Geist, den er als Ausdrucksform des Göttlichen betrachtet. Dieses *Daimonion* begleitet ihn seit der Auszeichnung durch das Delphische Orakel, es bremst ihn nötigenfalls oder treibt ihn an, wenn er seinen Auftrag zu verfehlen droht, und vermittelt ihm anstelle der Orakel die Botschaft der Götter. Diese Stimme verhilft ihm etwa zu einer Begegnung mit Phaidros, mit dem er einen langen Dialog über die Liebe führen wird. Sokrates gesteht das mit entwaffnender Einfachheit: »Wie ich mich anschickte, mein Bester, über den Fluss zu gehen, erhielt ich das oft erhaltene göttliche Zeichen – immer hemmt es mich in einer Handlung, die ich gerade ausführen will –, und es kam mir vor, als hörte ich aus nächster Nähe eine Stimme, die mir verbietet, wegzugehen, ehe ich mich entsühnt hätte; denn ich habe gegen die Gottheit mich verfehlt« (Platon, *Phaidros* 242), berichtet er seinem Begleiter. Seine Schüler wissen nicht recht, was sie davon halten sollen – »und so sagte er denn, das göttliche Wesen gebe ihm Zeichen (…), dies zu tun, jenes aber nicht zu tun« (Xenophon, *Erinnerungen an Sokrates* I, 1, 4), kommentiert Xenophon nüchtern. Gleichwohl können sie nur staunen, wenn Sokrates wiederholt aus heiterem Himmel in einen seltsamen Zustand verfällt, eine Art Anfall, in dem er völlig erstarrt, sodass nicht einmal mehr seine Lider schlagen. Das konnte einige Minuten oder auch mehrere Stunden dauern, und er war dann völlig unbeteiligt an allem, was um ihn herum geschah. War er in eine Art Meditation versunken? In eine Verbindung zu seinem *Daimonion*, mit dem er eine sehr enge Beziehung pflegte? Niemand wagte eine Erklärung für diese ekstatischen Zustände. Beschrieben werden sie in Platons *Gastmahl:* »Tief in Nachdenken versunken, blieb er vom frühen Morgen ab an derselben Stelle stehen und, da es mit seiner Denkarbeit nicht vorwärts gehen wollte, ließ er nicht locker, sondern blieb nachsinnend stehen. Und schon war es Mittag; die Leute wurden aufmerksam darauf und teilten es verwundert einer dem andern mit, daß Sokrates nun schon vom frühen Morgen ab in sich versunken daständе. Schließlich brachten einige Ionier nach der Abendmahlzeit ihre Lagerdecken heraus, teils um im Kühlen zu schlafen – denn jetzt war es Sommer –, teils um aufzupassen, ob er auch in der Nacht in dieser Stellung verharren würde. Wirklich blieb er stehen bis der Morgen anbrach und die Sonne aufging. Dann verrichtete er sein Gebet an die Sonne und ging von dannen.« (*Das Gastmahl* 220 c-d)

Sokrates' Beziehung zu seinem *Daimonion* ist natürlich ein Dorn im Auge mancher Philosophiehistoriker, die ihn zum Vater des westlichen Rationalismus erklären wollen. Da wird dann versucht, das *Daimonion* als Stimme des Gewissens kleinzureden, und Sokrates' ekstatische Zustände werden als epileptische Anfälle deklariert. Wie eben gesehen, entspricht das nicht den Aussagen von Sokrates' Biografen, die sichtlich selbst verwirrt sind von diesem seltsamen Phänomen, dass allerdings bei den Schamanen der primitiven Traditionen recht häufig ist, ebenso bei den Mystikern aller Religionen, wenn sie sich plötzlich von der Gottheit besessen fühlen und daher in Ekstase geraten. Ob man nun an Geister und übernatürliche Kräfte glaubt oder nicht, fest steht jedenfalls, dass Sokrates sich selbst zugleich als Philosoph präsentierte, der auf die Vernunft zurückgreift, und als Mystiker, der sich an eine höhere Gewalt gebunden fühlt – und in dieser doppelten Rolle wurde er auch von seinen Schülern wahrgenommen.

5 Persönlichkeit

Äußeres

Buddha, Sokrates und Jesus sind alle leicht erkennbar. Zu ihrer Darstellung hat sich eine figurative Konvention durchgesetzt, sodass sie in verschiedenen bildlichen Kontexten für jedermann leicht zu identifizieren sind. Für den Buddha und Jesus steht angesichts der historischen Belege, über die wir verfügen, außer Frage, dass von Beginn an bis heute nicht ihre wirklichen Gesichtszüge dargestellt werden, sondern idealisierte Züge, Projektionen vom Archetypus eines Lehrmeisters aus der Vorstellung derer, die sich zu ihren Jüngern erklären. Übrigens variieren zuweilen beider Gesichtszüge je nach Kultur und Epoche. Jesus war ein mediterraner semitischer Typ, aber die christlichen Schriften sagen zu seinem Äußeren überhaupt nichts. So wird er denn auch recht unterschiedlich dargestellt: mal blond, mal dunkelhaarig; mal bartlos, mal bärtig; mal sanft, mal streng. Genauso ist es beim Buddha, der Inder war, dessen Aussehen mangels genauer körperlicher Beschreibungen in den ältesten Texten aber, je nach den Kulturen, in die der Buddhismus im Lauf seiner Geschichte vorgedrungen ist, einem steten Wandel unterlag. So gibt es Buddhas unter anderem mit indischen, chinesischen, japanischen, griechischen (in der Gandhara-Kunst) oder birmanischen Zügen. Zwar wird er fast nie als ausgezehrter

Asket dargestellt, aber auch keinesfalls immer so beleibt wie bei einigen traditionellen Figuren. Wirklich präzise beschrieben wurde von seinen Anhängern nur Sokrates. Und was die einstimmig festhielten, ist doch recht außergewöhnlich: Er war nämlich hässlich, furchtbar hässlich!

Schon erstaunlich, wie nachdrücklich die Anhänger des Sokrates seine Hässlichkeit beschreiben in einem Griechenland, in dem der Schönheitskult so weit geht, dass Hässlichkeit als moralischer Makel gilt. Manche zeitgenössischen Physiognomen beschäftigen sich denn auch mit seinem Fall, um an ihm die äußeren Zeichen von Maßlosigkeit und Laster abzulesen. Im ersten Jahrhundert vor unserer Zeit erinnert Cicero in groben Zügen daran, welchen Anfeindungen Sokrates seinerzeit wegen seines Äußeren unterlag: »Weiter: können wir nicht nachlesen, wie Zopyros den Sokrates charakterisiert hat? Und er war als Physiognom ein Mann, der sich darauf verstand, den Charakter und die Naturveranlagung eines Menschen von seinem Körperbau, seinen Augen, seinen Gesichtszügen und seiner Stirn abzulesen. ›Stupid und dumm‹, nannte er den Sokrates, weil er an der Kehle keine Einbuchtungen zwischen den Schlüsselbeinen habe, und er erklärte, diese Teile seien bei jenem versperrt und versteift. Und er fügte noch hinzu, er sei hinter den Weibern her; – bei dieser Bemerkung freilich soll Alkibiades laut aufgelacht haben.« (Cicero, *De fato, Über das Schicksal*, 5, 10, lateinisch-deutsch herausgegeben von Karl Bayer, München 1980)

Jeder einzelne Gesichtszug des Sokrates wird in den Texten über ihn ausführlich beschrieben. Seine Nase, so erfährt man, ist breit und platt: »So aber – verzeih' mir – ist er nicht schön, denn seine aufgeworfene Nase und seine hervortretenden Augen erinnern stark an dich, wenn diese

Gesichtsbildung bei ihm auch weniger auffällig ist als bei dir«, sagt ihm Theodoros in Platons *Theaitetos,* als er einen jungen Athener beschreibt, dessen »wunderbare Anlagen« ihn vor allen anderen herausheben (Platon, *Theaitetos* 143e). Xenophon lässt Sokrates in seinem *Gastmahl* seine Hakennase vor Kritobulos verteidigen, mit dem er in einem Schönheitswettbewerb konkurriert: »(...) Wenn anders die Götter uns des Riechens wegen mit Nasen beschenkt haben. Deine Nüstern sehen niederwärts zur Erde, die meine hingegen stehen weit offen, so daß sie die Gerüche von allen Seiten einziehen können.« (Xenophon, *Gastmahl* 5, 6) Weiterhin unschön sind die besonders dicken Lippen des Philosophen, der aber auf Kritobulos' Neckerei zurückgibt: »Wollte man auf dich hören (...), so könnte man meinen, mein Mund sei hässlicher als der der Esel.« (Xenophon, *Gastmahl* 5, 7) Nicht zu vergessen die Augen, die wie Krebsaugen »weit hervorstehen«, sodass er sogar »seitwärts sehen« kann (Xenophon, *Gastmahl* 5, 5). Zu diesem Porträt fügt Xenophon noch einen »umfangreichen Bauch« an und Beine und Schultern »in einem so genauen Gleichgewichte«. (Xenophon, *Gastmahl* 2, 19–20) Platon selbst bescheinigt seinem Lehrer einen »starr« stierenden Blick, hinter dem die, die ihn kennen, den Menschen zu sehen wissen (Platon, *Phaidon* 117b). Xenophon und Platon vergleichen ihren Lehrer übereinstimmend mit einem Silen, jenem Mischwesen der griechischen Mythologie – halb Mensch, halb Tier.

Ist nicht eigentlich Sokrates' Hässlichkeit nur eine Maske, die eine unvergleichbare innere Schönheit verbirgt? Das zumindest erklärt Alkibiades, der junge Mann, der so schwärmerisch in den Philosophen verliebt ist: »Denn das ist nur die äußere Hülle bei ihm, wie jene künstliche Silenengestalt. Öffnet man sie aber, welche Fülle von geistiger Kraft zeigt da das Innere! (…) Wisset denn, daß es ihm in Wahrheit gar nicht darauf ankommt, ob einer schön ist.« (Platon, *Das Gastmahl* 216e) Sokrates greift in seiner Antwort übrigens Alkibiades' Worte auf: »Eine Schönheit über alle Begriffe hinaus würdest du dann in mir erblicken, eine Schönheit, vor der deine Wohlgestalt so gut wie völlig verschwindet. Wenn du also bei ihrem Anblick sie mit mir zu teilen und einen Austausch von Schönheit gegen Schönheit vorzunehmen trachtest, so ist es keine geringe Übervorteilung, auf die du es gegen mich abgesehen hast; gehst du doch vielmehr darauf aus für den bloßen Schein der Schönheit dir die wahre Schönheit anzueignen, denkst also in Wahrheit darauf, ›goldene gegen eherne‹ Rüstung einzutauschen.« (Platon, *Das Gastmahl* 218e)

Dieser äußerlich so hässliche Sokrates entfaltet also eine unglaubliche Aura. Alkibiades gesteht, nicht das Äußere des Meisters habe ihn angezogen, sondern eine Art Zauber, der von ihm ausging, ähnlich der Musik des Satyrs Marsyas, nur mit einem Unterschied: Sokrates benutzt für seine Zauberei kein Instrument, sondern begnügt sich mit »bloßen Worten«, die man nur anzuhören braucht; »und mögen Mann, Weib oder Knabe die Zuhörer sein, so fühlen wir uns hingerissen und innerlich ergriffen.« (Platon, *Das Gastmahl* 215c–d) Und so beschreibt er diese Wirkung: »Denn wenn ich ihn höre, dann pocht mir das Herz weit stärker als den Korybantenschwärmern, und seine Reden entlocken mir Tränen. Und tausend anderen ergeht es ebenso, wie ich sehe. Wenn ich den Perikles hörte und andere treffliche Redner, so mußte ich zwar ihre Redegabe anerkennen, aber Eindrücke wie von Sokrates empfing ich nie; nie geriet meine Seele in solche Erregung, nie zeigte sie sich so entrüstet darüber, dass mein Verhalten eines freien Mannes unwürdig sei; aber von diesem Marsyas hier mußte ich das oft über mich ergehen lassen, so daß mir das Leben unerträglich schien ohne eine Änderung meines ganzen Wesens.« (Platon, *Das Gastmahl* 215e–216a) Höchstwahrscheinlich empfanden die Jünger des Buddha und Jesu genauso, wenn sie die Reden ihres Lehrers hörten.

Neben den detaillierten Ausführungen zur Hässlichkeit des Sokrates springt das Fehlen von Informationen über das wirkliche Äußere des Buddha ins Auge, verstärkt noch durch die Prägnanz, mit der legendäre Aussagen über objektive Elemente getroffen werden. Von Siddhartha sagt der *Sutta-nipata*, ein Text des ersten Pali-Kanons, er sei »mit hoher Schönheit angetan, (…) edelbürtigem Ritter gleich, / Der leuchten macht ein stattlich Heer, zu Häupten steht der Helden Schar.« (*Sutta-nipata*, 3,1) In seiner Jugend trug er langes Haar, das er plötzlich mit seinem Dolch abschnitt an dem Tag, an dem er beschloss, den Palast seines Vaters zu verlassen und seine innere Suche bei den Waldasketen fortzusetzen. Die Schriften nennen auch ausdrücklich die sechs Jahre schwerer Entbehrung bei den fünf Asketen im Wald von Uruvela, die sich in einer Verschlechterung seines Gesundheitszustands niederschlagen. Er magert so sehr ab, dass er nur noch Haut und Knochen ist, eine vertrocknete, faltige Haut, auch am Schädel, der zerknittert ist wie ein alter, mürber Wasserschlauch, der in der Sonne vertrocknet ist. Doch sobald er diese extreme Kasteiung aufgibt, findet er, so sagen dieselben Schriften, wieder zu seiner vorigen Lebendigkeit und seinem robusten Äußeren zurück. In der Zeit nach seinem Erwachen freilich scheint jegliche Beschreibung den buddhistischen

Schulen überflüssig, denn Siddhartha Gautama steht fortan für einen Archetypus, den des Buddha; er trägt also die Merkmale aller »allwissenden Buddhas«, die ihm vorausgegangen sind. Einzige Abweichung, die sich die Biografen erlauben, bleibt die Erwähnung der peniblen Sauberkeit, die sie übereinstimmend hervorheben: Jedes Mal, wenn er von draußen kommt, wäscht er sich die Füße, und auch den übrigen Körper badet er sehr regelmäßig; auch parfümiert er seine Kammer mit einem feinen Lotusduft, wenn er sich zur Ruhe legt. Keinerlei Hinweis aber findet sich auf seine Körperfülle, seine Größe, die Form seiner Nase oder die seiner Augen. Seine Haut ist der Überlieferung nach »golden«, aber dieser Teint gehört zu den 32 Merkmalen eines Buddha, ebenso wie die flachen Füße, die hervorspringenden Fersen, die langen Finger und Zehen, die sehr lange Zunge, der zu einem stetigen Lächeln geformte Mund, die Kiefer mit vierzig perfekt sitzenden Zähnen, darunter vier glänzende Eckzähne, die schönen braunen Augen, die breite, gewölbte Brust, die vollkommen zylindrischen Schenkel, die angenehme Stimme. Muss man diese Zurückhaltung bei der Beschreibung der wirklichen Person auf einen gehorsam befolgten Befehl des Buddha zurückführen, der jeden Personenkult tunlichst vermeiden wollte? Oder sie im Gegenteil als eine Art Vergöttlichung des Menschen verstehen? Unbestreitbar wird dieser Mensch schon sehr bald nicht mehr als Individuum dargestellt, sondern als Archetyp des Übermenschen, der in der Mahayana-Schule gleichsam vergöttlicht wird. Übrigens benennen ihn von der Erwachung an die buddhistischen Schriften nur noch mit seinem Titel, Buddha – ein Titel, das sei nochmals unterstrichen, der allen Buddhas vor ihm und allen künftigen Buddhas zusteht.

Ebenso zurückhaltend bei einer realistischen äußerlichen Beschreibung sind die ersten Zeugen vom Leben Jesu. Erwähnt wird sein Äußeres in den Evangelien nur in einer Beschreibung des Kindes – es »wuchs und wurde stark« (Lk 2,40) und »nahm zu an Weisheit, Alter und Gnade bei Gott und den Menschen« (Lk 2,52). Vom erwachsenen Jesus heißt es nirgends, ob er schön war oder hässlich, groß oder klein, bartlos oder bärtig. Die Kirchenväter dagegen hielten sich später bei dem Versuch, die Prophezeiungen des Alten Testaments als Verkündigung vom Kommen Christi zu lesen, nicht zurück, Jesus nach diesen Vorgaben zu beschreiben. In einem Kommentar zum ersten Brief des Johannes stellt Augustinus diese beiden widersprüchlichen Aussagen einander gegenüber: Einen Psalmvers, »Du bist der Schönste unter den Menschenkindern« (Ps 45,3), der traditionell auf Jesus bezogen wurde; und dagegen diesen Vers aus dem vierten »Gottesknechtlied«: »Er hatte keine Gestalt und Hoheit. Wir sahen ihn, aber da war keine Gestalt, die uns gefallen hätte. Er war der Allerverachtetste und Unwerteste, voller Schmerzen und Krankheit.« (Jes 53,2–3)

Charakter

Was waren Sokrates' bestimmende Charakterzüge? Überliefert ist eine merkwürdige Mischung aus Selbstbeherrschung und heftigen Anfällen von Jähzorn. Das jedenfalls berichtet der Philosoph Aristoxenos von Tarent, ein Aristoteles-Schüler, dessen Vater Spintharos ein Vertrauter des Sokrates war. Aristoxenos hat über 400 Abhandlungen verfasst, darunter Lebensbeschreibungen von Sokrates und Platon, doch sein Werk ist leider fast vollständig verloren. Auf der Grundlage seiner Schriften trifft im 3. Jahrhundert Porphyrios von Tyrus folgende Aussage über Sokrates: »Niemand war überzeugender dank seiner Wortgewalt, seinem Charakter, der sein Äußeres überstrahlte, und, um es klar zu sagen, dank seiner ganz besonderen Persönlichkeit – freilich nur, solange er nicht zornig war. Verzehrte ihn diese Leidenschaft, so war seine Hässlichkeit geradezu furchterregend; kein Wort, keine Tat gab es dann, deren er sich enthalten hätte.« [20] In seinem Werk *Leben und Meinungen berühmter Philosophen* beschreibt Diogenes Laertios die Gespräche des Sokrates »in Werkstätten und auf dem Markte« und berichtet unter Verweis auf einen gewissen Demetrios: »Oft genug sei es vorgekommen, daß er bei seinen Unterredungen von den durch seine Nachforschungen gereizten Beteiligten unsanft angefaßt und zerzaust und meist verächtlich behandelt und verlacht wurde. Das alles aber habe er mit unerschütterlicher Langmut über sich ergehen lassen. So sei er einmal auch durch einen Fußtritt beschimpft worden und habe, als jemand seine Verwunderung darüber äußerte, daß er sich das gefallen lasse, erwidert: ›Wie? Hätte mich ein Esel getreten, hätte ich diesen etwa gerichtlich belangt?‹« (Diogenes Laertios, *Leben und Meinungen berühmter Philosophen* II, 21) Auch berichtet Diogenes Laertios, wenn dem Sokrates hinterbracht wurde, dass jemand ihn beleidigt hatte, habe er einfach nur nüchtern erwidert: »Nein, das trifft mich nicht, denn an mir findet sich nichts von dem, was er vorbringt.« (Diogenes Laertios, *Leben und Meinungen berühmter Philosophen* II, 36) Platons Schriften geben zu verstehen, vor launischen Angriffen habe seinen Lehrer häufig seine Ironie geschützt, die die anderen in Rage bringen konnte – unter anderem seine Richter: Die sind von seinen Bonmots derart aufgebracht, dass sie ihn schließlich zum Tode verurteilen. Im *Euthyphron*, einem der ersten Platon-Dialoge, der in den ersten Jahren nach dem Tod des Sokrates verfasst wurde, zählt er auf, aus welchen Gründen ein Mensch, oder gar ein Gott, in Zorn geraten kann: »Worüber nun müssen wir verschiedener Meinung sein und außerstande, zu einer Entscheidung zu kommen, wenn wir einander feind werden und uns erzürnen sollen? (…) du magst zusehen, ob es folgende Dinge sind: das Gerechte und das Ungerechte, das Schöne und das Hässliche, das Gute und das Böse. Sind das nicht die Gegenstände, bei denen Meinungsverschiedenheit und Unvermögen, zu einer genügenden Entscheidung über sie zu kommen, dahin führen, daß wir einander feind werden?«, so fragt er seinen Gesprächspartner nach dessen Frage zu den Göttern (Platon, *Euthyphron* 8).

Nicht Verachtung oder Hass bringen Sokrates zum Verzweifeln. Auch die Angst hat keinerlei Einwirkung auf ihn: Kurz bevor er den Schierlingsbecher trinkt, können seine Gefährten nur schwer ihre Tränen zurückhalten; er aber redet ihnen lächelnd zu und möchte mit ihnen lediglich ein Gebet »an die Götter richten, daß die Übersiedelung von hier nach dort glücklich vonstatten gehe«. (Platon, *Phaidon* 117) Er ist sogar besonders mutig: Als während einer Schlacht alle anderen Soldaten fliehen, trotzt er kaltblütig der Gefahr und rettet den jungen Alkibiades, der davon so berichtet: Es »war niemand anders mein Retter als er: er wollte mich, den Verwundeten, nicht verlassen, sondern trug Sorge, mich und meine Waffen zu retten«. (Platon, *Das Gastmahl* 220e) Nein, nur Ignoranz und Dummheit können offensichtlich Sokrates' Panzer durchbrechen und ihn aus der Ruhe bringen. Mit Phaidros bebt er im Gedanken an das »dumme Gerede« bestimmter Menschen. Und in Platons *Gastmahl* nimmt er mit kaum verhohlenem Ärger auf seine Weise die Reden auseinander, die um das Thema Liebe geschwungen werden.

Die buddhistischen Schriften sprechen, wie auch bezüglich der äußeren Erscheinung, kaum – und wenn doch, dann sehr vorsichtig – von etwaigen Ecken und Kanten in der Persönlichkeit des Buddha: Da er nun den Frieden erlangt und seine Leidenschaften überwunden hat, kann er gemäß der buddhistischen Definition des Erwachens keine schäumende Begeisterung mehr erfahren und vom Leid des Lebens nicht mehr getroffen werden. Freude und Empörung kennen wir bei ihm denn auch lediglich aus der Zeit vor dem Erwachen: Bitterkeit über die sinnlichen Genüsse, die ihm im väterlichen Palast wider Willen geboten werden; die enge Bindung an seinen Sohn; die Enttäuschung, als er in den ersten Jahren seiner inneren Suche den Asketen, denen er immer wieder begegnet, gesteht: »Ich bin enttäuscht von den Erfahrungen, die ich bei euch gemacht habe.« Und damit sind bereits praktisch alle Gefühle oder Empfindungen genannt, von denen man bei ihm weiß. Vom Beginn seines Wirkens als Prediger an präsentieren Kanon und buddhistische Biografen tunlichst einen Menschen mit vollkommener Selbstbeherrschung, der in allen Umständen seine Heiterkeit wahrt, der keinerlei Vorlieben zum Ausdruck bringt, kein Begehren, keinen Wunsch, keine Abneigung, keine Bindung, keine Empfindung. Angesichts dieses vollkommenen Gleichmuts wird dem Buddha häufig die Frage nach seiner Daseinsform gestellt: Ist er ein Mensch oder ein *Deva?* Seine Antwort lautet unverändert: Er ist ein »Erwachter«, sodass die Welt, in der er geboren ist, ihn nicht mehr berührt (*Anguttara Nikaya* 4, 36). Gern beschreibt er sich in den Schriften als rote Lotusblume, die im Wasser entstanden ist, sich aber darüber emporhebt und es schließlich nicht mehr berührt; ebenso ist er selbst in dieser Welt geboren, doch er hat sich über sie erhoben, und so berührt sie ihn nicht länger. Weil Buddha zur Erkenntnis gelangt ist, hat er zwangsläufig alle Fesseln, alle Ketten gesprengt. Er ist der *Tathagata*, der »so Gegangene«.

Wir werden im zweiten Teil dieses Buches genauer betrachten, was der Buddha bei seiner ersten Predigt im Wildpark von Sarnath bei Benares zu den »Vier Edlen Wahrheiten« sagt, die seine Lehre zusammenfassen. In vier nüchternen Sätzen umkreisen sie den Begriff *Dukkha*, das Leiden in all seinen psychologischen und philosophischen Facetten. Das Leben, so sagt Buddha, ist *Dukkha*. Ursprung des *Dukkha* ist der Durst, das Begehren. Es gibt ein Mittel, um diesen Durst und damit das *Dukkha* zu überwinden; dieses Mittel ist der Edle Achtfache Pfad. Unglück, Begehren, Leidenschaft müssen fortan als Äußerlichkeiten verstanden werden, die kein Quell emotionaler Ausfälle mehr sind. Allein der »Mittlere Pfad«, den er verkündet, führt zum Frieden.

Tatsächlich kennen wir vom Buddha keine Tränen und kein schallendes Gelächter, wir wissen nichts von seinen Freuden oder seinen Abneigungen, keine Anekdote berichtet von dem, was ihm gefällt oder ihn ungeduldig macht. Bekannt ist uns sein Mitgefühl, sein Wohlwollen, aber das folgt nicht aus einem Gefühl oder einer Empfindung. Buddha beobachtet sich in vollem Bewusstsein seiner selbst und unterstreicht, wie vergänglich alle Dinge sind; so erklärt sich denn auch seine Loslösung von allem Dinglichen. Unermüdlich sagt er den Anhängern seiner Lehre: Empfindet nicht Hass und nicht Liebe für irgendetwas oder irgendjemanden. Glaubt man den ältesten Texten des buddhistischen Kanons, so möchte man meinen, der Buddha sei völlig frei von jedem Gefühl. Unbekannt ist etwa, ob er eine besondere Zuneigung zu Ananda empfand, seinem Vetter, der Mönch geworden war und den er unter allen anderen zu seinem Vertrauten erwählte, seinem Gehilfen und nächsten Begleiter bis zu seinem Tode. Die Texte sagen auch nichts dazu, was er bei der Bekehrung seines Vaters empfand oder gar seines Sohnes, des kleinen Rahula, der mit sieben Jahren zum Mönch geweiht wurde. Erwähnt werden diese Ereignisse nur als einfache Tatsachen, doch nie werden die betreffenden Personen psychologisch greifbar: Sind sie glücklich? Traurig? Gerührt? Abgeklärt? Im Wortschatz des buddhistischen Kanons kommen Attribute für Gefühle und Empfindungen gar nicht vor.

Völlig anders ist das in den Evangelien, wo die Beschreibung der Gefühle der Beteiligten – auch die der Randfiguren – sowie die Inszenierung der Dialoge breiten Raum einnehmen. Über das Aussehen Jesu mögen die Evangelien sich ausschweigen, seinen Charakter aber beschreiben sie dafür geradezu weitschweifig. Und sie versuchen ihm dabei keinen Anschein von Übermenschlichkeit zu geben. Jesus erscheint einfach ganz und gar als Mensch, mit seiner Sensibilität, seinen Anfechtungen, seinen Empfindungen und Gefühlen. Als er etwa Martha über den Tod ihres Bruders Lazarus weinen sieht, zeigt er sich fähig zu einer starken Emotion: Da »ergrimmte er im Geist«. Angesichts dieser weinenden Frau »wurde er sehr betrübt«, es »gingen (ihm) die Augen über«, und er »ergrimmte abermals«. (Joh 11,32–43) Und das griechische Wort, mit dem die Evangelisten Jesu Tränenfluss beschreiben, ist nicht gerade schwach: Dasselbe Wort verwenden einige antike Historiker für die Beschreibung der Nilfluten! Jesus hatte nicht einfach nur feuchte Augen, er vergoss Ströme bitterer Tränen. Freilich war Lazarus für ihn auch nicht irgendjemand: »Herr, siehe, der, den du lieb hast, liegt krank«, hatten ihm seine Gefährten mitgeteilt, bevor er an Marthas Seite eilte (Joh 11,3). Jesus liebte seinen Freund Lazarus, und die Nachricht von seinem Tod verstört ihn zutiefst.

In den Evangelien wird Jesus an vielen Stellen als »barmherzig« beschrieben, als jemand, der »Trost spenden« kann. Er selbst bezeichnet sich als »sanftmütig und von Herzen demütig.« (Mt 11,29) Seine zahlreichen Gesten des Mitgefühls gegen Elende, Sünder, Ausgestoßene, Frauen und Kinder werden häufig als Ausdruck einer tiefen Empfindung beschrieben und nicht einfach als rationale Umsetzung eines moralischen Prinzips. Mit der Samariterin, dieser »Ketzerin«, geht er so sanft um, dass sie selbst es kaum fassen kann: »Wie, du bittest mich um etwas zu trinken, der du ein Jude bist und ich eine samaritische Frau?« (Joh 4,9)

Häufig überkommt ihn aber auch der Zorn. Höchst missmutig ist er, als ein Pharisäer, der ihn an seinen Tisch geladen hat, sich wundert, dass er sich nicht zuerst wäscht. Da lässt Jesus gegenüber seinem Gastgeber jegliche Form fahren und braust auf, und das in zunehmendem Ärger: »Ihr Pharisäer, ihr haltet die Becher und Schüsseln außen rein; aber euer Inneres ist voll Raubgier und Bosheit. Ihr Narren!« Dreimal verwünscht er die Pharisäer: »Weh euch!« Da gibt einer der Gäste, ein Schriftgelehrter, der an diesen Worten Anstoß nimmt, Jesus zu bedenken, dass seine Rede eine Schmähung der Religionsvertreter darstellt. Die Antwort Jesu fällt nicht weniger schneidend aus: »Weh auch euch Schriftgelehrten! Denn ihr beladet die Menschen mit unerträglichen Lasten, und ihr selbst rührt sie nicht mit einem Finger an.« Er verkündet Gottes Zorn gegen die, die das Blut der Propheten von Abel bis Secharja vergossen haben, und fügt hinzu: »Ja, ich sage euch: Es wird gefordert werden von diesem Geschlecht.« Nach diesen Worten verlässt Jesus den Tisch des Pharisäers, der, so führt Lukas aus, mit den Schriftgelehrten und den anderen anwesenden Pharisäern anfing, »heftig auf ihn einzudringen«. (Lk 11,37–53)

Jesus lehrt seine Jünger, beim Eintritt in ein Haus zu sagen: »Friede sei diesem Hause!« Wehe aber denen, die seine Gesandten nicht aufnehmen! Auf sie prasselt seine Wut ein: »Auch den Staub aus eurer Stadt, der sich an unsre Füße gehängt hat, schütteln wir ab auf euch.« Und er zeigt sich fähig, eine ganze Stadt zu verdammen, Kapernaum nämlich, das »bis in die Hölle hinuntergestoßen werden« wird, weil ihm dort kein guter Empfang bereitet wurde (Lk 10,11–15). Ein anderer Ausfall Jesu gilt den Gläubigen in der Synagoge, die ihm vorwerfen, dass er am Sabbat einen Mann heilen möchte: Er sieht sie »ringsum an mit Zorn und war betrübt über ihr verstocktes Herz« – und heilt daraufhin den Mann (Mk 3,5). Am bekanntesten ist sein Wutanfall gegen die Händler im Tempel, die er gar körperlich angeht: »er machte eine Geißel aus Stricken und trieb sie alle zum Tempel hinaus samt den Schafen und Rindern und schüttete den Wechslern das Geld aus und stieß die Tische um.« (Joh 2,15)

Im Gegensatz zu Sokrates, der sich ärgert, wenn die Erkenntnis verweigert oder verdreht wird, empört sich Jesus, wenn die Religion auf falsche Wege gerät: bei Scheinheiligkeit und Machtmissbrauch der Würdenträger, Legalismus und religiöser Geschäftemacherei. Beide aber verschaffen mit ihren Wutanfällen der Leidenschaftlichkeit Ausdruck, von der sie getrieben sind: der rationalen Suche nach der Wahrheit für Sokrates, der Wahrhaftigkeit in der Verehrung Gottes für Jesus. Ihre Wutanfälle sind kein Versagen ihrer Vernunft, sondern Ausdruck einer inneren Kraft, der Kraft der Empörung.

Ein anderer Aspekt von Jesu tiefer Sensibilität zeigt sich, als er bei der Ankündigung seiner Passion Philippus und Andreas gesteht, seine »Seele (sei) betrübt«, und Gott mit dieser beklemmenden Bitte anruft: »Herr, hilf mir aus dieser Stunde.« (Joh 12,27) Er ist tief verstört, als er den Zwölfen erklärt, einer von ihnen werde ihn verraten (Joh 13,21). Und kurz vor seiner Verhaftung auf dem Ölberg betet Jesus innig um den inneren Frieden – freilich vergeblich, wenn man dem Text folgt: »Und sein Schweiß wurde wie Blutstropfen, die auf die Erde fielen.« (Lk 22,44) Doch die Evangelisten sprechen auch von der Freude, die ihn gelegentlich überkommt: »Zu der Stunde freute sich Jesus im Heiligen Geist und sprach: Ich preise dich, Vater, Herr des Himmels und der Erde, weil du dies den Weisen und Klugen verborgen hast und hast es den Unmündigen offenbart.« (Lk 10,21)

Den Kontrast zwischen dem Buddha und Jesus in diesem Punkt der Sensibilität fand ich schon immer frappierend. Die buddhistische Überlieferung stellte immer klar, dass Siddhartha nur ein Mensch war, doch sie fertigte von ihm ein glattes Bild: Er ist unerschütterlich, übermenschlich und also beinahe unmenschlich. Jesus dagegen wurde von der christlichen Überlieferung zu einem übernatürlichen Wesen erklärt, der zugleich Gott und Mensch ist – doch die Evangelien stellen ihn zutiefst menschlich dar, als einen, der manchmal bis zu Tränen gerührt wird von Empfindungen wie Traurigkeit und Freude, Niedergeschlagenheit und Tatkraft, Mitleid und Zorn. Was für ein auffallendes Paradox!

6 Leben unterwegs

Zwischen der Lebensführung von Sokrates, Jesus und dem Buddha bestehen starke Übereinstimmungen. Alle drei waren stetig auf Wanderschaft, und alle drei flohen Ehre und Reichtum. Statt Bequemlichkeit und Sesshaftigkeit bevorzugten sie Unabhängigkeit und Mobilität; statt der Annehmlichkeit eines Zuhauses entschieden sie sich für die Unannehmlichkeiten der Straße. Sokrates hätte eine anerkannte Respektsperson sein und in den offiziellen Organen seiner Polis residieren können, er hätte lehren können, ohne dabei alles seiner Lehre opfern zu müssen: Doch lieber zog er durch die Straßen Athens, war arm, schlecht gekleidet und unbeliebt. Buddha und Jesus gingen noch weiter ins Extrem und wählten ein Leben als »Obdachlose«. Und gerade aus dieser völligen Unabhängigkeit, aus diesem völligen Fehlen von Bindungen schöpften sie ihre grenzenlose Freiheit.

Unermüdliche Wanderer

Siddhartha war von den dreien wohl der Ausdauerndste, wenn man überschlägt, wie viele Kilometer er in der weiten Gangesebene zurückgelegt hat, zwischen dem Königreich Kosala im heutigen Nepal über die kleinen Nachbarreiche bis nach Magadha im Nordosten Indiens. Neben diesen Leistungen als Weitstreckenwanderer sehen Sokrates, der die Stadt Athen kaum einmal verließ, und Jesus, der hauptsächlich in den Ortschaften der winzigen Provinz Galiläa predigte und einmal bis nach Jerusalem kam, recht blass aus. Auch gemessen an ihrer Dauer ist die Wanderschaft des Buddha die längste: Nach seiner Erwachung verbrachte er damit fünfundvierzig Jahre. Die kanonischen Schriften beschreiben die ersten fünf Jahre dieser Mission, berichten aber nur sehr wenige Begebenheiten aus den vierzig folgenden Jahren; über die letzten zwanzig Jahre schweigen sie sich völlig aus. Zwar wurden die Predigten des Erwachten im alten buddhistischen Kanon niedergeschrieben, in welchem Kontext aber und unter welchen Umständen sie gehalten wurden, wird erst in späteren Lebensbeschreibungen ausgeführt.

Zu Beginn wanderte der Buddha ununterbrochen. In Begleitung seiner ersten Schüler und bald schon weiterer Anhänger, Mönche und Laien ist er völlig ohne feste Anlaufstelle unterwegs. Die Nächte verbringt er mit den Seinen, wo er kann: »einen Hain, den Fuß eines Baumes, eine Felsengrotte, eine Bergesgruft, einen Friedhof, die Waldesmitte, ein Streulager in der offenen Ebene« nutzt er dafür, so heißt es im *Vinaya Cullavagga* (6, 4). Das Leben dieser Gemeinschaft läuft nach einem Ritual ab, das sich auch später halten wird: nach dem Wecken weit vor Sonnenaufgang eine Meditation und eine Lehrstunde, dann ein Almosengang ins nächste Dorf oder die nächste Stadt, bei dem nicht gesprochen wird und die Augen auf den Boden gerichtet bleiben; anschließend die einzige Mahlzeit des Tages, eingenommen auf dem Boden unter einem Baum oder am Wegesrand, wie es alle Asketen im damaligen Indien taten. Dann macht sich der *Sangha,* die Mönchsgemeinschaft, wieder auf den Weg und stellt unterdessen Fragen an den Lehrer, der im Lauf seiner Antworten auf die konkreten Fälle, die ihm vorgelegt werden, den *Vinaya* erlässt, die Regeln des mönchischen Lebens, und für jede von ihnen genau erklärt, wie sie anzuwenden ist; festgehalten wird das später im Kanon.

Freilich zwingt ein äußerer Faktor den Buddha, dieses ewige Wanderleben jedes Jahr für ein paar Monate zu unterbrechen: nämlich die klimatischen Bedingungen der Tropen mit dem Monsun. In dieser Zeit fällt sehr starker Regen, der über zwei oder drei Monate hinweg die ausgetrocknete Natur aufleben lässt, sodass sie in plötzlicher Üppigkeit zu neuem Leben erwacht. Schon beim ersten Regen brechen zarte grüne Triebe durch die trockene Erde, und sofort beginnt eine Tierwelt, die man schon ausgestorben glaubte, wieder zu wimmeln. Nun ist aber inzwischen die Gruppe, die dem Buddha nachfolgt, so sehr angewachsen, dass allmählich Klagen der kleinen Bauern und später auch der größeren Landbesitzer laut werden, er verwüste mit seinen Wanderungen das Ackerland und besonders die Reisfelder. Als König Bimbisara in Rajagaha den Buddha darauf aufmerksam macht, gesteht dieser seinen Fehler sofort ein, wie im *Vinaya Mahavagga* (3, 1) berichtet wird. Folglich ändert er die Lebensweise seiner Gemeinschaft ab: Er lässt sich mit seinen Anhängern in einem *Kuti* nieder, wörtlich in einer »Mönchsklause«, die ihm der reiche Nandiya im Wald von Migadavana errichten lässt. Künftig bleiben die Mönche während der dreimonatigen Regenzeit an einer festen Stelle zur Einkehr, und es gelten die ersten Klosterregeln: Vor allem sollen die Kontakte zu anderen Asketen eingeschränkt bleiben. Nach der vom Monsun vorgegebenen Rast machen sich die Mönche wieder auf, um die Lehren ihres Meisters im Gangestal zu verkünden. Denn der Buddha hat ihnen sehr bald schon die Erlaubnis erteilt, den *Dharma* zu lehren sowie selbst jene in den *Sangha* aufzunehmen, die ihrerseits Mönche werden wollen.

Außerdem beginnt der Buddha, die verschiedenen Gemeinschaften überall im Gangestal regelmäßig zu besuchen. Während seines Wanderlebens zieht er so von einem Kloster zum nächsten, vergewissert sich der Eintracht und der Einhaltung der Regel, frischt seine Lehre auf, liefert neue Einsichten aus seiner wachsenden Erfahrung und der seiner Gefährten. Um unter diesen Gemeinschaften einen gewissen Zusammenhalt zu garantieren, begründet er die Gewohnheit, alle sechs Jahre ein Treffen abzuhalten, an dem alle Mönche teilnehmen müssen. Hier wird der *Patimokkha* rezitiert (wörtlich: das Band), die buddhistischen Ordensregeln – 227 Regeln werden mit der Zeit ausgearbeitet und im *Suttavibhanga* aufgezählt. Bis zu seinem Tod wird der Buddha weiter wandern und mit seinen Anhängern durch Dörfer und Städte der Gangesebene ziehen, um »die Götter, die Menschen und die Tiere« den *Dharma* zu lehren, wie die buddhistische Überlieferung es formuliert.

Sokrates' Wege sind sehr viel kürzer als die des Buddha. Trotzdem ist auch er viel gewandert, allerdings fast ausschließlich in Athen. Eigentlich ist Sokrates ein unverbesserlicher Flaneur und nicht so sehr ein großer Wanderer. Er spaziert durch die Straßen und über die öffentlichen Plätze und hält nach neuen Gesprächspartnern Ausschau, mit denen er lange Plaudereien anzettelt. Gerne bekennt er, dass das seine Hauptbeschäftigung ist, der er ein Drittel seines Lebens widmet: »So werde ich's mit jung und alt halten, wer mir auch immer in den Weg kommt, mit Fremden und Einheimischen, vor allem aber doch mit euch Einheimischen, denn ihr steht mir als stammverwandt näher. So nämlich befiehlt es der Gott, dessen könnt ihr gewiß sein. Auch glaube ich, daß euch und eurer Stadt nie ein größeres Glück beschert worden ist als dieser mein dem Gott geweihter Dienst.« (Platon, *Apologie* 30a) Wie der Buddha und Jesus ist auch Sokrates nur selten allein unterwegs. Häufiger scharen sich Schüler um ihn, vor allem junge Männer, die in ihm nicht so sehr einen Lehrmeister als ein Vorbild zur Nachahmung sehen. Vor seinen Widersachern beschreibt er die Gruppe um ihn, die er angeblich verderben möchte, so: »Es schließen sich mir Jünglinge, die als Söhne der wohlhabendsten Bürger sehr viel freie Zeit haben, freiwillig an, und diese finden nicht wenig Vergnügen daran zuzuhören, wenn ich die Menschen ins Gebet nehme. Oft machen sie es mir auch nach und probieren an anderen ihre Überführungskunst; und dabei finden sie gewiß mehr als genug Menschen.« (Platon, *Apologie* 23c) Sie lernen, indem sie ihm zuhören, aber sie bilden nicht eigentlich eine Gemeinschaft; und zu seinen Lebzeiten wird Sokrates keinem von ihnen explizit seine Mission als Mäeutiker übertragen.

Alkibiades beschreibt Sokrates' außergewöhnliche körperliche Belastbarkeit im Krieg: »Ich war nämlich dabei beteiligt als Reiter, er als Schwerbewaffneter«, so berichtet er im *Gastmahl* (Platon, *Das Gastmahl* 221a). Und weiter: »Was zunächst das Ertragen von Strapazen anlangt, so stach er nicht nur mich, sondern auch alle anderen aus. (...) Was aber die Beschwerden des Winters anlangt – an

Härte sucht dort der Winter seinesgleichen –, so gab er unter anderem folgende erstaunliche Probe seiner Leistungsfähigkeit: Bei grimmigster Kälte, wo die anderen alle entweder das Haus hüteten oder nur in unglaublich dicker Kleiderumhüllung, mit Sohlen und die Füße umwickelt mit Filz und Schafpelz ausgingen, wagte er sich trotz alledem ins Freie, nur bekleidet mit seinem gewöhnlichen Mantel, und schritt ohne Schuhe leichter über das Eis als die anderen in ihrem Schuhwerk. Die Soldaten aber witterten darin eine Verhöhnung, die er ihnen antun wolle.« (Platon, *Das Gastmahl* 220a–b) Fünf Jahre vor seinem Tod, um 404 vor unserer Zeitrechnung, verbieten ihm die dreißig Oligarchen die Lehre und gar das Gespräch mit jungen Leuten. Zu dieser Zeit hört er also auf, durch die Straßen zu ziehen, verweigert aber das Exil. Denn Sokrates ist seiner Polis tief verbunden, als deren getreuer Sohn er sich versteht und deren Gesetze er trotz seiner Kritik an den führenden Politikern stets befolgt.

Wieder anders ist die Wanderschaft Jesu ausgeprägt. Sie führt ihn durch die Wüste und lässt ihn überwiegend in kleinen Ortschaften haltmachen, wo er als Wanderprophet böse Geister austreibt und Heilungen vornimmt, von Liebe und Gewaltverzicht predigt; auch über Land geht es, durch mediterranes Heideland und fruchtbare Ländereien, auf denen Wein, Weizen und Obstbäume wachsen. Er bevorzugt Kapernaum und Chorazin, die man heute allenfalls als Weiler bezeichnen würde, vor bedeutenderen Siedlungen wie Tiberias oder Sepphoris. Der Evangelist Johannes lässt ihn auch durch andere kleine Orte außerhalb von Galiläa ziehen, die in den drei synoptischen Evangelien nicht vorkommen: Samarien, Kana und Tyros, das

Westufer des Sees Genezareth. Einzige Ausnahme zu seiner Vorliebe für ländliche Siedlungen ist Jerusalem, die Hauptstadt von Judäa, wohin Jesus zu den großen Festen reist; genau dorthin also, wo rund um den Tempel zu dieser Gelegenheit die Juden der Diaspora zusammentreffen. So kann er in Jerusalem zu einem größtmöglichen Publikum sprechen. Gemeinsam ist diesen Orten, dass sie alle jüdisch sind. Für die römischen Siedlungen interessiert sich Jesus genauso wenig wie für die großen kosmopolitischen Städte. Übrigens sind auch die meisten seiner Gesprächspartner Juden, mit wenigen Ausnahmen wie dem römischen Hauptmann in Kapernaum oder der samaritischen Frau.

Lieber spricht er zum niederen Volk, zu den Bauern, Fischern; allerdings macht er auch manchmal in den Synagogen halt, um dort zu lehren, oder bei hochgestellten Persönlichkeiten, um dort zu essen. Er empfindet seine Wanderschaft als göttlichen Befehl: »Ich muß auch den andern Städten das Evangelium predigen vom Reich Gottes; denn dazu bin ich gesandt«, erklärt er beim Abschied aus Kapernaum (Lk 4,43). Anders als der Buddha gründet er keinen Mönchsorden mit bestimmten Regeln. Eher macht er sich daran, die Regeln zu relativieren, die in der jüdischen Orthodoxie gelten, besonders die zum Sabbat oder zu den Reinheitsriten. Er selbst begründet keine Riten – allenfalls den Ritus des Abendmahls am Vorabend seiner Kreuzigung – und äußert sich nicht zu einem Lebensrhythmus, wie es der Buddha tut. Wie bei Sokrates ist offen, wohin er geht: Er lässt sich vom Bedarf leiten, vom Zufall, von den Einladungen, die er erhält.

Sokrates lebt zwar in Armut, er geht barfuß und ist schlecht gekleidet, er übt keinen Beruf aus, aber er beruft sich auf eine Herkunft, auf Angehörige, eine Familie, ein Haus: »Auch hier gilt das Wort Homers, auch ich stamme nicht ›Vom Baume oder dem Felsen‹, sondern von Menschen, auch ich habe also Verwandte und Söhne, meine Mitbürger, und zwar drei, einer schon ein Jüngling, zwei aber noch Kinder« (Platon, *Apologie* 34d), entgegnet er seinen Anklägern, die ihm wiederholt ein ausschweifendes Leben vorwerfen. Der Buddha hat alle Bande zu seiner Familie gebrochen – die Verwandten, darunter auch sein Sohn, die er als Schüler aufnehmen wird, werden innerhalb des *Sangha* in keiner Weise bevorzugt –, aber er hat sich mit den Mönchsorden neue Anlaufstellen geschaffen. Jesus dagegen wird sich niemals irgendwo niederlassen. Sein Bruch mit der eigenen Familie ist radikal: »Wer ist meine Mutter, sind meine Brüder?«, erwidert er auf die Nachricht, dass sie ihn suchen. Und obwohl sie offenbar auf ihn warten, weist er auf die, die im Kreis um ihn sitzen, und sagt: »Siehe, das ist meine Mutter und das sind meine Brüder!« (Mk 3,31–34)

Verachtung des Reichtums

Einen weiteren Punkt haben unsere drei Figuren gemeinsam: eine tiefe Gleichgültigkeit gegenüber materiellem Besitz, ja sogar eine gewisse Verachtung dem Geld gegenüber. Siddhartha, das sahen wir bereits, wurde als Fürstensohn geboren und verbrachte seine ersten dreißig Lebensjahre im Wohlstand. Seine spirituelle Suche begann mit einer

Abwendung von allen materiellen Gütern: Im Wald, in den er sich von seinem Kutscher bringen lässt, überlässt er diesem sein Reitpferd und selbst seinen Mantel, um zu gehen wie die Asketen, deren einziger Besitz ein Gewand ist und eine Schale für die mageren Almosen, die sie immer nur in Form von Essen erhalten. Von den ersten Schülern in seinem Gefolge, den ersten »Weltentsagern«, verlangt er, alles aufzugeben: Ihr einziger Besitz sind fortan drei Gewänder (zum Wechseln), ein Wassersieb, ein Gürtel und eine Schale; als Bettelmönche sind sie zu ihrer Ernährung auf die öffentliche Wohltätigkeit angewiesen. Dabei verpönt der Buddha materiellen Besitz nicht so kategorisch wie die Waldasketen. Als man ihn auffordert, während der Regenzeit seine Wanderschaft zu unterbrechen, lässt Nandiya für die Gemeinschaft im Wald von Migadavana ein *Kuti* errichten, eine Einsiedelei. In Nandiyas Nachfolge gehen zahlreiche Spenden an den *Sangha* ein: Drei Kaufleute aus Kosambi, die von seiner Lehre beeindruckt sind, schenken ihm drei Parks; in Rajagaha, Kapilavatthu und Savatthi werden ihm *Kutis* errichtet; König Bimbisara vermacht ihm den Bambuswald Veluvana sowie angeblich so viele Diener, dass sie ein ganzes Dorf bevölkern könnten. Reiche Gönner übernehmen den Unterhalt der verschiedenen Raststätten und stellen der Gemeinschaft Diener und Gärtner zur Verfügung. Einer dieser Gönner, so berichten die Biografen, wird in dem von Bimbisara gestifteten Bambuswald siebzig *Kutis* bauen und der Gemeinschaft zur Einweihung ein Festmahl bereiten lassen. Doch wer dem Erwachten nachfolgt, gibt zugleich mit seinen Bindungen auch sein Vermögen auf; das gilt etwa für Yasa, den Sohn eines reichen Kaufmanns aus Varanasi, der dem Buddha im Wildpark begegnete und einer seiner ersten

Schüler wurde. Wer als Laie nach seiner Lehre leben, sich aber nicht als Mönch ordinieren lassen möchte, muss nach Weisung des Buddha nicht seinen Reichtum aufgeben, ihn aber maßvoll nutzen und sich immer dessen bewusst sein, wie vergänglich alle irdische Wirklichkeit ist. Die meisten dieser Laien stammen zwar aus dem niederen Volk, doch unter ihnen sind auch Könige (wie etwa Bimbisara), Fürsten, reiche Kaufleute, junge Adelssprösslinge. Sie verkehren in den *Kutis* und sorgen mit ihren Spenden für deren Unterhalt. Es etabliert sich die Regel, dass die Laien die Mönche unterhalten und dafür gesegnet werden. Und der Buddha nimmt zwar beträchtliche Spenden an, besteht aber immer darauf, dass damit der *Sangha* unterhalten werden soll und niemand sich persönlich daran bereichert.

Bei Jesus ist das völlig anders. Nicht nur zählte er nie auf Gönner und erhielt keine Länder oder Klöster, sondern die einzigen Gaben, die er annahm, waren die Mahlzeiten für ihn und seine Anhänger. Mit seinen Jüngern lebte er in größter Mittellosigkeit. Bereitete das denen Sorgen, weil sie nicht wussten, was sie essen und wo sie schlafen sollten? »Sorgt nicht um euer Leben, was ihr essen sollt, auch nicht um euren Leib, was ihr anziehen sollt«, rät er ihnen (Lk 12, 22). Er selbst ist eine Art Landstreicher, der nur ein einziges Haus zu besitzen vorgibt: den Tempel, den er »meines Vaters Haus« nennt (Joh 2,16). Der Besitz seiner Anhänger ist auf das Äußerste beschränkt: Sieht Buddha für seine Mönche noch Kleider zum Wechseln vor, so lässt Jesus ihnen »nicht zwei Hemden« (Mk 6,9). Auf ihrem Weg leben sie in radikaler Armut: Sie haben kein Brot, keine Tasche, kein Geld, nichts als einen Stab und Schuhe (Mk 6,8–9). Jesus verlangt von ihnen, ihre Familie aufzugeben, wenn sie ihm nachfolgen. »Lass die Toten ihre Toten begraben; du aber geh hin und verkündige das Reich Gottes!«, rät er dem, der ihn um die Erlaubnis bittet, seinen Vater zu begraben (Lk 9,59–60). »Wer seine Hand an den Pflug legt und sieht zurück, der ist nicht geschickt für das Reich Gottes«, bekommt ein anderer zu hören, der noch von seiner Familie Abschied nehmen möchte (Lk 9,61–62).

Jesus hat vor allem mit den Armen Umgang, doch auch die Reichen verachtet er keineswegs. Einige seiner Jünger sind sogar recht wohlhabend: Martha, Maria und Lazarus von Bethanien zum Beispiel oder Josef von Arimatäa. Dasselbe gilt für die Zöllner, diese beim Volk sehr unbeliebten Juden, die für die römischen Besatzer die Steuern eintreiben; bei ihnen setzt sich Jesus an den Tisch, ohne sie aufzufordern, ihren Beruf zu wechseln; er verlangt von ihnen lediglich Rechtschaffenheit bei seiner Ausübung (Lk 3,13). Am radikalsten fallen seine Ansprüche an die aus, die seine Jünger werden möchten: Dem reichen Jüngling, der von ihm wissen möchte, wie er das ewige Leben gewinnen kann, rät er, all seinen Besitz hinzugeben, um »einen Schatz im Himmel« zu haben (Mt 19,21).

Beim breiten Volk kritisiert er lediglich Schacherei: Wozu nutzen die übermäßigen Getreidevorräte einem, der rastlos Reichtümer angehäuft hat, wo doch noch in derselben Nacht seine Stunde schlagen wird (Lk 12,16–21)? Jesus hat nichts gegen Geld, sehr wohl aber gegen die Liebe zum Geld: »Niemand kann zwei Herren dienen: Entweder er wird den einen hassen und den andern lieben, oder er wird an dem einen hängen und den andern verachten. Ihr könnt nicht Gott dienen und dem Mammon.« (Mt 6,24) Wer hat, so fordert er, muss teilen: »Gib dem, der dich bittet.« (Mt 5,42)

Sokrates ist zwar Städter und Familienvater, dem Geld und materiellen Gütern gegenüber ist er aber genauso unnachgiebig und wird nie müde, deren Vergänglichkeit zu verkünden. Diogenes Laertios berichtet, Sokrates habe ständig diesen Vers zitiert: »Die silbernen Gefäße und das Purpurkleid /Sind fürs Theater gut, fürs Leben nicht.« (Diogenes Laertios, *Leben und Meinungen berühmter Philosophen* II, 25) Derselbe Diogenes versichert, Sokrates habe großspurig alle Spenden zurückgewiesen, die ihm angeboten wurden; so zum Beispiel Sklaven von Charmides oder ein Grundstück von Alkibiades, auf dem er ein Haus hätte bauen können: »Auch wenn ich Schuhe nötig hätte und du mir Leder anbötest, um mir selbst meine Schuhe daraus zu machen, würde ich mich lächerlich machen, wenn ich es annähme«, erwidert Sokrates ironisch (II, 24). Einzige bekannte Ausnahme zu dieser Regel ist der Sklave Phaidon, den Kriton für ihn freikaufte und den er zum Philosophen machte. Aufgrund dieser Episode wird sein Zeitgenosse Demetrios von Byzanz sagen, Sokrates lasse sich von Kriton fürstlich aushalten.

Dabei lebt Sokrates in größter Bescheidenheit. In Xenophons *Memorabilia* zeigt sich Antiphon davon geradezu schockiert: »Du führst jedenfalls ein solches Leben, wie es wohl nicht ein einziger Sklave ertragen würde, der von einem Herrn unterhalten wird.« (Xenophon, *Erinnerungen an Sokrates* 1, 6, 1) Die beiden rivalisierenden Komödiendichter seiner Zeit, Eupolis und Aristophanes, machen sich über Sokrates lustig, indem sie ihn als Landstreicher, Barfußgänger und Bettler bezeichnen. Er aber will sich von den Sophisten abgrenzen, deren Unterricht die betuchte Jugend Athens teuer bezahlt, und verweigert jeden Lohn. Es ist ihm eine Frage der Ehre, seine Begabung kostenlos auszuüben, denn nach seiner Überzeugung lässt sich die Unterweisung in der Wahrheit nicht mit Geld aufwiegen. Man kann also davon ausgehen, dass er wahrscheinlich über ein gewisses Vermögen verfügte, um seine Familie zu ernähren.

Wie im Vorwort bereits angesprochen, wollen Sokrates, Jesus und der Buddha zeigen, dass wir aus der Logik des Habens ausbrechen müssen. »Der Mensch lebt nicht vom Brot allein«, erwidert Jesus dem Teufel, der ihn in der Wüste in Versuchung führt (Mt 4,4). Und als seine Jünger sich wundern, dass er nicht isst, lässt er sie wissen: »Meine Speise ist die, daß ich tue den Willen dessen, der mich gesandt hat.« (Joh 4,34) Jesus erinnert daran, dass der Mensch etwas anderes braucht als materiellen Besitz, um ganz und gar Mensch zu sein. Genauso lehrte Sokrates, dass ein Mensch nur Mensch ist, wenn er die Wahrheit sucht und alles daransetzt, der Unwissenheit zu entkommen. Die Logik des Seins ist unendlich viel wichtiger als die des Habens, erklären sie uns; allerdings verachtet keiner von ihnen das Bedürfnis der meisten Menschen nach genügend Besitz, um sicher leben zu können.

Zu Tisch!

Über die gesamte Zeit seines Wirkens hinweg wird der Buddha immer wieder vor Vergänglichkeit und Täuschung der Sinnesfreuden warnen. Zusammengefasst wird dieser Lehrsatz in einer Anekdote. Eines Tages begegnet der Erwachte im Wald von Uruvela den Prinzen von Bhaddavaggi, die eine Frau verfolgen, weil sie ihnen ihren Schmuck gestohlen hat. »Ehrbarer Meister, habt Ihr sie gesehen?«, fragen sie den Weisen. Der schweigt lange still, dann fragt er zurück: »Ist es wichtiger, eine Frau zu suchen oder sich selbst zu suchen?« Sprachlos steigen die Prinzen vom Pferd, um ihm zuzuhören. »Die Sinnesfreuden sind wie Gift, sie sind Ursache für Bindungen, also für Schmerz und Leiden«, erklärt ihnen der Buddha und veranschaulicht seine Worte mit dem einleuchtenden Bild eines geträumten Festmahls: Wenn einer auch im Traum die raffiniertesten Gerichte gekostet hat, so ist er doch nicht satter als beim Einschlafen.

Trotzdem lebte der Buddha nicht in völliger Kargheit. Wie oben bereits beschrieben, fanden sich unter den Spenden seiner Gönner neben Ländereien und *Kutis* auch Diener und Köche. Seine Biografen führen nicht nur aus, dass er auf Sauberkeit achtete und sich regelmäßig umzog, sondern auch, dass er sich zur Ruhezeit in seine nach Lotus duftende Kammer zurückzog. Seine Lehre ist zwar für alle bestimmt, aber er kommt doch ohne Zurückhaltung den Einladungen der Fürsten und Adeligen nach, die ihn an ihren Tisch laden. Als etwa der reiche Yasna sein Gelübde ablegt, lädt der Vater des jungen Mannes die beiden Mönche zu einer »äußerst gepflegten« Mahlzeit ein. Auch König Bimbisara empfängt ihn gerne an seiner Tafel. Wir wissen, dass der Buddha an diesen Mahlzeiten teilnimmt, und wir wissen auch, dass er dort durch seine Nüchternheit auffällt.

Auch Jesus und Sokrates weisen die Einladungen der Reichen nicht zurück. Doch anders als der Buddha stehen sie im Ruf, daran voll und ganz teilzunehmen und mit unverhohlenem Genuss zu essen. Jesus hat durchaus eine Schwäche für gutes Essen, und es kommt sogar vor, dass er als Fresser und Weinsäufer betitelt wird (Lk 7,34). Immer wieder berichten die Evangelien von Mahlzeiten, die als Höhepunkte seiner Wanderschaften gelten können. Jesus kommt an den Tisch der Zöllner, er lässt sich von Pharisäern einladen, nützt aber jede dieser Gelegenheiten zugleich für die Verbreitung seiner Lehre. Auch mit Simon dem Aussätzigen sehen wir ihn eine Mahlzeit teilen, mit Martha und Maria, mit Matthäus – als sei das Teilen des Brotes ein Teil dieser so besonderen Gemeinschaft, die ihn mit seinen Jüngern verband. Und so werden sich einige dieser Mahlzeiten als Sinnbild für die Persönlichkeit Christi erweisen; so etwa die Hochzeit von Kana, in deren Verlauf beim Festmahl der Wein zu Ende geht, woraufhin er der Schrift zufolge Wasser in Wein verwandelt; oder aber das letzte Mahl vor dem jüdischen Passahfest, das er mit seinen Jüngern teilt, bevor seine Häscher ihn gefangen nehmen – es ist zugleich die Einsetzung der Eucharistie.

Auch Sokrates ist immer bereit, sich zum Essen zu setzen, vor allem wenn es ein gutes Essen zu werden verspricht. Unter den sokratischen Dialogen finden denn auch mehrere vor der Kulisse eines Gastmahls statt. Wahrscheinlich ist es kein Zufall, dass sowohl ein platonischer Dialog als auch ein zentraler Text von Xenophon, in dem Sokrates eine Hauptrolle spielt, den Titel *Das Gastmahl* trägt. In Platons *Gastmahl,* in dem ein von Agathon ausgerichtetes Essen geschildert wird, zeichnet Alkibiades übrigens ein durchaus überraschendes Bild von Sokrates bei Tisch: »Lebten wir aber in Saus und Braus, so verstand niemand so wie er zu genießen wie in allen anderen Stücken, so besonders im

Trinken – ohne besondere Neigung dafür –, worin er, wenn er zum Mitmachen genötigt war, alle hinter sich ließ, und – wunderbar genug – kein Mensch hat jemals den Sokrates trunken gesehen.« Freilich sagt er auch: »Wenn wir die Verbindung verloren hatten und, wie dies häufig im Felde vorkommt, in die Lage gebracht waren, hungern zu müssen, da gab es keinen, der es an Widerstandskraft auch nur entfernt mit ihm aufgenommen hätte.« (Platon, *Das Gastmahl* 220a)

Vielleicht ist das ein Zeichen der Weisheit unserer drei Protagonisten: die Fähigkeit, die Freuden des Essens und Trinkens voll und ganz mit den anderen zu teilen – in anderen Worten, mit beiden Füßen auf dem Erdboden zu stehen und zugleich genug Abstand zu dieser Welt zu haben, zu den Genüssen und den Bedürfnissen des Körpers, um Hunger, Durst und alle anderen irdischen Beschwerlichkeiten ungetrübt ertragen zu können.

7 Die Kunst des Lehrens

Die Lehren des Buddha, des Sokrates und Jesu haben Jahrhunderte und Jahrtausende überdauert, ohne in irgendeiner Weise zu altern. Eine Erklärung dafür ist sicherlich, dass sie selbst ein so vorbildhaftes Leben führten, dass ihr Denken im Vergleich zu den vorherrschenden Meinungen ihrer Zeit so völlig neuartig war und dass ihre Botschaft von so universeller Tragkraft ist. Dennoch hat meines Erachtens noch ein weiterer Faktor dazu beigetragen, dass ihre Lehre und ihre Persönlichkeit eine so starke Wirkung nicht nur auf die unmittelbaren Schüler entfalteten, sondern auch auf all die, die ihnen über die Jahrhunderte hinweg in großer Anhänglichkeit nachgefolgt sind. Dieser Faktor ist die Kunst des Lehrens, die sie vollendet beherrschten.

Ihre Worte beeindruckten die Zuhörer nicht, weil sie so außerordentliche Redner mit einer besonderen, ausgefeilten Rhetorik waren, sondern weil sie die Sprache der Wahrheit zu sprechen wussten und die richtigen Worte fanden, um eine selbst erfahrene Weisheit authentisch zum Ausdruck zu bringen. Keiner der drei war zu seiner Zeit als Prediger einzigartig, als Denker isoliert: Vor 2500 Jahren zogen massenhaft umstürzlerische Lehrer, Asketen und Yogis durch das Industal, manche von ihnen in Begleitung von Schülern, und lehnten sich gegen die vedische Ordnung auf; Athen öffnete sich gerade für die Denker, die Sophisten nämlich oder die Erben der ersten Philosophen aus Milet; und Palästina wimmelte zur Zeit Jesu von Propheten, die sich gegen die vorherrschende Ordnung auflehnten und eine baldige Zeitenwende verkündeten. Doch obwohl einige von diesen Rednern zu ihrer Zeit durchaus Gehör fanden und eine gewisse Bekanntheit erlangten, hat die Geschichte ihre Namen vergessen. Unsere drei Lehrer dagegen mischten in unterschiedlichem Ausmaß Humor und Ironie, Vortrag und Dialog, Anekdote und Befragung, die Verführungskraft der Beredsamkeit und die Macht der Tat – und so sind sie im Gedächtnis geblieben. Dabei hatte jeder von ihnen seine ganz eigene Art zu reden und zu lehren: Sokrates über Befragung und Ironie, Buddha über die Autorität seiner Predigten und seinen ungetrübten Blick auf die Welt und Jesus über die von Sanftheit durchzogene Kraft seiner Lehren und seines Wirkens. Und alle drei überdauerten die Jahrhunderte, weil ihr Leben und ihre Worte so authentisch wirken und den Anspruch auf Wahrhaftigkeit atmen.

Die sokratische Ironie

Im letzten Drittel seines Lebens folgt Sokrates der Weisung Apolls, des delphischen Gottes, »der, wie ich glaubte und annahm, mich aufforderte, mein Leben der Wahrheitsforschung sowie der eigenen Prüfung und der der anderen zu widmen«, so Platon in seiner *Apologie des Sokrates* (28e). Doch wie lehrt man, und vor allem was lehrt man, wenn man diesen seltsamen Wahlspruch zum Lebensgrundsatz hat, den Sokrates unermüdlich wiederholt: »Ich weiß, daß ich nichts weiß«? (Platon, *Apologie* 21d) Der Weise aber, der seine Jugend mit der Befragung der Dichter, der Künstler, Philosophen und Politiker verbracht hat, sieht sich als einer, »der, mag es auch lächerlich klingen, der Stadt geradezu als Zuchtmittel von der Gottheit beigegeben ist, als wäre sie ein großes, edles Ross, das aber eben wegen seiner Größe zur Trägheit neigt und der Anregung durch den Sporn bedarf. So hat denn der Gott auch mich der Stadt beigegeben als einen Mann, der nicht müde wird, euch zu wecken, zu mahnen, zu schelten, kurz, der den ganzen Tag euch überall auf dem Nacken sitzt. Ein anderer dieser Art wird euch so bald nicht wieder erstehen, meine Mitbürger.« (Platon, *Apologie des Sokrates* 30d und 31a)

So zieht er denn über die Agoras und die Straßen der Stadt, befragt dort Jung und Alt, meidet aber das offene Land, denn die »Örtlichkeiten nun und die Bäume wollen mich nicht lehren«. (Platon, *Phaidros* 230) In Athen kommt keiner um seine Befragung herum: Kaufleute, kleine Handwerker, Heeresführer, Priester, Seher, Redner, Landvermesser. Sokrates ist zwar hässlich, aber umgänglich. Das Gespräch beginnt er immer in einem schmeichelnden Plauderton. In Platons Dialogen gibt es reihenweise solche Unterhaltungen. Im *Laches* stellt Sokrates dem Feldherrn eine Frage über die Tapferkeit, und im *Euthyphron* spricht er den Theologen auf das Wesen der Frömmigkeit an. Bei anderer Gelegenheit geht es um sehr viel Banaleres: »Denn von Lasteseln spricht er und von Schmieden und Schustern und Gerbern, und über denselben Gegenstand scheint er immer dasselbe zu sagen, so daß jeder Unkundige und Geistesarme über seine Reden lachen muß«, sagt Alkibiades in Platons *Gastmahl*; und »wer des Sokrates Reden hören will, dem erscheinen sie zuerst wohl lächerlich«. (Platon, *Das Gastmahl* 221e)

Er fragt seine Gesprächspartner nie nach den Göttern oder dem Ursprung der Welt, sondern nach ihnen selbst, nach ihrer Beziehung zu den Göttern, nach ihrer Tätigkeit in dieser Welt. Und sie antworten ihm gerne, diesem großen Naiven, der sie befragt und ihnen anfangs immer recht gibt, der noch Unwissenheit vorgibt, um sogleich eine weitere, ebenso naive und selbstverständliche Frage zu stellen, seinem Gegenüber wieder recht zu geben scheint, sich selbst abwertet, zweifelt, zaudert. Dass »*Sokrates* auf diese Weise zwar Fragen stellte, aber nicht als Antwortender auftrat, weil er eingestand, daß er nichts wisse«, notiert Aristoteles in seinen *Sophistischen Widerlegungen* (*Organon* 34. Kapitel). »Sein ganzes Leben aber ist ein fortwährendes ironisches Spiel der Verstellung und der Hänselei der Menschen«, beschwert sich Alkibiades (Platon, *Das Gastmahl*, 216e). Eine Frage jagt die andere, unmerklich kreisen sie ihre Beute ein, aber noch ohne dass Sokrates einen anderen Ton anschlüge. »Mein wunderbarer Freund«, wiederholt er und dankt noch dem bittersten Gegner für seine Antworten; dann aber macht er darin eine Schwachstelle aus, greift sie unschuldig auf, triezt seinen Gesprächspartner, bis dieser verwirrt und entmutigt ist, Halt und Selbstvertrauen verliert und schließlich seine eigene Unwissenheit eingesteht und zugibt, dass er nichts weiß. Der Feldherr gibt es auf, die Tapferkeit definieren zu wollen, der Theologe weiß nicht mehr, was Frömmigkeit ist, und in Xenophons *Memorabilia* fühlt sich Hippias so überfordert, dass er den Lehrer bittet, mit der Befragung aufzuhören und ein für allemal klarzustellen, was Gerechtigkeit ist. Sokrates aber ist noch nicht fertig: Gerechtigkeit, sagt er, lässt sich nicht definieren, sie lässt sich nur im Handeln leben (Xenophon, *Erinnerungen an Sokrates* 4, 4, 10–11). Das Wertesystem des

Gesprächspartners bricht jäh zusammen, und genau das, so erklärt Sokrates, ist der Anfang, wenn man Zugang zur Weisheit finden will. An dieser Stelle bricht der Dialog nicht etwa ab, es werden nur die Fronten gewechselt. Jetzt legt Sokrates seine Überlegungen dar, und der andere antwortet: »Du hast recht«, wenn es nicht gerade ein gehässiger Sophist ist. Und Sokrates legt Wert auf diese Hartnäckigkeit, er bohrt bei ein und derselben Frage wieder und wieder nach, bevor er zur nächsten übergeht.

Die Vorurteile sind beseitigt, Irrmeinungen auch. Ausgehend von einer scheinbar belanglosen Frage, hat sich das Gespräch innerlich geweitet. Und das ist kein Zufall: Sokrates zufolge trägt jeder die gesamte Natur des Menschen in sich, und die offenbart sich, wenn man sie zu beobachten weiß, wenn man hinterfragt, wer man ist und was man tut. Das ist das »Erkenne dich selbst«, der sokratische Auftrag, der der Inschrift am Eingang des delphischen Apollotempels entliehen ist, dort also, wo die Pythia Sokrates zum weisesten aller Menschen erklärt hatte. Sokrates selbst, der den Dialog bis an diesen undenkbaren Punkt vorangetrieben hat, behauptet aber von sich, über keinerlei besonderes Wissen zu verfügen. Er erklärt oder gibt zumindest vor, bei dem gemeinsamen Weg auf dem dialektischen Pfad von seinem Gesprächspartner etwas gelernt zu haben. Wusste er im Voraus, wie das Gespräch enden würde? Wahrscheinlich ja. Aber wahrscheinlich wusste er kaum, über welche Wege es dorthin gelangen würde.

Das also ist die sokratische Kunst der Mäeutik, vom griechischen *μαιευτική* die »Hebammenkunst«. Unter dem Hinweis auf seine Mutter, die Hebamme Phainarete, erklärt Sokrates dem Theaitetos im gleichnamigen Dialog seinen »Beruf« so: »Mit meiner Entbindungskunst steht es nun im Übrigen so wie bei jenen; der Unterschied aber ist der, daß meine Kunst Männer, nicht Weiber entbindet und dass es die *Seelen* der Männer sind, auf deren Geburtswehen sie ihr Augenmerk richtet, nicht ihre Leiber.« (Platon, *Theaitetos* 150b) Er besteht auf dem technischen Aspekt seiner Arbeit und leugnet noch die Möglichkeit, er selbst könne irgendwelches Wissen über die Weisheit für sich beanspruchen: »Denn in folgendem Punkt gleiche ich ganz den Hebammen: ich selbst bin unfruchtbar an Weisheit, und mit dem Vorwurf, den schon viele mir gemacht haben, daß ich nämlich zwar die anderen frage, selbst aber keinerlei Antwort gebe, weil ich über keine Weisheit gebiete, hat es seine volle Richtigkeit. Der Grund davon ist folgender: zu entbinden zwingt mich der Gott, selbst aber zu gebären hat er mir versagt.« (Platon, *Theaitetos* 150c)

Sokrates verfügt bei der Ausübung seiner Kunst über ein unschlagbares Mittel: die Ironie, die *εἰρωνεία;* diesem Begriff habe Sokrates, so Gregory Vlastos, eine völlig neue Bedeutung verliehen: »eine Rede ohne jede lügnerische oder betrügerische Absicht«, die aber das Gegenteil von dem sagt, was sie meint: »ein perfektes Mittel des Spotts«. [21] Es geht um dieses »Du hast gewiss recht«, mit dem Sokrates ganz ernsthaft seine Dialoge durchzieht. Dieser Satz hat zuallererst den Vorteil, dass er die Abwehr des Gesprächspartners durchbricht, dass er ihn ermutigt, seine Überlegungen weiter voranzutreiben, ihn aber hinterher in gewaltige Verlegenheit stürzt, wenn er merkt, dass er in Wirklichkeit kein bisschen recht hat. Die Leute sagen, »daß ich ein Ausbund von Wunderlichkeit sei und die Menschen an sich irremache«, gesteht Sokrates im *Theaitetos* (149a). »Denn es genügt, daß du die anderen mit deinen Fragen verspottest und alle in die Enge treibst (widerlegst, ihres Nichtwissens überführst), während du selbst aber niemandem Rede stehen willst und über nichts deine Meinung darlegen«, wirft ihm Hippias in Xenophons *Memorabilia* empört vor (*Erinnerungen an Sokrates* 4, 4, 9). Allein dass er sich hartnäckig weigert, sich als Lehrmeister im Besitz eines auch noch so kleinen Teilstücks Wissen darzustellen, trägt zur Wirkung der Ironie bei, außerdem seine zur Schau getragene Bescheidenheit und sein bisweilen aufblitzender Schalk. Das zweite Element dieses ironischen Spiels ist die Bissigkeit, die »Anregung durch den Sporn«, um seinen eigenen Ausdruck zu übernehmen, wenn der Gesprächspartner plötzlich seinen Irrtum ermisst und der Schleier, der ihn vernebelte, zerreißt. Platons *Menon* vergleicht Sokrates mit »jenem breiten Meerfisch, dem Marmelzitterrochen (...). Denn auch dieser macht jeden, der ihm nahe kommt und ihn berührt, erstarren.« (Platon, *Menon* 80a) Alkibiades vervollständigt dieses Bild, wenn er erklärt, Sokrates' Worte der Weisheit bohrten »sich noch grimmiger ein als der Zahn der Natter«. (Platon, *Das Gastmahl* 218a)

Sokrates' Worte üben solchen Zauber aus, dass seine Gesprächspartner ihm am Ende alle gestehen: »Und ich müßte mich sehr täuschen, wenn du jetzt mich nicht behext und bezauberst und völlig in deine Gewalt bringst, so daß ich nicht mehr aus und ein weiß.« (Platon, *Menon* 80a) Und Phaidon legt nach: »Wo nun sollen wir denn einen guten Beschwörer für dergleichen finden, da du uns verläßt?« (Platon, *Phaidon* 78a1) Nach dem Tod des Sokrates werden seine Schüler, allen voran Platon, merken, dass sie keinen Ausweg haben, als die Kunst des Lehrens zu überliefern, so wie er sie ausübte. Es entstehen die »sokratischen Dialoge«, die *λόγοι σωκρατικοί*, eine ganz eigene

Literaturgattung, in der der Leser an die Stelle von Sokrates' Gesprächspartner versetzt wird. Und scharfsinnig schreibt Pierre Hadot: »Die Maske, der *πρόσωπον (prosopon)* des Sokrates, ist so verwirrend und ungreifbar, dass sie den Leser zweifeln lässt und ihn zu einer Erkenntnis führt, die sich sogar zur philosophischen Bekehrung auswachsen kann.« [22]

Die Lehrreden des Buddha

Nach Jahren vergeblicher Experimente bei den Waldasketen setzt sich Gautama, wie bereits erwähnt, unter einen Baum und gelobt, nicht eher aufzustehen, als bis er die Wahrheit erlangt hat. Er widersteht den Behelligungen des Totengottes Mara und seiner Dämonen, und während eine seiner Hände auf dem Boden ruht, gelangt er zum *Bodhi,* dem Erwachen, das heißt zur vollkommenen Erkenntnis: In einem Blitz, sagen die Schriften, begreift er das Rätsel der Existenz und weiß, mit welchen Mitteln den Geschöpfen geholfen werden kann, sich aus dem *Samsara* zu befreien.

Im Wildpark von Sarnath begegnet der Buddha den fünf Asketen, bei denen er eine Zeit lang gelebt hat. Diese staunen über sein ausgesprochen friedlich in sich ruhendes Aussehen und fragen ihn, was nur in seinem Leben vorgefallen sein mag. Als Antwort hält der Buddha seine erste Lehrrede, und zwar in einem Vortrag, der seine ganze Lehre darlegt. Es war, so die Schriften, »an einem Samstag mit Vollmond, im Jahr 103 des Großen Zeitalters, kurz vor Sonnenuntergang«. Festgehalten wird außerdem, wahrscheinlich wegen des feierlichen Tons, dass außer der bescheidenen Schar der fünf leiblich anwesenden Asketen noch »achtzehn Millionen Brahmas und eine unberechenbare Menge *Devas*« zuhörte. »Ihr Mönche«, beginnt der Buddha; diese Anrede durchzieht seine Rede und wird die bevorzugte Eröffnungsformel aller seiner Reden, selbst wenn er sich an eine überwiegend aus Laien bestehende Menge wendet. Vergessen wir nicht, dass nach buddhistischer Auffassung das Erwachen, also die Befreiung aus dem Kreislauf der Wiedergeburten, ein Vorrecht der Mönche bleibt, die dem Pfad alles geopfert haben. An sie also wendet der Buddha sich in erster Linie.

Der erste lange Monolog des Erwachten entfaltet sofort seine Wirkung: Kondanna, einer der fünf, erfährt sogleich seinerseits das Erwachen, »als hätte er es immer gekannt«, die vier anderen Asketen, die ihn angehört haben, bekennen sich zum *Dharma*, dem Pfad des Buddha, und werden seine ersten Schüler oder *Bhikkhus* – wörtlich »die, die empfangen« (*Vinaya Mahavagga*, 1, 6). Mit seinen Worten, mit seiner Aufforderung zur Meditation hat der Buddha sie ihre wahre Natur entdecken lassen; sie reagieren darauf, als würden sie ein Schwert aus der Scheide oder eine Schlange aus ihrem Sumpfloch ziehen. Doch »Schwert und Schlange sind eine Sache, die Scheide und das Sumpfloch sind eine andere«. (*Majjhima Nikaya*, 77)

In den folgenden fünfundvierzig Jahren wird der Buddha, egal vor welchem Publikum – einer unüberschaubaren Menge oder einer Handvoll Menschen, sogar vor einem einzigen Zuhörer wie dem Asketen Nalaka, der ihn am Tag nach der Predigt von Benares besucht –, nie zu lehren aufhören. Das geschieht stets in Form von feierlichen Reden, die im Wesentlichen in den fünf Bänden des *Sutta Pitaka* zusammengefasst sind, dem »Korb der Lehrreden«, einer der drei Säulen der buddhistischen Lehre. Von ihrer Form her übernehmen diese Lehrreden die Struktur der Predigt in Benares, die die Vier Edlen Wahrheiten des Buddhismus darlegen und jede von ihnen in drei Schritten auseinandersetzt: erst die Beschreibung, dann die Handlungen und Mittel, die erfüllt sein müssen, um sie zu verwirklichen, und schließlich eine kurze Veranschaulichung anhand der Taten des Buddha.

Während Sokrates unendliche Fragen stellt, um der Wahrheit ihren Schleier zu nehmen, legt der Buddha sie einfach offen dar, weil er in ihrem Besitz ist. Er braucht keine Ironie, um seinen Gesprächspartner zur Erkenntnis seiner wahren Natur zu bringen: Wer einmal belehrt wurde, das unterstreicht er nachdrücklich, kann nur über den einsamen Weg der Meditation zur wahren Erkenntnis und zur Erlösung finden. Sokrates' Umgang mit seinen Gesprächspartnern ist sehr emotional geprägt. Der Buddha dagegen beherrscht sich und spricht in unpersönlichem Ton, aus dem nichts von seiner Gefühlswelt herauszulesen ist. Immer wieder unterstreichen die Schriften, welche umfassende Verwandlung die Erwachung in ihm ausgelöst hat: Der Buddha hat seinen Leidenschaften, seinen Wünschen entsagt, aber zugleich hat er seine Persönlichkeit aufgegeben, sein Ich, das mit Egoismen und Unvollkommenheiten behaftet ist; damit ist er ein Buddha geworden und trägt fortan die Merkmale aller Buddhas vor ihm. Seine Gesprächspartner scheinen das übrigens ohne Umschweife zu begreifen: Seine Rede wird als unmittelbar überzeugend dargestellt. »Ihr sollt« oder »ihr sollt nicht« braucht er nur zu sagen, wenn jemand ihn bittet, die Lebensregeln darzulegen, die er befolgen soll. Klargestellt sei auch, dass – im Unterschied zu Sokrates und besonders zu Jesus – die Fragen, die ihm gestellt werden, keinesfalls Fangfragen sind. Auch aggressiv sind sie nie: Sogar der Eremit Uruvela Kassapa mit seiner Eifersucht auf den Buddha und seiner Überzeugung, mächtiger zu sein als er, wendet sich in durchaus höflichem Ton an ihn.

Der Buddha ist zwar nicht so schalkhaft wie Sokrates, doch manchmal greift er auf eine Methode zurück, die auch Jesus wiederholt einsetzt, wie wir gleich sehen werden: kleine Geschichten, Märchen, Gleichnisse, die die Darlegung einer Wahrheit veranschaulichen sollen. Eine von ihnen ist sehr bekannt: die vom Jäger, der von einem vergifteten Pfeil schwer verwundet wird. Der Buddha erzählt sie dem Malunkyaputta, einem Mönch aus seiner Gemeinschaft, als Antwort auf eine höchst spekulative Frage über die Dauer der Welt (*Majjhima Nikaya* 63). »Wenn er mir diese (Antwort) nicht verkündet, dann will ich die Übung aufgeben und zum niedrigen Leben zurückkehren«, hatte der Mönch erklärt. Der Buddha antwortet in etwa Folgendes: Wenn ein Jäger, der von einem Giftpfeil getroffen wurde, sich erst versorgen lässt, wenn er Namen und Kaste des Schützen erfahren hat sowie die Holzart des Pfeils, so wird er sterben, bevor er versorgt wird. Es ist belanglos, ob die Welt ewig ist oder nicht; ich habe gelehrt, wie man sich von Alter, Krankheit, Tod befreit; und dass es, um diesen Jäger zu retten, zuallererst wichtig ist, den Pfeil zu entfernen, herauszufinden, mit welchem Gift er bestrichen war und welches Gegengift wirksam ist, und die Wunde zu schließen. Seine Zeit mit Spekulationen zu verschwenden ist für einen, der nach Erlösung strebt, völlig nutzlos.

Sehr früh beauftragt der Buddha seine Mönche, ihrerseits die Lehre weiter zu verkünden, die er ihnen erteilt hat.

»Geht, ihr Mönche, in die Welt, vielen Wesen zum Wohle, vielen Wesen zum Glücke, aus Mitgefühl mit der Welt, zum Nutzen, Wohl und Glück von Göttern und Menschen. Mögen nicht zwei auf einem Wege gehen. Verkündet, Mönche, die Lehre, die am Anfang gute, in der Mitte gute, am Ende gute, die bedeutsame, die wortgetreue, predigt den vollständigen, völlig geläuterten Reinheitswandel.« (*Vinaya Mahavagga* 1, 11) So können sie also seine Lehren der Menge weitergeben, die vom *Samsara* befreit werden muss, dem Rad der Wiedergeburten – denn an diese Menge richtet er sich. Die entsendeten Mönche erhalten auch das Recht, fast könnte man sagen die Pflicht, neue Mönche zu ordinieren (*Vinaya Mahavagga* 1, 12). Vielleicht haben sie nicht sein Charisma, reden aber können sie wie er, zumal seine Worte gewollt unpersönlich sind. Und das ist auch stimmig, denn seine Lehre leugnet ja die Existenz einer festen Persönlichkeit, eines bleibenden Ichs, dessen Beschreibung von irgendwelchem Interesse wäre. Formal würde man diese Lehrreden heute als Vorlesungen bezeichnen. Auch die Geschichtchen, die er zur Veranschaulichung beimengt, sind nicht seiner persönlichen Biografie entnommen: Es sind verbildlichende Gleichnisse mit didaktischer Zielsetzung, die immer im Allgemeinen verbleiben. Ein einziges Vorrecht behält der Buddha sich vor: die Ausarbeitung des *Vinaya,* der Sammlung der mönchischen Regeln, die den Mönchen helfen sollen, sich von ihren Bindungen zu lösen. Diese Regeln wurden nach und nach als Antworten für bestimmte Situationen und auf präzise Fragen erlassen. Sie bilden den *Vinaya Pitaka,* einen der drei Körbe der buddhistischen Lehre. In diesem Band wird bei jeder Regel erläutert, wie sie erlassen wurde, und der Buddha führt aus, wie sie sich am besten umsetzen lässt.

Sokrates war der Meister des Dialogs und der Ironie; der Buddha bevorzugte den Vortragsstil; und die Besonderheit Jesu ist, dass er alle Redeformen und jede Stilebene benutzte, also Dialog, Ironie, Predigt, aber auch Bekenntnis, Gebet, Gleichnis, Machtwort, und das in dem offensichtlichen Bestreben, sich den jeweiligen Gesprächspartnern anzupassen.

Gemeinsam ist all diesen Redeformen der Gebrauch des »ich«. Ein lautes »ich«, ein präsentes »ich« ohne falsche Scham oder falsche Zurückhaltung. Jesus inszeniert sich, er liefert sich aus, er befiehlt, er fleht, er tröstet – aber immer in einer persönlichen Art und Weise, die ihn von der Rede des Buddha radikal unterscheidet. Anders auch als die biblischen Propheten vor ihm spricht er in seinem eigenen Namen und erklärt, seine Macht habe ihm Gott übertragen, den er Vater nennt *(abba)* und dessen Gesandter er ist: »Wer aber mich verachtet, der verachtet den, der mich gesandt hat.« (Lk 10,16; siehe auch Mk 8,38) Häufig verwendet er in seinen Reden das hebraische Wort *Amen*, das »in Wahrheit« bedeutet; manchmal lässt er es gar zweimal aufeinanderfolgen (im Johannesevangelium steht an 25 Stellen *Amen Amen* oder bei Luther *Wahrlich, wahrlich*); damit unterstreicht er die Autorität seines »ich sage euch«. »Ihr habt gehört, daß zu den Alten gesagt worden ist: …«, erklärt er der Menge seiner Zuhörer bei der Bergpredigt (Mt 5,21–48); und sogleich fährt er fort mit »Ich aber sage euch …«: Damit stellt er das lebendige Wort der Gegenwart über die Überlieferung aus der Vergangenheit. Gleichzeitig stellt er so auch den Glauben über das Gesetz, ohne freilich den Kern des jüdischen Gesetzes anzugreifen: die Liebe zu Gott und dem Nächsten. Jesus beansprucht volle Autorität, doch bestimmte Themen, die den anderen alttestamentlichen Propheten wichtig sind, klammert er aus: etwa den Exodus, die Auserwähltheit und die kollektive Segnung des Volkes Israel. Offenbar will er mit einem kollektiven Verständnis des Religiösen abschließen und stellt stattdessen in seiner neuen Botschaft das persönliche Heil des Einzelnen in den Mittelpunkt, das man über den Glauben, über Vertrauen und Liebe zu Gott erlangt.

Seine Hoheit lässt er nicht infrage stellen: Er ist der Herr, und sein Auftrag lautet nicht etwa, die Gesetze aufzuheben, sondern sie zu reformieren und ihren wahren Sinn aufzuzeigen. »Ich bin nicht gekommen aufzulösen, sondern zu erfüllen.« (Mt 5,17) Er nennt die Gesetze zum Verbrechen, zu Ehebruch, Scheidung, Meineid, Rache und Vergebung, Nächstenliebe. Zugang zum Himmelreich, sagt er, erhält man über eine neue Gerechtigkeit. Seine Ausführungen sind eine Art »Gebrauchsanweisung« für seine Reform der überlieferten Gesetze; und das neue Gesetz, das er einbringt, fußt mehr auf Liebe, Gerechtigkeit und Vergebung. Klipp und klar sagt er: »Darum, wer diese meine Rede hört und tut sie, der gleicht einem klugen Mann, der sein Haus auf Fels baute.« (Mt 7,24) Und so beschließt der Evangelist die Beschreibung dieses Ereignisses: »Und es begab sich, als Jesus diese Rede vollendet hatte, daß sich das Volk entsetzte über seine Lehre; denn er lehrte sie mit Vollmacht und nicht wie ihre Schriftgelehrten.« (Mt 7, 28–29)

Jesus geht häufig das Risiko ein, missverstanden zu werden und seine Zuhörer zu schockieren. Nicht nur weil er bestimmte Aspekte der Überlieferung anficht und die Entartungen des Tempelkults anprangert, sondern auch, wie Johannes oft hervorhebt, weil er in Rätseln spricht. Seine Worte sind häufig unglaubhaft und für religiöse Gemüter geradezu skandalös, bisweilen erregen sie gar den Zorn der Zuhörer wie nach dieser unverblümten Aussage: »Ehe Abraham wurde, bin ich.« (Joh 8,58) Er erntet Unglauben, weil in seiner Rede etwas Extremes, etwas Radikales steckt. Wer nicht zu seinem engeren Kreis gehört, kann ihm nicht glauben. Dann bekommt er zu hören: »Nun erkennen wir, daß du einen bösen Geist hast« (Joh 8,52), ja man versucht ihn gar zu steinigen (Joh 8,59).

Wie Sokrates wendet sich Jesus nicht unbedingt an ein großes Publikum. Wenn nur seine Jünger um ihn sind, klingen seine Worte übrigens in einem ganz anderen Ton: Dann ist er nicht mehr der charismatische Redner der feierlichen Ansprachen an die Menge, sondern der geistliche Führer, der sein innerstes, sein geheimstes Wissen mitteilt. In den Evangelien und insbesondere bei Johannes bilden die häufigen langen Gespräche mit seinen Jüngern ausführliche Dialoge. Doch nicht nur mit den engsten Jüngern führt er so intensive Gespräche. Mit der samaritischen Frau, mit dem Pharisäer Nikodemus, mit dem Blinden, dem Zöllner, dem reichen Würdenträger wandelt sich der Prophet, der zur Menge spricht, zum zutiefst empfindsamen Menschen, zum unermüdlichen Seelenhirten, der den Durst nach Wahrheit stillt. Einer rührt ihn mit seiner Schwäche, einer mit seiner Verblendung oder seinem Leid, und er fragt und antwortet, spendet Rat und Mitgefühl. In diesen Abschnitten geht er von einer bestimmten Situation aus, weitet sie aber immer auf einen allgemeingültigen Horizont aus.

Bei den meisten Begegnungen wird implizit eine sonderbare Gabe Jesu erwähnt: Er kennt seinen Gesprächspartner bereits im Voraus, und das bringt die Betroffenen regelmäßig aus der Fassung. So weiß er etwa, dass Nikodemus, der ihn heimlich nachts aufsucht, ein großer Rechtsgelehrter ist; umso mehr wundert er sich vorgeblich über seine Fragen und erwidert in fast schon sokratischer Ironie: »Bist du Israels Lehrer und weißt das nicht?« (Joh 3,10) Er kennt auch die Vergangenheit der samaritischen Frau, der er an einem Brunnen begegnet; fünfmal ist sie geschieden und lebt jetzt mit einem Mann zusammen, der aber nicht ihr Ehemann ist. Auch sie fordert er ironisch auf: »Geh hin, ruf deinen Mann und komm wieder her!« (Joh 4,16)

Charakteristisch für die Evangelien ist auch, dass sie uns Jesus im Gebet an seinen »Vater« zeigen und uns in die Intimität dieses Austauschs mit hineinnehmen. Diese Gebete mögen uns heute vielleicht banal erscheinen, doch für die damalige Zeit stellen sie mit ihrem innigen, liebevollen Tonfall eine wahre Revolution der religiösen Sitten dar. »Vater, ich will, daß, wo ich bin, auch die bei mir seien, die du mir gegeben hast, damit sie meine Herrlichkeit sehen, die du mir gegeben hast; denn du hast mich geliebt, ehe der Grund der Welt gelegt war. Gerechter Vater, (…) ich habe ihnen deinen Namen kundgetan und werde ihn kundtun, damit die Liebe, mit der du mich liebst, in ihnen sei und ich in ihnen« (Joh 17,24–26), lautet ein Gebet, das einen bewegenden Bruch mit dem beherrschenden Gottesbild der patriarchalischen Gesellschaften darstellt, einem mächtigen, aber fernen und manchmal tyrannischen Gott. Vor der Menge, die sich am Fuß des Berges drängt, um ihm zuzuhören, lässt Jesus im Gespräch mit Gott von seinem dozierenden Ton ab und wird seinerseits zum Jünger: »Unser Vater im Himmel! Dein Name werde geheiligt.

Dein Reich komme. Dein Wille geschehe wie im Himmel so auf Erden.« (Mt 6,9–10)

Ein besonders auffälliges Merkmal in Jesu Lehrstil, und das, egal vor welchem Publikum, ist der Einsatz von Gleichnissen, die er aus dem Alltagsleben herausgreift. Es mag an seiner orientalischen Kultur liegen, dass er seine geistliche Lehre mit diesen »profanen« Geschichtchen schmückt, die in ganz umgänglichem Ton erzählt werden. Jesus verwendet sehr viele Gleichnisse, und das formulieren die Evangelisten auch ganz direkt: »Und er redete vieles zu ihnen in Gleichnissen«, berichtet Matthäus über eine Rede Jesu vor der Menge, die am Ufer stand (Mt 13,3). Und noch einmal: »Ohne Gleichnisse redete er nichts zu ihnen.« (Mt 13,34) Gelegentlich wundern sich darüber sogar seine vertrautesten Jünger: »Warum redest du zu ihnen in Gleichnissen?«, fragen sie ihn. Und Jesus erklärt: »Euch ist's gegeben, die Geheimnisse des Himmelreichs zu verstehen, diesen aber ist's nicht gegeben. (…) Darum rede ich zu ihnen in Gleichnissen. Denn mit sehenden Augen sehen sie nicht und mit hörenden Ohren hören sie nicht; und sie verstehen es nicht.« (Mt 13,10–13) Wieder in einem Gleichnis erklärt er, diese Geschichten seien wie Samen, die man aufs Land wirft: Sie keimen und wachsen Nacht und Tag, ohne dass der Sämann wüsste, wie, und eines Tages dann bringt die Erde erst einen Halm hervor, dann eine Ähre und schließlich Weizen in der Ähre (Mk 4,26–29). Um also Gottes Reich denen zu verkünden, die die Sprache der Theologen nicht verstehen, greift Jesus auf ganz einfache Bilder zurück: die Blumen auf dem Feld, das Leben der Erntearbeiter oder der Winzer.

Als Beispiel soll uns eines der bekanntesten Gleichnisse der Evangelien dienen, das vom verlorenen Sohn (Lk 15,

11–32). Da verlangt der jüngere Sohn eines Tages von seinem Vater die Auszahlung seines Erbteils. Der Vater gibt es ihm, und der Sohn verlässt das Haus des Vaters und verschleudert seinen Besitz in einem freudenvollen Leben. Er endet in Armut und arbeitet eine Zeit lang als Schweinehirte bei einem Bauern, wo er aber noch immer bettelarm ist und grausamen Hunger leidet. So beschließt er eines Tages, zu seinem Vater zurückzukehren und ihn darum zu bitten, ihn wieder aufzunehmen; zwar nicht als Sohn, weil er gesündigt hat, aber doch als einen seiner Tagelöhner. Der Vater erkennt ihn schon von Weitem, und voller Mitgefühl läuft er ihm entgegen und fällt ihm um den Hals. Er befiehlt seinen Dienern, ihm die schönsten Kleider zu bringen, einen Ring an seinen Finger, Schuhe; dann lässt er das gemästete Kalb schlachten und richtet ein Fest aus. Als der ältere Sohn vom Feld heimkehrt, hört er Musik und Tanz und entrüstet sich: So ein Fest für seinen Bruder, der das Erbe mit Huren verprasst hat, und er, der immer zu Hause geblieben ist, hat nie ein Fest bekommen? Da erklärt ihm sein Vater: »Mein Sohn, du bist allezeit bei mir, und alles, was mein ist, das ist dein. Du solltest aber fröhlich und guten Mutes sein; denn dieser dein Bruder war tot und ist wieder lebendig geworden, er war verloren und ist wiedergefunden.« Mit dieser Geschichte will Jesus aufzeigen, dass Gott seinen Kindern Entscheidungsfreiheit gewährt: Er lässt sie ziehen, wenn sie möchten, aber er ist gnädig, wenn er sie anschließend glücklich wieder aufnimmt, ohne über sie zu urteilen oder sie zu verdammen, solange sie nur ihren Fehler einsehen, bereuen und wieder auf ihn zukommen.

Ein unerschütterlicher Glaube war den Jüngern des Buddha und Jesu gemeinsam: Sie waren überzeugt, dass ihr Herr eine kosmische oder göttliche »Mission« besaß: die Rettung der Menschheit. Wahrscheinlich haben die Biografen aus dem Bedürfnis heraus, diese außerordentliche Bestimmung zu unterstreichen und damit ihren Worten Autorität zu verleihen, so viel Gewicht auf zahlreiche Wunder gelegt, die geradezu als »Beweise« ihrer Mission herhalten sollen.

Nach der buddhistischen Überlieferung erlangt der Buddha mit der Erwachung die Erinnerung an seine 547 vergangenen Leben sowie die Gewissheit, in sich alle Begierden abgetötet zu haben, die ihn im *Samsara* festhielten. Außerdem entwickelt er die sechs Kenntnisse, über die ein Buddha verfügt: die Fähigkeit, alles zu sehen, alles zu hören, Gedanken zu lesen, alles zu erschaffen und umzugestalten, jedermanns frühere Leben zu kennen und schließlich das Selbst auszulöschen. Lauter Kenntnisse also, die dem, der sie besitzt, wunderbare Macht verleihen. Und das wohlgemerkt auf ganz »natürliche« Art und Weise, denn diese Macht ist die Folge aus der fortgeschrittenen Kenntnis und dem Vorankommen auf dem Pfad.

Im damaligen Indien waren solche Fähigkeiten keineswegs ein Vorrecht der Buddhas: Auch die vollendetsten Yogis konnten, so berichten die Schriften, Wunder vollbringen. Während seiner Zeit im Wald begegnet Gautama einigen der Berühmtesten von ihnen, kann sie aber sehr bald schon übertreffen. Nun sind aber diese magischen Kräfte gar nicht das, was er unbedingt anstrebt: Seine

Suche richtet sich auf die absolute Reinheit des Geistes. So wird er auch seinen Jüngern verbieten, ähnliche Fähigkeiten zur Schau zu stellen oder auch nur einzusetzen, so sehr missfallen sie ihm. Dennoch überliefern die buddhistischen Schriften, sowohl die ersten Pali-Texte als auch die späteren Lebensbeschreibungen, zahlreiche Wundertaten des Buddha, die ausschließlich zum Ziel hatten, die Ungläubigen zu überzeugen und das Vertrauen derer zu stärken, die seiner Lehre anhingen. So gibt er etwa dem König Pasenadi von Kosala nach, als der ihn um eine Demonstration seiner Macht bittet. Der Buddha verkündet, er werde das vor den Einwohnern des Reiches unter einem Mangobaum tun. In ihrer Eifersucht reißen die Dämonen alle Mangobäume des Reiches aus bis auf einen unantastbaren in einem kleinen Hof des Königs. Es ist nicht die Jahreszeit für Mangos; und doch ist auf diesem Baum eine einzelne herrliche Frucht gewachsen. Der Gärtner pflückt sie und reicht sie dem Buddha, der sie isst; und er fordert den Gärtner auf, den Kern einzupflanzen. Sofort sprießt ein riesiger Mangobaum, unter dem der Buddha seine Wunderkraft entfalten kann: Er lässt einen Weg aus Edelsteinen durch die Luft schweben, hebt vom Boden ab, lässt Flammen aus seinen Ohren, Augen und den Poren seiner Haut schießen, erzeugt einen Doppelgänger, mit dem er eine Unterhaltung beginnt. Nach solchen Wundern ist es nicht erstaunlich, dass niemand im Reich mehr seine Lehre infrage stellt!

Bei einer anderen Gelegenheit sehen wir ihn in der Einsiedelei des Uruvela Kassapa, eines Asketen, der sich, wie allgemein bekannt ist, mit seinen Schülern extremen Übungen hingibt. Als Uruvela zu verstehen gibt, dass er dem Buddha keinen Übernachtungsplatz anbieten kann, schlägt dieser vor, in der Küche zu schlafen. Doch sein Gastgeber warnt ihn, dort wüte eine furchtbare Drachenschlange. Der Buddha richtet sich trotzdem in der Küche ein und beginnt seine Meditation, als das rasende Ungeheuer sich Feuer speiend auf ihn stürzt. Der Buddha widersetzt sich mit gleichen Mitteln, und die Feuerschlacht dauert die ganze Nacht über an. Uruvela ist sicher, dass der Drache gewonnen hat, doch als am Morgen die Schlacht zu Ende ist, sieht er erstaunt den Buddha aus der Küche treten. Er hat das Geschöpf nicht etwa durch die Flammen bezwungen, die er dank seiner Wundermacht auch speien kann, sondern mit der Kraft seines Wohlwollens. Da erkennt der Einsiedler die Macht des Buddha an, hält sich selbst aber für genauso mächtig wie er. In der nächsten Nacht sieht er zu, wie vier *Deva* mit leuchtenden Körpern sich neben dem Buddha niederlassen, um sich von ihm im *Dharma* unterrichten zu lassen. Weiterhin glaubt der Einsiedler, dass der Buddha große Macht hat, hält sie aber nicht für größer als seine eigene. Um den Stolz dieses Yogimeisters zu brechen, bietet der Buddha ihm eine Vorführung seiner Wunder. Vergeblich: Uruvela hält an seiner Überzeugung fest. Da bleibt dem Buddha nur noch ein Mittel, um den Eremiten auf den Edlen Pfad zu führen: Er spricht mit ihm. »Du bist wie ein Glühwürmchen, das sich für die Sonne hält«, erklärt er. Schon dieser Satz genügt, wo alle Wunder sich vergeblich gezeigt hatten. Der Einsiedler überwindet augenblicklich seinen Hochmut und bittet den Erwachten, ihn als Schüler aufzunehmen. Vielleicht ist ja die Rührung eines Herzens durch einen einzigen Satz das größte aller Wunder?

Die Situation Jesu ist insofern mit der des Buddha vergleichbar, als auch in seinem Umfeld immer wieder messianische »Propheten« behaupten, über Wunderkräfte zu verfügen. Der Historiker Flavius Josephus beschreibt in seinen *Jüdischen Altertümern* vom Ende des 1. Jahrhunderts einige von ihnen, etwa Judas, den Sohn des Ezechias, Simon, den Sklaven des Herodes, oder Theudas, der im Jahr 44 die Volksmassen aufgerufen hatte, ihm mit ihrer gesamten Habe an den Jordan zu folgen, wo er die Fluten teilen und mit ihnen trockenen Fußes den Fluss durchschreiten wollte. Theudas wird wegen Unruhestiftung von den Truppen des Prokurators Cuspius Fadus verhaftet und enthauptet. Gleichzeitig erfährt die im 1. Jahrhundert vor unserer Zeit aufgekommene Merkaba-Mystik regen Zuspruch im Volk. Ihre Anführer sind für ihre Zauberkräfte bekannt, und die Gläubigen drängen sich bei den Bekanntesten von ihnen, also denen, die über die meisten Kräfte verfügen. Doch so vergleichbar die zwei historischen Kontexte auch sein mögen, zwischen den Wundern, die dem Buddha und Jesus zugesprochen werden, muss man klar unterscheiden. Die Wunder des Buddha werden immer dann erzählt, wenn die Autorität des Erhabenen unterstrichen werden soll. Sie haben eine pädagogische Zielsetzung, und die Erzählung greift häufig Elemente des mythischen Volksglaubens auf, etwa den eben erwähnten Kampf gegen den Drachen. Da diese Berichte zudem erst mehrere Jahrhunderte nach dem Tod des Buddha verfasst wurden, ist es höchst wahrscheinlich, dass die meisten davon zur Erbauung des Lesers erfunden wurden.

Ganz anders ist das bei Jesus. Einerseits weil die Berichte über seine Wunder entweder von Augenzeugen verfasst wurden oder von Schülern, die Berichte von direkten Zeugen gehört hatten; andererseits, und dieser Punkt ist entscheidend, weil die Wunder, die Jesus zugesprochen werden, äußerst zahlreich und für alle vier Evangelien strukturbildend sind. Sie als erfunden zu bezeichnen würde bedeuten, die Zeugnishaftigkeit der Schrift völlig zu untergraben und die grundlegenden Texte der Christenheit um ein gutes Viertel zu verstümmeln. Für ein modernes Verständnis ist die Sache sogar so schwierig, dass manche christlichen Exegeten behaupten, auch »trotz der Wunder« an die Nachricht des Evangeliums zu glauben! Es ist zwar offensichtlich, dass einige Wunder zur Ausschmückung oder zur Erbauung eingefügt wurden – etwa das Erdbeben und die Auferstehung der Toten, die nach dem Verscheiden Jesu aus den Gräbern steigen und in der Stadt umherlaufen (Mt 27,51–53); andere dagegen, etwa die Speisung der Fünftausend und die Heilung der Kranken, werden von allen Evangelisten in einer Vielzahl konkreter Einzelheiten berichtet. Meines Erachtens kann man sie also unmöglich ausklammern, ohne damit die Glaubwürdigkeit der vier Evangelien infrage zu stellen. Mag ruhig der Gläubige diese Wunder so nehmen, wie sie dastehen, und der Ungläubige mag sie für Erfindungen halten, für Übertreibungen oder für Ereignisse, die zwar unerklärlich klingen, für die aber in einer Zukunft, in der die Wissenschaft noch weiter fortgeschritten ist, noch eine rationale, natürliche Erklärung gefunden werden kann.

Jesus selbst behauptet, er besitze übernatürliche Kräfte, die ihm von Gott verliehen wurden. Heilungen und die Austreibung böser Geister stehen den Evangelien zufolge im Mittelpunkt seines Wirkens. Und als Wunderheiler beginnt er übrigens auch seine Karriere: »Und Jesus zog umher in ganz Galiläa, lehrte in ihren Synagogen und predigte das Evangelium von dem Reich und heilte alle Krankheiten und alle Gebrechen im Volk. Und die Kunde von ihm erscholl durch ganz Syrien. Und sie brachten zu ihm alle Kranken, mit mancherlei Leiden und Plagen behaftet, Besessene, Mondsüchtige und Gelähmte; und er machte sie gesund«, berichtet Matthäus (Mt 4,23–24); und als Folge daraus ergibt sich: »Und es folgte ihm eine große Menge.« (Mt 4,25)

Jesus vollbrachte sehr viele Wunder; fünfunddreißig davon sind in den vier Evangelien genau beschrieben: siebzehn Heilungen, sechs Austreibungen böser Geister, neun Eingriffe in die Natur und drei Auferweckungen von den Toten. Ausdrücklich wird aber klargestellt, dass diese Liste längst nicht vollständig ist: »Und als die Sonne untergegangen war, brachten alle ihre Kranken mit mancherlei Leiden zu ihm. Und er legte die Hände auf einen jeden und machte sie gesund. Von vielen fuhren auch die bösen Geister aus und schrien«, erzählt Lukas (Lk 4,40). In allen Städten, durch die er zieht, ist es dasselbe: »Am Abend aber, als die Sonne untergegangen war, brachten sie zu ihm alle Kranken und Besessenen. Und die ganze Stadt war versammelt vor der Tür. Und er half vielen Kranken, die mit mancherlei Gebrechen beladen waren, und trieb viele böse Geister aus«, heißt es bei Markus (Mk 1,32–34). Ein Viertel des Markusevangeliums besteht aus Wunderberichten; Matthäus und Lukas übernehmen einige davon und nennen noch weitere. Bei Johannes stehen nur sieben, allerdings meidet er systematisch das Wort »Wunder« und spricht lieber vom »Zeichen« – vom göttlichen Zeichen natürlich. Bei Lukas verweist Jesus übrigens auf Gott, um seine Taten zu erklären: »Wenn ich aber durch Gottes Finger die bösen Geister austreibe, so ist ja das Reich Gottes zu euch gekommen.« (Lk 11,20) [23]

Von all diesen Wundern wird nur ein einziges von allen

vier Evangelisten berichtet: das Wunder von der Speisung der Fünftausend. So etwa lautet es bei Johannes: Kurz vor dem Passahfest gelangt Jesus mit einem großen Gefolge von etwa fünftausend Mann nach Galiläa. Er sorgt sich um die Speisung dieser Menge und befragt Philippus und Andreas, die ihm ein Kind mit fünf Gerstenbroten und zwei Fischen vorstellen. Das ist das einzige Essbare, was zur Verfügung steht. Jesus nimmt dieses Essen und beginnt es zu verteilen. Und da werden nicht nur alle satt, sondern die Überreste füllen auch noch zwölf Körbe. Und Johannes schließt: »Als nun die Menschen das Zeichen sahen, das Jesus tat, sprachen sie: Das ist wahrlich der Prophet, der in die Welt kommen soll. Als Jesus nun merkte, daß sie kommen würden und ihn ergreifen, um ihn zum König zu machen, entwich er wieder auf den Berg, er selbst allein.« (Joh 6,1–15)

In der zeitgenössischen Kultur musste Jesus mit diesen Zeichen beweisen, dass er der Gesandte Gottes war. Deswegen bestehen die Evangelien so auf die Wunder, die die Massen herbeilocken und es ihm ermöglichen, seine Lehre zu verbreiten. Dabei zeigen die Evangelien auch, dass Jesus seine Wunderkraft nie für seinen persönlichen Nutzen einzusetzen versuchte, und bei seiner Gefangennahme wird er sich weigern, mit ihrer Hilfe den Häschern zu entkommen. Auch warnt er vor denen, die allein mit der Wundertätigkeit ihre Kenntnis der Wahrheit beweisen wollen: »Denn es werden falsche Christusse und falsche Propheten aufstehen und große Zeichen und Wunder tun, so daß sie, wenn es möglich wäre, auch die Auserwählten verführten.« (Mt 24,24).

8 Die Kunst des Sterbens

Sokrates und Jesus starben, wie sie lebten: in vollem Einklang mit ihren ethischen Grundsätzen und mit der Wahrheit, die sie verkündeten. Sie waren Vorreiter, und wie alle Vorreiter eckten sie an. Sie bedrohten die geltende Ordnung: die soziale, die politische, die religiöse. Folglich wurden sie aus dem Weg geräumt. Sokrates und Jesus wurden vor Gericht gestellt, zum Tode verurteilt und hingerichtet. Anders war das beim Buddha, der mit 80 Jahren an den Folgen einer Magenvergiftung starb – allerdings hat die früheste Überlieferung auch eine absichtliche Vergiftung nie vollständig ausgeschlossen.

Hinnehmen des Endes

Drei Monate vor seinem *Parinirvana* – mit diesem Begriff bezeichnet die buddhistische Überlieferung das Ende des menschlichen Lebens eines Buddhas – ist Siddhartha sehr gealtert. Die Last seiner 80 Jahre liegt schwer auf seinen Schultern, er ist krank, und seine Krankheit belastet ihn, berichtet das *Mahaparinirvana Sutra,* der längste Bericht des Pali-Kanons, der den letzten Tagen des Erwachten gewidmet ist. Als sein getreuer Ananda ihn anfleht, nicht von ihnen zu gehen, ohne der Gemeinschaft letzte Anweisungen gegeben zu haben, gesteht er ihm: »Ich bin doch, Ananda, jetzt alt geworden, ein Greis, hochbetagt, bin meinen Weg gegangen, am Ziel angelangt, stehe im achtzigsten Jahre. Gleichwie etwa, Ananda, ein abgeratterter Karren mit Ach und Krach weitergebracht wird, ebenso auch wird, Ananda, mit Ach und Krach, sozusagen, der Leib des Vollendeten weitergebracht.« (*Mahaparinirvana* 16, 2) Bis auf Ananda sind die ältesten Gefährten des Buddha und sogar sein Sohn Rahula bereits tot. Die alten Schriften deuten an, dass der Buddha nicht länger die Massen anlockt, die früher eigens zu ihm reisten. Die mönchischen Gemeinschaften sind fest etabliert, aber die Religion, die er eingesetzt hat, hat ihren ursprünglichen Schwung verloren. Mehrere Texte im Kanon erklären, der Buddha habe seinen Jüngern eines Tages eröffnet, er werde in drei Monaten sein *Parinirvana* erreichen.

Der Buddha sammelt nun seine letzten Kräfte, begibt sich zu seiner Gemeinschaft und verabschiedet sich von den Mönchen. Er reist nach Nordosten und gelangt in die Stadt Pava (wahrscheinlich das heutige Fazilnagar), wo der Schmied Cunda ihn einlädt, sich in seinem Mangohain zu lagern und dann mit den Mönchen seines Gefolges sein Mahl zu teilen. Cunda lässt ein besonderes Gericht zubereiten, das sich heute nicht mehr genau bestimmen lässt, ein *Sukaramaddava* – wörtlich übersetzt hieße das »Ebermorchel«. Handelt es sich dabei um ein Gericht aus Schweinefleisch? Oder um eine bestimmte Pilzsorte, mit denen man die Schweine fütterte, wie es später die Anhänger einer streng vegetarischen buddhistischen Schule behaupteten? Jedenfalls isst der Buddha davon, verbietet aber allen anderen, es anzurühren. Er isst den Teller nicht leer, sondern lässt den Rest verscharren mit der Bemerkung, selbst die *Deva* könnten es nicht verdauen (*Mahaparinirvana* 4, 19). In der Nacht befallen den Erwachten heftige Schmerzen, und er erbricht Blut. Trotzdem macht er sich wieder auf den Weg und gelangt in die Nähe von Kusinara südlich von Lumbini. Jetzt aber kann der Buddha nicht mehr weiter. Er befiehlt eine Rast unter einem Baum. Er legt sich nieder, sein Kopf weist nach Norden.

Wurde er vorsätzlich vergiftet in einer Zeit der Zerrissenheit des *Sanghas*, wo die Anhänger einer harten asketischen Linie sich gegen die Gläubigen stellen, die dem »mittleren Pfad« ihres Meisters folgen? Die ältesten Palischriften erwähnen die Hypothese der Vergiftung, um sie sogleich zu verwerfen. Sie berichten von diesem seltsamen Umstand, der sich schwer interpretieren lässt: Demnach hätte der Buddha eine Gruppe Mönche zurück zum Cunda geschickt, damit sie ihm für dieses letzte Mahl dankten; denn es habe dem Buddha Zugang zum *Parinirvana* verschafft und soll als »Ruhm verschaffende«, »himmelgewinnende« Tat verstanden werden (*Mahaparinirvana* 4, 56).

Der Buddha liegt auf der rechten Seite, in der Löwenstellung, und erteilt seinen Vertrauten seine letzten Ratschläge, als er plötzlich erstaunt feststellt, dass Ananda fehlt. Der ist hinter einen Busch geflohen und weint. Seiner Gewohnheit gemäß weist der Buddha ihn zurecht. Dann dankt er seinem alten Gefährten zum ersten Mal: »Lange hindurch hast du, Ananda, dem Vollendeten mit liebevoller Tat gedient, freundlich, zartfühlend, unverhohlen, unbegrenzt, mit liebevollem Worte gedient, mit liebevollem Geiste gedient.« (*Mahaparinirvana* 5, 35) Der Legende zufolge beginnt genau in dem Moment, als der Erwachte kurz vor dem Morgengrauen seinen letzten Atemzug tut, die Erde zu toben und zu zittern …

Um 399 vor unserer Zeit – dieses Jahr nennen die Biografen des Sokrates, es kann aber nur ungefähr gelten – bringen drei Athener Bürger Sokrates vor Gericht. Die Kläger sind Anytos, ein reicher Kaufmann, der für sein Rednertalent bekannt ist und als kompromissloser Verteidiger der Demokratie gilt, sowie seine beiden Freunde, der Dichter Meletos und der Rhetor Lykon. Diese drei erklären, Sokrates stelle eine ernste Gefahr für die Ordnung der Stadt dar, und sie bringen zwei Hauptvorwürfe gegen ihn vor, die Platon in seiner *Apologie des Sokrates* so zusammenfasst: »Sokrates vergeht sich wider die Gesetze, indem er die Jugend verdirbt und nicht an die vaterländischen Götter glaubt, sondern einem Glauben an eine neue Art von Dämonentum huldigt« – nämlich dem von Sokrates selbst oft beschworenen *Daimonion* (Platon, *Apologie* 24b–c).

Sokrates macht von seinem Recht Gebrauch und liest nicht die brillante Rede vor, die ihm sein Freund Lysias vorbereitet hat, sondern übernimmt seine Verteidigung vor den 501 versammelten Geschworenen selbst. Diesen Prozess überliefert vor allem Platon in seiner *Apologie des Sokrates,* erwähnt wird er aber auch mehrmals an anderer Stelle, etwa im *Euthyphron* sowie in Xenophons *Memorabilia.* Vor der Heliaia, dem obersten Volksgericht, ergreift zunächst die Anklage das Wort, und das so überzeugend, »daß ich mich beinahe selbst vergaß« (Platon, *Apologie* 17a), wie Sokrates gesteht. Doch sogleich prangert er die Lügen an, die die Kläger in ihren geschliffenen Reden vorgebracht haben; demgegenüber kündigt er an, er werde seine gewohnte Sprache benutzen, die, die er jahrzehntelang in der Öffentlichkeit gebraucht hatte. Er bittet also seine Richter, die Form seiner eigenen Rede außer Acht zu lassen und stattdessen »eueren Sinn und euere ganze Aufmerksamkeit darauf (zu richten), ob, was ich sage, recht ist oder nicht; denn das ist die Pflicht und Aufgabe des Richters.« (Platon, *Apologie* 18a)

Sokrates weiß, dass die Stadt nicht gut auf ihn zu sprechen ist und dass er neben seinen erklärten Anklägern in seinem Prozess auch zahlreiche »Schatten« wird bekämpfen müssen – alle die, die hinter vorgehaltener Hand Verleumdungen gegen ihn vorgebracht haben. Immerhin stellt er von Anfang an und in aller Deutlichkeit klar, dass er im Einklang mit seinen Grundsätzen das Spiel des Prozesses voll und ganz mitspielen wird: »Gleichwohl mag (die Sache) ihren Lauf nehmen wie es Gott gefällt: das Gesetz fordert Gehorsam und die Verteidigung ist unabweisbare Pflicht.« (Platon, *Apologie* 19a) Doch, so ergänzt er tunlichst, er hat einen höheren Fürsprecher: Apoll, den Schutzgott Athens, der ihn über das Delphische Orakel als den Weisesten aller Menschen bezeichnet hat: »Lügen wird er doch gewiß nicht, denn das widerspricht seinem Wesen« (Platon, *Apologie* 20e), erklärt er nicht ohne Schalk seinen Richtern, die ihn der Gottlosigkeit bezichtigen.

In der Folge entfaltet Sokrates seinen ganzen Elan, alle Facetten seiner Ironie, um die zwei Anklagepunkte zu widerlegen. Man wirft ihm also vor, er verderbe die Jugend Athens? Er erinnert daran, dass er von diesen Jünglingen, die doch aus gutem Hause stammten, nie einen Lohn genommen hat wie die Sophisten. Und jetzt übernimmt er die Rolle des Fragestellers, besonders an Meletos: »Also Meletos, nun achtgegeben und geantwortet! (…) Nun, so sage hier vor den Richtern, wer macht sie denn besser? (…) nun nenne also auch den, der sie sittlich bessert, und gib ihn den Richtern mit Namen an.« Meletos verheddert sich in seiner Antwort, doch Sokrates lässt ihm seine

Widersprüche nicht durchgehen: »Aber, mein Meletos, du läßt ja keinen Zweifel darüber, daß du dich nie um die Jugend gekümmert hast, und gibst klar zu erkennen, daß du in deinem Leichtsinn dir niemals irgendwelche Sorge darüber gemacht hast, weshalb du mich eigentlich hier vor Gericht ziehst.« (Platon, *Apologie* 25c) Er greift ihn an, bezichtigt ihn der Lüge, ruft die Richter zu Zeugen an, macht sich über seine Unwissenheit lustig und zerlegt ein Beweisstück nach dem anderen. Und schließlich wendet er sich an die Geschworenen und wirft ihnen einen Satz hin, der seine gesamte Moral zusammenfasst: »Wo einer sich selbst seinen Posten bestimmt hat, überzeugt, daß es keinen besseren Entschluss gebe, oder wo er seinen Posten von einem Vorgesetzten angewiesen erhalten hat, da muß er ausharren und der Gefahr Trotz bieten und weder des Todes noch der Gefahr achten gegenüber der Schande.« (Platon, *Apologie* 28d)

Mit Sicherheit trifft das den Nerv der Geschworenen, zumal Sokrates ihnen im selben Atemzug ankündigt: Ganz egal, wie das Urteil lauten wird, »solange ich noch Atem und Kraft habe, werde ich nicht aufhören, der Wahrheit nachzuforschen und euch zu mahnen und aufzuklären und jedem von euch, mit dem mich der Zufall zusammenführt, in meiner gewohnten Weise ins Gewissen zu reden.« (Platon, *Apologie* 29d) Als in ihren Reihen Unmut laut wird, bittet Sokrates sie, ihn aussprechen zu lassen: »Ich habe euch nämlich noch einiges andere zu sagen, was euch vielleicht zu lärmendem Widerspruch reizen wird; doch lasset euch nicht dazu hinreißen.« (Platon, *Apologie* 30c) Er verweist sie auf das Einzige, das dem Leben Wert gibt: die Verbesserung der Seele. Und er erzählt von seinem Leben, seinen Kämpfen, seinen Auseinandersetzungen, seinem Beruf als Philosoph. »Ich aber bin niemals jemandes Lehrer gewesen. Wohl aber habe ich, wenn jemand Verlangen trug mich reden zu hören, in Ausübung meines eigenartigen Berufes mich niemals jemandem, gleichviel ob jung oder alt, versagt.« (Platon, *Apologie* 33a) Doch er weigert sich, die Richter erweichen zu wollen, er fleht sie nicht an, appelliert nicht an die Rührseligkeit und holt nicht seine Kinder in den Zeugenstand: »Aber auch abgesehen von dem guten Ruf, meine Mitbürger, scheint es mir auch schon vom Standpunkte des strengen Rechtes verwerflich, die Gnade des Richters anzuflehen und durch Bitten die Freisprechung zu erwirken statt durch belehrende und überzeugende Aufklärung. Denn nicht dazu hat der Richter seinen Platz eingenommen, um nach Gunst des Rechtes zu walten, sondern um unparteiisch den Sachverhalt festzustellen. Und durch seinen Richtereid hat er sich nicht verpflichtet, sich dem, dem er nach Gutdünken sein Wohlwollen schenkt, gnädig zu erweisen, sondern sein Richteramt streng nach den Gesetzen auszuüben.« (Platon, *Apologie* 35b–c)

Sokrates weiß, dass er die Todesstrafe riskiert, doch als allerletzte Provokation schlägt er dem Gericht vor, ihm, dem Wohltäter, den »rechtlichen Anspruch« auf »Speisung im Prytaneion« zuzuerkennen (Platon, *Apologie* 36e–37a), also in der wichtigsten zivilen und religiösen Stätte Athens; dort empfangen zu werden ist eine hohe Auszeichnung. Allenfalls mag er sich zur Entrichtung einer kleinen Geldstrafe verurteilen lassen, deren Betrag er selbst festsetzt. Diese Unverfrorenheit können seine Richter nicht ertragen. Möglicherweise hat er sie von seiner Unschuld in Bezug auf die beiden Anklagepunkte überzeugt, die auf ihm lasten; trotzdem verurteilen sie ihn zum Tode, zur Strafe für

Gottlosigkeit. Diogenes Laertios berichtet, auf die Klage seiner Frau Xanthippe, er sterbe ungerechterweise, habe er mit diesen großartigen Worten geantwortet: »Wünschtest du etwa, daß ich gerechterweise stürbe?« (Diogenes Laertios, *Leben und Meinungen berühmter Philosophen* II, 35)

Normalerweise wurden Todesurteile sehr rasch vollzogen. Sokrates dagegen wird noch fast einen Monat im Gefängnis verbringen, bevor ihm der Schierlingsbecher gereicht wird (ein zur Vollstreckung der Todesstrafe übliches Gift). Das darf man keinesfalls als Zeichen irgendeiner Wertschätzung des Sokrates interpretieren oder als Anzeichen von Reue bei seinen Richtern, denn der Grund für diesen Aufschub ist sehr viel prosaischer: Am Tag nach der Urteilsverkündung nämlich verließ ein Schiff den Athener Hafen, an Bord die Priester, die auf der Geburtsinsel Apollons die jährliche Zeremonie durchzuführen hatten, bei der dem Gott für den Sieg des Theseus über den Minotaurus gedankt wurde. Das Gesetz aber verbot jede Hinrichtung, bis das heilige Schiff und seine Passagiere wieder zurückgekehrt waren.

In diesem Monat zwischen Urteil und Vollstreckung ist Sokrates nicht isoliert. Im Gegenteil, Tag für Tag besuchen ihn seine Freunde, Bekannten, seine Schüler, sie befragen ihn, lauschen seiner Lehre. Schließlich hatte er ja seinen Richtern angekündigt, solange er lebe, werde er sprechen! Aus diesen vier Wochen besitzen wir noch zwei von Platon verfasste Werke: den *Phaidon,* Dialog über die Unsterblichkeit der Seele mit dem Bericht über den letzten Tag des Sokrates, und den Dialog *Kriton,* in dem Kriton, der älteste Freund des Sokrates, ihn vergeblich zur Flucht zu überreden versucht. In diesen beiden Werken, aber auch in den Berichten Xenophons, sehen wir einen tapferen Sokrates, der bis zum letzten Augenblick den Tod nicht fürchtet. Er selbst muss gar noch seine in Tränen aufgelösten Freunde trösten und stärken. Und als seine Frau Xanthippe erneut in Klagegeschrei ausbricht, veranlasst er, dass sie aus dem Raum gebracht wird, in dem er nur noch wenig Zeit zu leben hat. Kriton fleht ihn an, wie so viele andere Todeskandidaten mit dem Trinken des Schierlingsbechers noch einige Stunden zu warten. Er aber lehnt ab, »denn wenn ich ein wenig später den Trank nehme, glaube ich dadurch nichts zu gewinnen, sondern mich nur vor mir selbst lächerlich zu machen, wenn ich so begierig am Leben hänge und da spare, wo nichts mehr vorhanden ist«. (Platon, *Phaidon* 117a). Trotzdem brechen seine Freunde, als er den Becher an die Lippen führt, in Tränen aus und weinen – »nicht um ihn, sondern um mein Geschick, daß ich eines solchen Freundes beraubt sein sollte«, wie Phaidon ausruft (Platon, *Phaidon* 117). Sokrates missbilligt diese Tränen und diese Klagen, die er für fehl am Platze hält, geht ein wenig umher, wie es ihm der Sklave empfohlen hat, der den Schierlingsbecher gebracht hatte, und als er merkt, wie ihm die Beine schwer werden, legt er sich auf den Rücken, verhüllt sich den Kopf. Er stirbt mit offenen Augen.

Wir befinden uns eine Woche vor dem jüdischen Passahfest. Zehntausende Juden aus Palästina und der gesamten Diaspora drängen wie jedes Jahr nach Jerusalem, um dort das Fest zu begehen. Auch Jesus ist wegen des Festes gekommen. Die jüdischen und römischen Obrigkeiten fürchten diesen Tag im Jahr, denn mit den Pilgern kommen die Propheten, die nationalistischen Wortführer und sonstige Aufwiegler, die die Gelegenheit nutzen, um die geltende Ordnung anzugreifen. Tatsächlich kommt es zu einem schweren Zwischenfall, als Jesus die Händler im Tempel angreift, die Wechsler, die das »heidnische« Geld gegen jüdische Münzen eintauschen, mit denen man die Opfertiere kaufen kann; er geht gar so weit, in heftigen Worten das Ende dieses Tempels zu verkünden, »der mit Händen gemacht ist« (Mk 14,58), und nennt ihn »eine Räuberhöhle« (Mk 11,17). Das beunruhigt die Hohepriester: Spielt doch der Tempel in sozialer und wirtschaftlicher Hinsicht eine zentrale Rolle und garantiert ihre Macht, ihre Autorität. Wer ist dieser Jesus, der es wagt, diesen Ort »mein Haus« zu nennen? (Mk 11,17) Es besteht umso mehr Grund zur Sorge, als seine Anhängerschaft immer stärker anwächst. Es kann also als wahrscheinlich gelten, dass der Entschluss der Hohepriester, Jesu Wirken als Prediger zu beenden, nach diesem Eklat gefasst wurde. Jedenfalls spürt Jesus, dass ihre Feindseligkeit ihm gegenüber zunimmt. Trotzdem ist er nicht bereit, ihnen auch nur die geringsten Zugeständnisse zu machen; und so muss er wissen, dass er unweigerlich festgenommen werden wird. Die vier Evangelisten sprechen einhellig von einem Donnerstag für das letzte Mahl, zu dem Jesus die Zwölf lädt, seine engsten Jünger. Es ist eine feierliche Stunde. Als ihr Lehrer übernimmt Jesus die Rolle, die in der jüdischen Tradition dem Familienvater zusteht: Er segnet das Brot und bricht es, er segnet den Weinkelch und reicht ihn den Gästen, wobei er wunderliche Worte spricht. Diese Begebenheit, die die Geschichte des Christentums und den christlichen Kultus stark prägen wird, erzählen die drei synoptischen Evangelien so: »Als sie aber aßen, nahm Jesus das Brot, dankte und brach's und gab's den Jüngern und sprach: Nehmet, esset; das ist mein Leib. Und er nahm den Kelch und dankte, gab ihnen den und sprach: Trinket alle daraus; das ist mein

Blut des Bundes, das vergossen wird für viele zur Vergebung der Sünden.« (Mt 26,26–27; siehe Mk 14,22–24 und Lk 22,19–20).

Im ersten Korintherbrief ergänzt Paulus Jesu weitere Worte nach diesen beiden Gesten: »Das tut zu meinem Gedächtnis. (…) Denn sooft ihr von diesem Brot eßt und aus dem Kelch trinkt, verkündigt ihr den Tod des Herrn, bis er kommt.« (1. Kor 11,24–26). Die Eucharistie – wörtlich »Danksagung« – ist seit zweitausend Jahren der Kern des christlichen Gottesdienstes.

Die Gäste sitzen noch bei Tisch, als Jesus ihnen ankündigt, einer von ihnen werde ihn verraten. Alle fragen: »Bin ich's?«, und nur Judas erhält die Antwort: »Du sagst es.« Als das Mahl zu Ende ist, gehen sie auf den Ölberg. Alle Jünger erklären ihrem »Rabbi«, wie getreu sie zu ihm stehen, als Jesus sich an Petrus wendet: »Wahrlich, ich sage dir: In dieser Nacht, ehe der Hahn kräht, wirst du mich dreimal verleugnen.« (Mt 26,34). Dann zieht er sich zurück, um zu beten. Doch seine Gelassenheit ist dahin. Er beginnt »zu trauern und zu zagen«, er fällt »nieder auf sein Angesicht« und fleht zu Gott: »Mein Vater, ist's möglich, so gehe dieser Kelch an mir vorüber.« (Mt 26,37–39) Und schon kommen im Auftrag der Hohepriester die Soldaten. Auch Judas tritt heran. Er küsst Jesus – und das ist das Erkennungszeichen, das mit den Soldaten vereinbart ist. Jesus wird vor den Hohepriester Kaiphas gebracht. Petrus folgt ihm von Weitem und setzt sich zu den Dienern – er wird zum Zeugen des Prozesses gegen Jesus.

»Prozess« ist freilich ein großes Wort für dieses rasch erteilte Urteil. Vor dem Sanhedrin, dem Hohen Rat der Juden, der über weitgehende Kompetenzen in religiösen, zivilen und gerichtlichen Belangen verfügt, wird Jesus zum

Status als Messias befragt, den er für sich beansprucht: »Ich beschwöre dich bei dem lebendigen Gott, daß du uns sagst, ob du der Christus bist, der Sohn Gottes«, fragt ihn Kaiphas. »Du sagst es«, erwidert Jesus. Vor Wut und Empörung zerreißt der Hohepriester seine Kleider. »Er hat Gott gelästert!«, ruft er. »Er ist des Todes schuldig«, lautet die Antwort der Zuhörer (Mt 26,63–67). Allerdings ist nur die römische Statthalterschaft zur Erteilung der Todesstrafe und zu Maßnahmen für den Erhalt der öffentlichen Ordnung ermächtigt. Im Morgengrauen wird Jesus von den Hohepriestern und den Ältesten in Fesseln vor den Statthalter Pontius Pilatus geschleppt. Der kümmert sich nicht darum, ob er der Messias ist oder nicht, sondern nur um die politische Stellung, die er für sich beansprucht. »Bist du der König der Juden?«, fragt er ihn geradeheraus. Jesus antwortet mit den bereits zur Gewohnheit gewordenen Worten: »Du sagst es.« Von jetzt an wird er schweigen. Pilatus versucht den Mann dennoch vor der Rachsucht der Priester zu retten; da er bei jedem Fest einen von der Volksmenge bestimmten Gefangenen freilässt, fragt er diesmal: »Welchen wollt ihr? Barabbas oder Jesus, von dem gesagt wird, er sei Christus?« »Barabbas!«, schreit das Volk unter dem Einfluss der Hohepriester. So wird Jesus denn zum Tode verurteilt, und zwar zum schlimmsten aller Tode, der den politischen Aufwieglern und den flüchtigen Sklaven bestimmt ist: zur Kreuzigung. Die Vollstreckung erfolgt sofort, noch vor Beginn des Festes. Dieser Tag ist ein Freitag, der Tag vor dem Sabbat und vor Pessach, ein 14. Nisan. Berechnungen anhand astronomischer Daten führen zu der Vermutung, dass diese Ereignisse auf das Jahr 30 oder 33 zu datieren sind, wobei die meisten Historiker das frühere Datum befürworten. [24]

In den Augen der Evangelisten wurde Jesus nicht von den Römern aus politischen Gründen, sondern von den Hohepriestern wegen Gotteslästerung verurteilt. Ein Umstand untermauert das: Während die römische Repression gegen die aufrührerischsten Prediger sich auch gegen deren Anhänger richtete, blieben die Jünger Jesu von Pilatus' Urteil unbehelligt; sie werden nicht einmal von der Obrigkeit gesucht und können sich weiterhin im Gedächtnis ihres Rabbis versammeln; immerhin treffen sie dabei einige Vorsichtsmaßnahmen. Pilatus aber »wusch sich die Hände« vom Blut des Verdammten – mit seinem Urteilsspruch wäre er demnach allein der Forderung des Sanhedrin nachgekommen.

Ich möchte hier ein paar Worte zum christlichen Antijudaismus sagen, der sich jahrhundertelang aus dem trügerischen Argument nährte, die Juden seien kollektiv verantwortlich für den Tod Jesu und seien als Volk des Gottesmordes schuldig. Dabei wird das in den Evangelien zu keiner Zeit gesagt oder auch nur angedeutet. Nur die höchsten damaligen religiösen Würdenträger wollten seinen Tod (beziehungsweise noch nicht einmal alle, denn manche, Nikodemus etwa, waren seine Fürsprecher). Die jüdische Gemeinschaft in Jerusalem zeigt sich im Grunde dreigeteilt: die Jünger Jesu und die, die ihnen zuneigen; eine kleine religiöse Elite, die ihm sehr feindlich gegenübersteht und die Massen manipuliert; und die Mehrheit des Volkes, die mit der ganzen Angelegenheit nichts zu tun hat. Den Tod Jesu dem jüdischen Volk in seiner Gesamtheit zuzuschreiben ist eine furchtbare Verdrehung der Tatsachen, die leider in der Geschichte der Christenheit zu gewaltsamen Verfolgungen geführt und beim Aufkommen des modernen Antisemitismus eine nicht unerhebliche

Rolle gespielt hat. Erst nach dem 2. Vatikanischen Konzil von 1962 strich die katholische Kirche die Karfreitagsfürbitte aus der Messordnung, in der die Gläubigen aufgefordert wurden, für die Bekehrung des »treulosen Volkes« zu beten, das für den Tod Jesu verantwortlich sei.

Nach Jesu Verurteilung durch Pilatus ist es an den römischen Soldaten, das Urteil zu vollstrecken. Jesus wird als »Judenkönig« mit einer Dornenkrone ausstaffiert und unter dem Gejohle der speienden Menge auf Golgatha verbracht, einen Hügel über der Stadt Jerusalem. Er wird ans Kreuz geschlagen, und oben am Kreuz nennt eine Inschrift den Grund seiner Verurteilung: »Dies ist Jesus, der König der Juden«. Gleichzeitig mit ihm werden zwei Straßenräuber gekreuzigt, einer rechts und einer links von ihm. Stundenlang dauert Jesu Todeskampf, schließlich stirbt er nach grausamem Leiden. Noch am selben Tag wird er begraben, vor dem Sonnenuntergang und dem Beginn des Sabbats. Jesus war 35 oder 36 Jahre alt.

Ihrer Lehre treu bis in den Tod

Der Buddha begegnete dem Tod mit großer Gelassenheit, ganz wie es seinem Begriff vom Leben entsprach. Sokrates und Jesus dagegen hätten es vermeiden können, unter den dramatischen Umständen zu sterben, die wir eben beschrieben haben. Sie hätten fliehen können, lehnten das aber ab – aus Treue zur Wahrheit und zu ihrer eigenen Lehre.

Als Sokrates im Gefängnis auf seine Hinrichtung wartet, bereiten seine Freunde einen Fluchtplan für ihn vor. Sein Freund Kriton hat alles organisiert, er zählt alle Freunde auf, die bereit sind, ihm mit ihrem Vermögen ein goldenes Exil zu verschaffen: Simmias aus Theben, Kebes »und noch gar viele andere«. Überall wäre er gern gesehen, versichert Kriton, sogar in Thessalien (Platon, *Kriton* 45). Diese Argumente aber bleiben fruchtlos, und so appelliert Kriton dann an die Moral: »Es will mir geradezu als ein Unrecht erscheinen, wenn du darauf hinarbeitest, dich preiszugeben trotz der vorhandenen Möglichkeit, dich zu retten«, wirft er ihm vor. Er bedrängt ihn, sich im Namen seiner Söhne zu retten, die er zu Waisen machen wird: »So schäme ich mich denn in deinem wie in unserem, deiner Freunde, Namen, denn man könnte denken, der ganze Hergang der Sache sei eine Folge des Mangels an Tapferkeit unsererseits.« Und beharrlich wiederholt er: »So folge mir denn, Sokrates, um jeden Preis und lass jeden anderen Gedanken fahren.« (Platon, *Kriton* 45). Doch für Sokrates lautet die Frage nicht, ob er fliehen *kann*, sondern ob es *rechtens* ist zu fliehen. Und daher wendet er sich an die einzige Stimme, auf die er stets gehört hat, die Stimme der Vernunft, »die mir bei eingehender Erwägung als die beste erscheint« (Platon, *Kriton* 46) – und er entspinnt mit Kriton einen großartigen Dialog über die Pflicht. »So kann ich mich denn von früher einmal ausgesprochenen Grundsätzen jetzt, wo mich dies Schicksal getroffen hat, nicht lossagen«, erklärt er (Platon, *Kriton* 46). Was macht es schon, was die Menge sagen wird! Sokrates nennt das Beispiel eines Kranken: Hört er auf das, was ihm jeder erste Beste sagt, oder auf das, was ihm sein Arzt rät? Denn »dieses einen Mannes Tadel und Lob muß für ihn ausschlaggebend sein: Seinen Tadel muß er fürchten, sein Lob dankbar begrüßen, nicht aber das der großen Menge.« (Platon, *Kriton* 47) Genauso aber gilt das für die Gesundheit der

Seele. »Nicht das Leben ist das zu erstrebende höchste Gut, sondern das gute Leben« (Platon, *Kriton* 48), erklärt er erneut – ein Leben also gemäß dem Recht und der Sittlichkeit; Flucht aber und Exil spotten den Athener Gesetzen, dem Recht dieser Stadt, die Sokrates so sehr liebt. Unerbittlich beharrt er darauf, man müsse »tun, was der Staat und das Vaterland fordern, es sei denn, daß man es überzeugend eines Besseren belehre über das, was das eigentliche Recht fordert«. (Platon, *Kriton* 51) Zudem würde eine Flucht die Anklagepunkte, die gegen ihn vorgebracht wurden, doch nur stützen: »Denn wer die Gesetze untergräbt, der wird entschieden auch dafür gelten, ein Verführer unverständiger Jünglinge zu sein.« (Platon, *Kriton* 53) Sokrates weiß wohl, dass er einem Justizfehler zum Opfer gefallen ist, einem Ränkespiel unter der Federführung von Anytos und Meletos, über die er gegen Ende seines Prozesses sagt: »Mir wird Meletos so wenig gefährlich werden wie Anytos. (...) Ja, mich ums Leben bringen, (...) das kann er vielleicht« (Platon, *Apologie* 30c) – doch das ändert nichts an seinem Beschluss, sich den Gesetzen der Stadt zu beugen.

Phaidon bezeugt, dass Sokrates an seinem letzten Lebenstag »den Eindruck höchster Zufriedenheit« machte (Platon, *Phaidon* 58e) und gar erklärte, zuweilen sei es »für manche besser (...) tot zu sein als zu leben« (Platon, *Phaidon* 62a); begründet sei das in Sokrates' Glauben und seiner religiösen Erfahrung: »wenn ich nicht glaubte, erstlich zu anderen weisen und guten Göttern zu kommen, sodann auch zu Menschen, die vordem gestorben sind, besseren als die, welche hier weilen, würde ich mit Unrecht gern in den Tod gehen; tatsächlich aber hoffe ich, das könnt ihr mir glauben, zu guten Menschen zu gelangen. Und kann ich dafür auch nicht mit völliger Sicherheit einstehen, so doch dafür, daß ich zu Göttern als Herren, deren Güte über allen Zweifel erhaben ist, gelangen werde. Das steht, glaubt mir, so fest wie irgend etwas von dieser Art.« (Platon, *Phaidon* 63b–c) Und noch einmal wiederholt Sokrates mit immer gleicher Dringlichkeit: »Alle, die sich in rechter Weise mit Philosophie befassen, haben es im Grunde auf nichts anderes abgesehen als darauf, zu sterben und tot zu sein.« (Platon, *Phaidon* 64a) Auch seinen Freunden hatte er ja bereits am Tag seiner Verurteilung erklärt: »Aber nun ist es Zeit, daß wir gehen, ich um zu sterben, ihr um weiter zu leben. Wer von uns beiden dem besseren Lose entgegengeht, das ist allen verborgen, nur der Gottheit nicht.« (Platon, *Apologie* 42a)

Jesus ist mit seinen Jüngern auf dem Weg nach Jerusalem, die Feindseligkeit der religiösen Obrigkeit ist an ihrem Höhepunkt angelangt, als er dreimal diese merkwürdige Prophezeiung macht: »Siehe, wir ziehen hinauf nach Jerusalem, und der Menschensohn wird den Hohepriestern und Schriftgelehrten überantwortet werden; und sie werden ihn zum Tode verurteilen und werden ihn den Heiden überantworten, damit sie ihn verspotten und geißeln und kreuzigen; und am dritten Tage wird er auferstehen.« (Mt 20,17–19) Damit unterstreichen die Evangelisten einen Umstand, der für sie von höchster Bedeutung ist: Jesus wusste, dass er sterben würde, und er akzeptierte diesen Tod voll und ganz. Ganz anders seine Jünger, an erster Stelle Petrus, der diese Schicksalhaftigkeit abwehrt: »Gott bewahre dich, Herr! Das widerfahre dir nur nicht!« Und Jesus erwidert dem, den die katholische Kirche später als ihren ersten Papst betrachten wird: »Geh weg von mir,

Satan! Du bist mir ein Ärgernis; denn du meinst nicht, was göttlich, sondern was menschlich ist.« (Mt 16,22–23) Kurz bevor derselbe Petrus seinen Herrn dreimal verleugnet, versucht er auch, sich der Verhaftung Jesu zu widersetzen, indem er sein Schwert zieht und gar einen Diener des Hohepriesters verletzt. Jesus befiehlt ihm: »Steck dein Schwert in die Scheide! Soll ich den Kelch nicht trinken, den mir mein Vater gegeben hat?« (Joh 18,11)

Wie ich es in anderem Kontext dargelegt habe, [25] lässt sich der Kelch Jesu, also sein Kreuzestod, nicht im Sinne der Leidens- und Schmerzenstheologie als notwendiges Leiden des Sohnes interpretieren, als einziges Mittel, den Zorn des Vaters zu besänftigten. Ein solches Bild widerspricht der gesamten Lehre Christi und seiner Offenbarung eines Gottes der Liebe. Jesus nimmt seinen Tod an, weil es keine andere Möglichkeit gibt, seiner Botschaft treu zu bleiben, die den obersten Religionshütern seiner Zeit so zuwider ist. Er musste entweder schweigen und verschwinden oder seine Botschaft leugnen, oder aber er musste bis ans Ende zu ihr stehen und den Preis dafür bezahlen. Wer die Evangelien aufmerksam liest, erkennt ganz deutlich: Jesus ist nicht gestorben, weil Gott einen Leidensmann brauchte, sondern ganz einfach, weil er rückhaltlos liebte und weil er dem treu blieb, was er den »Willen des Vaters« nennt. Jesus ist gestorben, weil er bis zuletzt die Wahrheit bezeugte, die zu bringen er gekommen war. Und wahrscheinlich ist genau deshalb sein Wort – wie das des Sokrates – auch 2000 Jahre nach seinem Tod noch immer so treffend und voller Leben.

»Ich werde meine letzten Worte sprechen«, sagt der Buddha zu den um ihn versammelten Mönchen, kurz bevor er das Bewusstsein verliert und das *Parinirvana* erlangt. Und sogleich fährt er fort: »Wohlan denn, ihr Mönche, laßt euch gesagt sein: schwinden muß jede Erscheinung, unermüdlich mögt ihr da kämpfen.« (*Mahaparinirvana* 6, 5) In aller Knappheit fasst diese allerletzte Lehre gewissermaßen die Predigten aus 45 Jahren zusammen, angefangen mit der Predigt im Wildpark vor den ersten fünf Schülern. Und nun verbreitet er mit seinem letzten Atemzug die Quintessenz des Pfades, den er gezeichnet hat: Alles unterliegt der Vergänglichkeit, bindet euch an nichts, so findet das Leiden ein Ende. Wenige Minuten zuvor hatte der Buddha sich an Ananda gewendet und ihm seine letzte Anweisung für die Mönchsgemeinschaft erteilt: »Es mag wohl sein, Ananda, daß ihr etwa gedächtet: ›Dahin ist die Unterweisung des Meisters, wir haben keinen Meister mehr.‹ Doch man darf das, Ananda, nicht also ansehen. Was ich euch, Ananda, als Lehre und als Zucht aufgewiesen und angegeben habe, das ist nach meinem Verscheiden euer Meister.« (*Mahaparinirvana* 6, 1)

Die letzten Worte des Sokrates sind wegen ihrer Kuriosität berühmt und wurden vielfach interpretiert. Als der Philosoph nämlich den Schierlingsbecher an die Lippen führt, weist er zunächst seine Schüler zurecht, die um ihn klagen: »Ich habe doch die Weiber eben deshalb weggeschickt, damit sie mir nicht eine solche Szene aufführten; denn man muß in andächtigem Schweigen von hinnen scheiden: so ist mir kund geworden« (Platon, *Phaidon* 117d–e), mahnt er sie. Dann legt er sich hin, verhüllt sich das Gesicht, seine Glieder beginnen zu erkalten; da führt er abrupt die Hand ans Gesicht, hebt den Schleier an und wendet sich an Kriton: »Mein Kriton, wir müssen dem Asklepios einen Hahn opfern. Spendet ihn und verabsäumt es nicht.« Kriton beruhigt ihn: »Nun, das wird geschehen.« Freilich bringt ihn diese Bitte so aus der Fassung, dass er sogleich fortfährt: »Aber hast du nicht sonst noch etwas auf dem Herzen?« (Platon, *Phaidon* 118a) Doch zu spät: Sokrates ist tot.

War dieser Satz ein letztes Kunststück des Meisters der Ironie? Asklepios war nämlich der Gott der Heilkunst; der Sitte gemäß brachte man ihm bei einer Bitte um Heilung ein Opfer dar und ein weiteres zum Dank nach erfolgter Heilung. Wie zynisch also, an ein solches Opfer zu denken, wenn man gerade im Sterben liegt! Natürlich bleibt es im Licht der sokratischen Dialoge, die in diesem Buch angeklungen sind, eine plausible Hypothese, der Meister habe eben einer letzten ironischen Pointe nicht widerstehen können. Dennoch schließe ich mich ihr nicht an. Nietzsche, auf den Sokrates entscheidenden Einfluss hatte, obwohl er selbst das immer von sich wies, fühlte sich von diesem letzten Satz angesprochen; er stammt, so Nietzsche, von einem Mann, für den das Leben eine Krankheit ist und der Tod eine Erlösung, also die Heilung. Und wirklich: Urteilt man nach den Aussagen des Sokrates zu Tod und Unsterblichkeit der Seele, so scheint die Hypothese, dieses Opfer bezeuge die Dankbarkeit dessen, der vom körperlichen *Leben geheilt* wird, durchaus begründet. Demnach würde Sokrates wirklich Kriton auffordern, dieses Dankopfer nicht zu vergessen. Schließlich hatte er schon in Platons *Apologie* erklärt, »daß der Tod ein Glück sei«, nämlich lediglich »eine Art Verpflanzung und Übersiedelung der Seele von hier nach einem anderen Ort«. (Platon, *Apologie* 40c) Und an die Richter, die soeben sein Todesurteil erlassen hatten, richtete er sich in ausgesprochen heiterem, ja fröhlichem Tonfall und erklärte, er »zweifle nicht, daß es für mich das beste war, schon jetzt zu sterben und aller Mühsal ledig zu werden«. (Platon, *Apologie* 41d)

Die letzten Worte Christi am Kreuz haben nicht nur unzählige geistliche und theologische Kommentare aufgeworfen, sondern über die Jahrhunderte hinweg auch die größten Komponisten des Abendlands inspiriert: Joseph Haydn, Charles Gounod, Olivier Messiaen, Heinrich Schütz und viele andere. Diese sieben Worte des gekreuzigten Jesus in seinem langen Todeskampf sind in der Tat zutiefst berührend und stellen zudem den Kern seiner Lehre dar.

Das erste dieser Worte folgt unmittelbar auf seine Kreuzigung. Jesus wurde von der Menge verspottet und bedrängt, er ist erschöpft, sein Ende ist unausweichlich, und so wendet er sich an Gott, den er seinen Vater nennt. Diesmal fleht er ihn nicht an, seine Bitte betrifft nicht ihn selbst, sondern die anderen, die ihn zu Tode bringen: »Vater, vergib ihnen; denn sie wissen nicht, was sie tun!« (Lk 23,34) Noch als er selbst gerade dem blinden Hass zum Opfer fällt, bekräftigt Jesus mit allem Nachdruck, dass die Vergebung über allem steht. Und wie Sokrates vor ihm erinnert auch er daran, dass der eigentliche Grund allen Übels die Unwissenheit ist.

Dann wendet Jesus sich an die beiden Verdammten, die zu seiner Linken und zu seiner Rechten gekreuzigt worden sind. Einer von ihnen ruft ihn an: »Bist du nicht der Christus? Hilf dir selbst und uns!«; der Zweite antwortet: »Wir sind (...) zwar mit Recht (in Verdammnis), denn wir empfangen, was unsere Taten verdienen; dieser aber hat nichts Unrechtes getan.« Und an Jesus gewendet, bittet er: »Jesus, gedenke an mich, wenn du in dein Reich kommst!« Jesus erwidert: »Wahrlich, ich sage dir: Heute wirst du mit mir im Paradies sein« (Lk 23,39–43) – und macht den Übeltäter damit zum ersten »Heiligen« der gesamten Geschichte der Christenheit, und zwar zum einzigen, der gleichsam von Jesus selbst kanonisiert wurde! Dabei handelt es sich weder um einen frommen Gläubigen noch um einen Mann, der ein langes, tugendhaftes Leben hinter sich hat, noch weniger um einen Asketen, der sein Leben Gott gewidmet hat, sondern um einen Kriminellen, der für seine Verbrechen gekreuzigt wird. Ein reuiger Verbrecher, der das Recht anerkennt und auf Christus und sein Erbarmen vertraut. Wie Jesus es in seiner Lehre stets erklärt hat, kann einen die getreuliche Beachtung des religiösen Gesetzes nicht retten, nicht einmal Tugend – sondern allein Glaube und Liebe.

Sein drittes Wort gilt seiner Mutter, die ihm immer nahe gewesen war und auch jetzt am Fuß des Kreuzes steht, trotz allem Schmerz, zusammen mit ihrer Gefährtin Maria von Magdala und Johannes, dem jüngsten Jünger Jesu, der ihm am nächsten stand. »Frau, siehe, das ist dein Sohn!«, sagt er und verweist sie auf »den Jünger, den er lieb hatte«. Dann sagt er zu ihm: »Siehe, das ist deine Mutter!« Der Evangelist Johannes berichtet selbst von dieser Begebenheit und fügt hinzu: »Und von der Stunde an nahm sie der Jünger zu sich« (Joh 19,26–27). Noch im Sterben sorgt sich Jesus um die Zukunft seiner Mutter und seines engsten Freundes. Er sieht nicht auf sein eigenes Leiden, sondern auf das derer, die ihn lieben.

Erst jetzt kann Jesus an sich selbst denken und an das,

was ihm bevorsteht. Wieder wendet er sich in einem verzweifelten Schrei an seinen *abba:* »›Eli, Eli, lama asabtani?‹ Das heißt übersetzt: ›Mein Gott, mein Gott, warum hast du mich verlassen?‹« (Mk 15,34). Diese Worte zeugen von Jesu tief empfundener Not, seinem Gefühl größter Verlassenheit. Sie zeigen, dass er seinen Schmerz nicht nur vorgibt, sondern dass er körperlich und vor allem seelisch wirklich leidet; manche späteren Interpretationen von Christi Passion zweifeln das mit Verweis auf seine Göttlichkeit an. Die Evangelien aber berichten, dass Jesus das schlimmste Leid durchgemacht hat, das einer gläubigen Seele zustoßen kann: das Gefühl, von Gott verlassen zu sein. Diese Worte sind übrigens wörtlich dieselben wie der Beginn von Psalm 22 aus der hebräischen Bibel, ein langes Gebet, das David zugeschrieben wird und mehrere Jahrhunderte vor Christus verschriftlicht wurde. Jesus erkennt sich in diesem Psalm wieder, der sein Leiden im Voraus zu verkünden scheint, etwa dass seine Hände und Füße durchbohrt und seine Kleider aufgeteilt werden – all diese Ereignisse berichten auch die Evangelisten. Hier ein Ausschnitt aus dem Psalm: »Ich aber bin ein Wurm und kein Mensch, ein Spott der Leute und verachtet vom Volke. Alle, die mich sehen, verspotten mich, sperren das Maul auf und schütteln den Kopf: ›Er klage es dem HERRN, der helfe ihm heraus und rette ihn, hat er Gefallen an ihm.‹ Du hast mich aus meiner Mutter Leibe gezogen; du ließest mich geborgen sein an der Brust meiner Mutter. Auf dich bin ich geworfen von Mutterleib an, du bist mein Gott von meiner Mutter Schoß an. Sei nicht ferne von mir, denn Angst ist nahe; denn es ist hier kein Helfer. Gewaltige Stiere haben mich umgeben, mächtige Büffel haben mich umringt. Ihren Rachen sperren sie gegen mich auf wie ein brüllender und reißender Löwe. Ich bin ausgeschüttet wie Wasser, alle meine Knochen haben sich voneinander gelöst; mein Herz ist in meinem Leibe wie zerschmolzenes Wachs. Meine Kräfte sind vertrocknet wie eine Scherbe, und meine Zunge klebt mir am Gaumen, und du legst mich in des Todes Staub. Denn Hunde haben mich umgeben, und der Bösen Rotte hat mich umringt; sie haben meine Hände und Füße durchgraben. Ich kann alle meine Knochen zählen; sie aber schauen zu und sehen auf mich herab. Sie teilen meine Kleider unter sich und werfen das Los um mein Gewand. Aber du, HERR, sei nicht ferne; meine Stärke, eile, mir zu helfen!« (Ps 22,7–20)

Das fünfte Wort Jesu am Kreuz steht bei Johannes und verweist ebenfalls, wenn auch etwas weniger explizit, auf einen Vers aus diesem Psalm – »meine Zunge klebt mir am Gaumen«. Jesus sagt nämlich: »Mich dürstet.« (Joh 19,28) Hat er nur Durst nach Wasser? So wie er schon zu der Samariterin gesagt hatte: »Gib mir zu trinken!« (Joh 4,10), kann er auch hier einen grundlegenderen Durst meinen: den der Seele auf der Suche nach der Liebe Gottes.

Jesus trinkt von einem in Essig getauchten Schwamm, den ihm die Wachen hinhalten, und dann schreibt ihm Johannes dieses letzte Wort zu: »Es ist vollbracht!«, bevor er schließt: »und neigte das Haupt und verschied«. (Joh 19, 30) Bei Lukas dagegen lautet das letzte Wort anders, es drückt seine völlige Hingabe an Gott aus: »Vater, ich befehle meinen Geist in deine Hände!« (Lk 23,46)

Wie beim Buddha und bei Sokrates hätte damit alles enden können. Die Jünger Jesu hätten bitter um ihren Herrn geweint und vielleicht seine Botschaft weitergetragen. Doch so steht es nicht in den ältesten christlichen Schriften (Paulusbriefe, Apostelgeschichte, Evangelien). Alle erzählen von einem unerwarteten Ereignis, an das keiner der Jünger geglaubt hat und das sie zutiefst verstört, als sie schwer geschlagen sind vom tragischen Ende dessen, in den sie ihre Hoffnung gesetzt hatten.

Nach Jesu Tod am Vorabend des Passahfestes in Jerusalem wird er umgehend beerdigt; die Frauen aus seinem Umfeld – »Maria von Magdala und Johanna und Maria, des Jakobus Mutter, und die anderen mit ihnen« (Lk 24, 10) – verschieben freilich die rituelle Salbung des Leichnams auf den übernächsten Tag. Doch als sie am Sonntag im Morgengrauen wiederkommen, ist der Leichnam verschwunden. Die Jünger, zu denen sie laufen, »glaubten ihnen nicht«. Petrus eilt selbst zum Grab, und er »wunderte sich über das, was geschehen war« (Lk 24,10–12). Die Priester im Tempel erklären, der Leichnam sei gestohlen worden, obwohl Soldaten vor dem Grab Wache gehalten hatten (Mt 28,12–13). Doch im Verlauf des Tages erscheint Jesus seinen Jüngern; zuerst der Maria von Magdala, dann den Aposteln. Und das Gerücht verbreitet sich wie ein Lauffeuer: Jesus ist am dritten Tage von den Toten auferstanden, wie er es verkündet hatte.

Die Schriften sprechen einerseits von einem Menschen aus Fleisch und Blut, der geht, isst, spricht, den ungläubigen Jüngern seine Wunden zeigt; und andererseits von einem übernatürlichen Wesen, das durch geschlossene Türen tritt, wunderbar inmitten einer Versammlung auftaucht und auf den ersten Blick schwer zu erkennen ist – Maria von Magdala hält ihn zuerst für den Gärtner, und die Emmausjünger erkennen ihn erst bei der Brechung des Brotes. Jedenfalls behaupten die Jünger, ihn vierzig Tage lang in verschiedenen Gestalten als Auferstandenen gesehen zu haben. Für den Verfasser der Apostelgeschichte lauten die letzten Worte des auferstandenen Jesus, bevor er in den Himmel auffährt und ganz verschwindet, so: »Ihr werdet die Kraft des Heiligen Geistes empfangen, der auf euch kommen wird, und werdet meine Zeugen sein in Jerusalem und in ganz Judäa und Samarien und bis an das Ende der Erde.« (Apg 1,8) Matthäus bestätigt diesen universellen Auftrag an seine Jünger: »Mir ist gegeben alle Gewalt im Himmel und auf Erden. Darum gehet hin und machet zu Jüngern alle Völker: Taufet sie auf den Namen des Vaters und des Sohnes und des Heiligen Geistes und lehret sie halten alles, was ich euch befohlen habe. Und siehe, ich bin bei euch alle Tage bis an der Welt Ende.« (Mt 28, 18–20)

Jesu Auferstehung bildet das Herzstück des christlichen Glaubens – ja sie ist einer seiner wesentlichen Grundpfeiler. Der Historiker kann sich zu einem solchen Mysterium kaum äußern. Er kann lediglich drei Dinge feststellen: Sämtliche alten christlichen Texte sprechen davon, und bei den ersten Christen ist diese Frage absolut unumstritten. Diese allgemeine Überzeugung, mag sie nun der Wahrheit entsprechen oder nicht, erklärt die außerordentliche Triebkraft, mit der die Jünger Jesu sein Gedenken und seine Botschaft ausbreiten; genauso gut hätten sie sich schließlich nach dem tragischen Geschehen am Kreuz zerstreuen und von der Bildfläche verschwinden können wie so viele jüdische Gruppierungen ihrer Zeit. Schließlich ist Jesus der einzige geistliche Führer, der einzige Weise, der einzige Religionsstifter, dessen Jünger behaupten, er sei auferstanden. Weder für Zarathustra noch für Moses, noch für Buddha oder Konfuzius, für Pythagoras oder für Sokrates, für Mani oder Mohammed wurde je von ihrer Anhängerschaft etwas Vergleichbares in Anspruch genommen. Zwar gab es in der Antike Auferstehungsmythen, insbesondere den des ägyptischen Gottes Osiris, doch nirgends wird behauptet, ein geistlicher Führer aus Fleisch und Blut, der historisch existierte, sei gestorben und auferstanden. Das Alte Testament kennt Henoch und Elias, die Gott »gen Himmel« »hinwegnahm«; doch abgesehen davon, dass diese beiden Personen vielleicht fiktiv sind, wird über sie auch nicht gesagt, sie seien gestorben und auferstanden. Es ergeben sich für den Historiker also drei Hypothesen: Entweder haben die Jünger Jesu gelogen; oder sie fielen einem Betrug oder einer kollektiven Halluzination zum Opfer; oder aber sie sagen die Wahrheit und haben Jesus wirklich von den Toten auferstehen sehen, was für den menschlichen Verstand ein absolutes Rätsel bliebe.

9 Was sie von sich selbst sagen

Am Ende dieses vergleichenden Weges durch drei Biografien bleiben zwei wichtige Fragen: Was sagen nach der frühesten Überlieferung der Buddha, Sokrates und Jesus über sich selbst? Und was sagt die spätere Überlieferung über sie? Relevant sind diese Fragen vor allem für den Buddha und für Jesus, denn auf der Grundlage ihrer Person haben sich allmählich ganze Glaubenssysteme entwickelt, die ihre Übermenschlichkeit immer weiter untermauerten. Doch auch die Darstellung des Sokrates hat sich im Laufe der Jahrhunderte stark gewandelt; allerdings galt er immer als einfacher Sterblicher und wurde nie in einem religiösen Kult verehrt. Beginnen wir also mit der ersten Frage: Was sagen sie über sich selbst?

Der beseelte Unwissende

Wir haben bereits gesehen, dass Sokrates sich vor seinen Zuhörern gerne kleinredete, dass er auf allen Plätzen herausschrie, er habe »nicht die geringste Spur« von Weisheit, und dass er wieder und wieder erklärte: »Denn von mir selbst wußte ich, daß ich gar nichts weiß.« (Platon, *Apologie* 21d5) Glaubte er eigentlich selbst an das, was er da sagte?

Bei genauerem Hinsehen zeigt sich, dass Sokrates seinen eigenen Wert sehr wohl kennt. Er behauptet also, ganz ohne Wissen zu sein. Doch als Polos im *Gorgias* zum Abschluss eines langen Dialogs zugibt, Sokrates' These über die Gerechtigkeit sei nur schwer zu widerlegen, kanzelt der Philosoph ihn ab: »So nicht, mein Polos, sondern überhaupt unmöglich, denn die Wahrheit wird niemals widerlegt.« (Platon, *Gorgias* 473b) Und während er in der Öffentlichkeit gerne wiederholt, seine Rolle sei die einer Hebamme und seine Kunst, die Mäeutik, nichts anderes als die Hebammenkunst, lässt er in Platons *Theaitetos* wissen, der Dienst der Hebamme sei seinem unterlegen (150a), weil sie für gebärende Leiber Sorge trägt und er für gebärende Geister. Und: »Die Entbindung aber ist des Gottes und mein Werk.« (Platon, *Theaitetos* 150d)

Darin also besteht Sokrates' Geheimnis: Dieser Philosoph, der alles auf seine Vernunft setzt, ist überzeugt, Träger eines göttlichen Auftrags zu sein: Er gehorche der Weisung des Gottes, »mein Leben der Wahrheitsforschung sowie der eigenen Prüfung und der der anderen zu widmen«. (Platon, *Apologie* 28e) Er ist überzeugt, nur nach dem Willen dieses Gottes zu handeln, den er nicht beim Namen nennt, über den er aber bei seinem Prozess sagt: »Mir aber ist, wie gesagt, diese Aufgabe von der Gottheit zugewiesen durch Orakel, durch Träume und durch alle möglichen Zeichen, durch welche der göttliche Wille überhaupt dem Menschen kundgegeben wird.« (Platon, *Apologie* 33c) Selbst wie seine Lehre ankomme, hänge allein von diesem göttlichen Willen ab: »Diejenigen aber, die mit mir verkehren, erscheinen anfänglich zum Teil völlig unwissend, alle aber, denen Gott es vergönnt, machen im Verlauf unseres Verkehres wunderbare Fortschritte nach ihrem eigenen Zeugnis und dem anderer.« (Platon, *Theaitetos* 150d) Solle er nun deshalb zum Tode verurteilt werden? Da ironisiert er vor seinen Richtern, entdeckt ihnen, dass er vielleicht nicht der letzte Gesandte der Götter bleiben werde: »Ihr aber werdet vielleicht (...) mich ohne Bedenken zum Tode verurteilen, um dann euer weiteres Leben zu verschlafen, wenn euch nicht der Gott aus Erbarmen einen andern zusendet.« (Platon, *Apologie* 31a)

Welche Rolle nimmt er ein? Sokrates selbst fühlt sich als Philosoph: »Solange ich noch Atem und Kraft habe, werde ich nicht aufhören, der Wahrheit nachzuforschen.« (Platon, *Apologie* 29d) Schwerer tut er sich damit, sich als Lehrer zu bezeichnen: »Eigentlich aber bin ich nie irgendjemandes Lehrer gewesen: Wenn aber jemand, wie ich rede und mein Geschäft verrichte, Lust hat zu hören, jung oder alt, das habe ich nie jemandem mißgönnt.« (Platon, *Apologie* 33a) Gewiss betrachtet er sich als eine Art Dolmetscher des Orakels für die Athener; in dessen Auftrag »mache ich mich zum Helfer des Gottes und erbringe den Nachweis, daß er (der Gesprächspartner) nicht weise ist«. (Platon, *Apologie* 23b) Also ein einfach nur menschlicher Dolmetscher? In seinem Prozess erklärt er: »Es sieht doch nämlich nicht wie menschliches Verhalten aus, daß ich meine persönlichen Angelegenheiten samt und sonders vernachlässigt habe und nun schon so viele Jahre der Verkümmerung meines Hauswesens ruhig zusehe, nur darauf bedacht, unablässig für euer Wohl tätig zu sein, indem ich mich an jeden Einzelnen wende und ihm wie ein Vater oder ein älterer Bruder ins Gewissen rede, er solle sich ja der Tugend befleißigen.« (Platon, *Apologie* 31a–b)

Sokrates stellt sich also als einfachen Sterblichen dar, der Träger eines göttlichen Auftrags ist, und dieser Auftrag hat etwas Übermenschliches. Und jedenfalls betrachtet er sich zuallererst als Bürger Athens, wahrscheinlich als den einzigen wahren Bürger einer Stadt, aus der er sich noch nicht einmal vorübergehend entfernen kann, den einzigen, der sich voll und ganz seiner Stadt widmet. Als Antiphon ihn bei Xenophon fragt, wie er sich als einzigen Athener bezeichnen könne, der Politik betreibe, »selbst aber keine Politik treibe, sofern er überhaupt etwas davon verstehe«, antwortet er mit den großartigen Worten: indem »ich darum bemüht bin, recht viele dafür tüchtig zu machen«. (Xenophon, *Erinnerungen an Sokrates* 1, 6, 15)

Der erwachte Mensch

Die Schriften des frühen Buddhismus zeigen, dass Siddhartha seit seiner Erwachung an seinem Status offenbar keinerlei Zweifel gelassen hat: Er ist ein Buddha, Nachfolger der Buddhas vor ihm, Vorgänger der künftigen Buddhas nach ihm. Der Buddha ist kein Gott, aber den Göttern insofern überlegen, als er die Erweckung erlebt hat und dem *Samsara* entronnen ist – anders als die Mitglieder der buddhistischen Götterwelt. Die wandeln zwar auf einer höheren Ebene des irdischen Lebens, verfügen dank ihrer Verdienste, die sie in vorausgegangenen Leben angesammelt haben, über mehr Macht als die Menschen und genießen ein Leben ohne Hindernisse, doch nur über eine menschliche Wiedergeburt können sie eines Tages zur Erwachung gelangen, dem höchsten Stadium in der geistlichen Entwicklung der Wesen.

Was ist ein Buddha? Das Wort stammt im Sanskrit von

der Wurzel »budh«, wörtlich »erwachen« oder »der Erwachte«. Ein Buddha ist also ein Mensch, der am Ende seiner aufeinanderfolgenden Reinkarnationen die reine Weisheit erlangt hat und *Bodhi* erfährt: eine Art Erleuchtung, tiefes Verständnis, allumfassende Weisheit. Dieser Mensch hat in der Erwachung seine äußerste Wesensart erfahren, das »Wesen des Buddha«; er hat sich vom *Samsara* befreit und *Nirwana* erlangt, das sich nur als Überwindung alles Leidens definieren lässt, als endlich erlangte völlige Freiheit.

Seit dieser tief greifenden inneren Wandlung ist sich der Buddha seiner neuen Daseinsform bewusst. Dennoch weist er es von sich, sich als übernatürliches Wesen betrachten und anbeten zu lassen. Sein Leben lang wird er wiederholen, seine Lehre beruhe auf seiner Erfahrung, und nur durch sie habe er sich vom *Samsara* befreien können. In der längeren Rede über die Vernichtung des Begehrens (*Majjhima Nikaya* 38) besteht er darauf, dass allein über die Reinigung durch Meditation jeder Mensch ein neues Wesen erlangen kann. Seine Schüler müssen also, um selbst zu erwachen, nur seinem Pfad folgen, den er übrigens auch gar nicht erfunden hat: Es handelt sich um »einen alten Weg, von Menschen früherer Zeit begangen« (*Samyutta Nikaya,* 12, 65), den andere Buddhas bereits gelehrt hatten, bis diese Lehren in Vergessenheit gerieten. Ein Weg, auf dem übernatürliche Eingriffe ganz unnötig sind.

Den Schriften zufolge lehnte der Buddha jeglichen Personenkult strikt ab. Eine Begebenheit bleibt dennoch erstaunlich. In den Tagen vor seiner ersten Predigt, so die Pali-Überlieferung, also noch vor der Herausbildung des *Sangha,* sehen die Brüder Tapassu und Bhalluka, Kaufleute aus Rangun, den Buddha unter seinem Baum sitzen; der Anblick dieses Weisen zieht sie sofort in den Bann, denn er hat ganz offensichtlich ein höheres Kenntnisstadium erreicht. Sie unterhalten sich mit ihm und werden, so die Überlieferung, seine beiden ersten Laienschüler. Bevor sie sich dann verabschieden und wieder auf die Reise machen, bitten sie ihn: »Herr, gebt uns einen Gegenstand, den wir verehren können« (*Nidanakatha* B3.7). Der Buddha gibt ihnen acht Haare. Diese Reliquie soll heute in der majestätischen Shwedagon-Pagode in Rangun (Myanmar, Birma) ruhen, einem gigantischen Bau, der vollständig mit Blattgold überzogen ist; sein Haupt-Stupa mit den acht Haaren wird von einer goldenen Kuppel überragt, die mit 4350 Diamanten und einem 76 Karat schweren Smaragd besetzt ist. Als es die politische Lage in Birma noch zuließ, kamen die Buddhisten aus der ganzen Welt – und aus allen Schulen – hier zusammen, um diese »heiligen Reliquien« zu verehren. Genauso erstaunlich wie diese Begebenheit ist ein Satz des Buddha, den die Theravada-Schule besonders hervorhebt. »Wer mich sieht, sieht den Dharma. Wer den Dharma sieht, sieht mich«, soll der Buddha in einer Rede gesagt haben, die im *Samyutta Nikaya* überliefert wird. Wenn der Buddha sich so mit der Lehre gleichsetzt, unterstellt er dann nicht, dass er über etwas verfügt, was ihn von den anderen Menschen unterscheidet, was ihm eine einzigartige, universelle Stellung verleiht? Auch innerhalb des Buddhismus wird um diese Frage bis heute gerungen. Übrigens ähnelt dieser Satz in gewisser Hinsicht dem Wort Jesu an Thomas, der ihn fragt: »Wie können wir den Weg wissen?« Woraufhin Jesus erwidert: »Ich bin der Weg und die Wahrheit und das Leben. Niemand kommt zum Vater denn durch mich. Wenn ihr mich erkannt habt, so werdet ihr auch meinen Vater erkennen. Und von nun an kennt ihr ihn und habt ihn gesehen.« (Joh 14,5–7).

Wenn Jesus von sich selbst spricht, sieht er sich den vier Evangelien zufolge in mehreren verschiedenen Rollen. Die Jünger erkannten den Wanderprediger sofort als reisenden Lehrer: »Und er ging rings umher in die Dörfer und lehrte« (Mk 6,6) – ein »Rabbi«, wie sie ihn als Zeichen der Ehrerbietung betiteln. [26] Diesen Titel nimmt Jesus voll und ganz an und bezeichnet sich gar ausdrücklich als einzigen »Meister« (Mt 23,8). Doch er geht auch noch weiter und erklärt sich selbst zum »Propheten« – mit Verweis auf die große alttestamentliche Tradition, in der der Begriff des Prophetentums verankert ist. Propheten sind Menschen, die Gott erwählt, um über sie zum Volk Israel zu sprechen, es zu unterrichten und auf den rechten Weg zurückzuführen. Als Jesus nach Nazareth heimkehrt und die Menschen dort skeptisch auf ihn reagieren, wirft er ihnen vor: »Ein Prophet gilt nirgends weniger als in seinem Vaterland und bei seinen Verwandten und in seinem Hause.« (Mk 6, 4) Als ihn die Pharisäer später warnen, Herodes wolle ihn umbringen, erklärt er, er müsse weiterziehen, »denn es geht nicht an, daß ein Prophet umkomme außerhalb von Jerusalem«. (Lk 13,33) Und die Stadt selbst wird er mit folgenden Worten ansprechen: »Jerusalem, Jerusalem, die du tötest die Propheten und steinigst, die zu dir gesandt werden, wie oft habe ich deine Kinder versammeln wollen wie eine Henne ihre Küken unter ihre Flügel, und ihr habt nicht gewollt!« (Lk 13,34)

Sogar einen anderen Titel fordert Jesus für sich ein, der für die Juden noch bedeutender ist als der eines Rabbis oder eines Propheten: den des Messias. Schon die bösen Geister, die Jesus hatte von Kranken ausfahren lassen, nannten ihn so. Doch eilig erklärt Lukas im Bericht über diese Begebenheit: »Und er bedrohte sie und ließ sie nicht reden; denn sie wußten, daß er der Christus war.« (Lk 4,41) Christus vom griechischen Wort *Χριστός,* der »Gesalbte« des Herrn, ist die Übersetzung des hebräischen Wortes *Maschiach,* Messias. In der Überlieferung des Alten Testaments ist der Messias ein Mann aus dem Stamm Davids, der eine Zeit des Friedens und des Glücks über alle Völker der Erde bringen wird. Jesu Zeitgenossen erwarten den Messias mit besonderer Inbrunst, weil sie hoffen, dass er bei seiner Ankunft Israel vom Joch der römischen Besatzung befreien wird. Jesus fordert den Titel Messias vor seinen engsten Jüngern für sich ein. Als er etwa in Caesarea fragt: »Wer sagen die Leute, daß der Menschensohn sei?«, zählt Petrus prophetische Gestalten auf: Johannes der Täufer, Elia, Jeremias. Da hakt Jesus nach: »Wer sagt denn ihr, daß ich sei?« Da ruft Petrus: »Du bist Christus, des lebendigen Gottes Sohn!« In dieser Szene, die in allen drei synoptischen Evangelien bezeugt ist, gebietet Jesus dann seinen Jüngern, niemandem zu offenbaren, dass er der Messias sei; doch zurückweisen wird er diesen Titel nicht, den höchsten Titel, den ein Jude einem Menschen verleihen kann (Mt 16,13–20; siehe Lk 9,18–21). Ein weiteres Mal betitelt er sich damit selbst, als er seinen Jüngern erklärt: »Denn wer euch einen Becher Wasser zu trinken gibt deshalb, weil ihr Christus angehört, wahrlich, ich sage euch: Es wird ihm nicht unvergolten bleiben.« (Mk 9,41) Und vor dem Sanhedrin schließlich befragt der Hohepriester Jesus zu genau diesem Wort: »Bist du der Christus, der Sohn des Hochgelobten? Jesus aber sprach: Ich bin's; und ihr werdet sehen den Menschensohn sitzen zur Rechten der Kraft und kommen mit den Wolken des Himmels.« (Mk 14,61–62) Der Titel Messias wird in allen vier Evangelien genannt und wandelt sich in der Kombination mit dem Vornamen Jesus in den anderen Büchern des Neuen Testaments zum Eigennamen; der Auferstandene wird dort fast ausschließlich mit den Namen Christus, Jesus Christus und Herr Jesus Christus bezeichnet.

Als Jesus starb, soll ein römischer Hauptmann gerufen haben: »Wahrlich, dieser Mensch ist Gottes Sohn gewesen!« (Mk 15,39) Freilich war er mit dieser Bemerkung nicht der Erste: »Du bist der Sohn Gottes!«, hatten schon die bösen Geister geschrien, die Jesus zu Beginn seines Wirkens von Besessenen ausgetrieben hatte. Außerdem nennt er Gott gerne seinen Vater *(abba),* der ihn entsandt und ihm deshalb außerordentliche Vollmacht verliehen habe. [27] »Alles ist mir übergeben von meinem Vater; und niemand kennt den Sohn als nur der Vater; und niemand kennt den Vater als nur der Sohn und wem es der Sohn offenbaren will.« (Mt 11,27) Als *Beni Elohim,* wörtlich als »Sohn Gottes«, werden in der Bibel auch die Engel bezeichnet, die Geschöpfe also, die Gott am nächsten sind.

Seine besondere Nähe zu Gott unterstreicht Jesus auch, wenn er sich »Bräutigam« nennt. Als einmal Pharisäer und die Jünger Johannes' des Täufers fasten, Jesu Jünger aber dieses Fasten brechen, ruft er denen zu, die ihm das zum Vorwurf machen: »Wie können die Hochzeitsgäste fasten, während der Bräutigam bei ihnen ist? Solange der Bräutigam bei ihnen ist, können sie nicht fasten. Es wird aber die Zeit kommen, daß der Bräutigam von ihnen genommen wird; dann werden sie fasten, an jenem Tage.« (Mk 2, 19–20) Im Alten Testament aber, das illustriert etwa das überschwängliche Hohelied, steht der Bräutigam für Gott im Verhältnis zu seinem Volk. Dennoch schließen die meisten Exegeten die Hypothese aus, Jesus habe mit diesem Spruch seine Göttlichkeit andeuten wollen, denn überall in den Evangelien besteht er darauf, dass er Gottes Gesandter ist und nicht Gott selbst: »Wer mich aufnimmt, der nimmt nicht mich auf, sondern den, der mich gesandt hat.« (Mk 9,37) Was ihn aber, wir haben es schon gesehen, nicht daran hindert, sich als einzigen Mittler darzustellen, der zu Gott und zur Erlösung führt: »Ich bin der Weg und die Wahrheit und das Leben; niemand kommt zum Vater denn durch mich.« (Joh 14,6)

Am häufigsten aber bezeichnet Jesus sich selbst als »Menschensohn«. In den vier Evangelien findet sich diese recht unklare Formulierung siebzigmal in Jesu eigenen Worten, doch nur einmal im übrigen Neuen Testament (Apg 7,56). Um den Begriff zu verstehen, muss man auf das Alte Testament zurückgreifen; dort ist er recht häufig, umfasst aber mindestens drei unterschiedliche Bedeutungen. In den Psalmen bezeichnet er den gewöhnlichen Menschen in seiner Begrenztheit: »Wenn ich sehe die Himmel, deiner Finger Werk, den Mond und die Sterne, die du bereitet hast: Was ist der Mensch, daß du seiner gedenkst, und des Menschen Kind, daß du dich seiner annimmst?« (Ps 8, 4–5). Beim Propheten Hesekiel ist die Bezeichnung Menschensohn (beziehungsweise Menschenkind) typischerweise dem Propheten vorbehalten. »Und er sprach zu mir: Du Menschenkind, tritt auf deine Füße, so will ich mit dir reden. Und als er so mit mir redete, kam Leben in mich und stellte mich auf meine Füße, und ich hörte dem zu, der mit mir redete. Und er sprach zu mir: Du Menschenkind, ich sende dich zu den Israeliten, zu dem abtrünnigen Volk, das von mir abtrünnig geworden ist. Sie und ihre

Väter haben bis auf diesen heutigen Tag wider mich gesündigt. Und die Söhne, zu denen ich dich sende, haben harte Köpfe und verstockte Herzen. Zu denen sollst du sagen: ›So spricht Gott der Herr!‹« (Hes 2,1–4) Im Buch Daniel schließlich wird ein Menschensohn erwähnt, dem Gott alle Gewalt über die Völker verleiht, was einem messianischen Wesen entspricht: »Ich sah in diesem Gesicht in der Nacht, und siehe, es kam einer mit den Wolken des Himmels wie eines Menschen Sohn und gelangte zu dem, der uralt war, und wurde vor ihn gebracht. Der gab ihm Macht, Ehre und Reich, daß ihm alle Völker und Leute aus so vielen verschiedenen Sprachen dienen sollten. Seine Macht ist ewig und vergeht nicht, und sein Reich hat kein Ende.« (Dan 7,13–14)

Was also will Jesus sagen, wenn er sich als »Menschensohn« bezeichnet? Es ist durchaus möglich, dass er alle drei alttestamentarischen Bedeutungen dieses Begriffs auf sich bezieht: Er ist ein Mensch wie alle anderen, er ist ein Prophet, und er ist der Messias, den Daniel ankündigt. Im Kontext der Stellen, an denen der sich so betitelt, geht es denn auch häufig um den messianischen Auftrag und die Verkündigung vom baldigen Aufkommen des Reichs Gottes. So etwa, wenn er erklärt, »daß der Menschensohn Vollmacht hat, Sünden zu vergeben auf Erden« (Mk 2,10), wenn er sich als »Herr auch über den Sabbat« bezeichnet (Mk 2,28) oder wenn er das Weltenende verkündet und sagt: »Und dann werden sie sehen den Menschensohn kommen in den Wolken mit großer Kraft und Herrlichkeit« (Mk 13,26); und schließlich wenn er seine Auferstehung »nach drei Tagen« prophezeit (Mk 8,31).

10 Was die spätere Überlieferung sagt

Nun zur Frage, was im Laufe der Jahrhunderte aus den Gestalten des Sokrates, des Buddha und Jesu in der westlichen philosophischen Tradition, der buddhistischen Überlieferung und der christlichen Religion geworden ist.

Die drei Körper des Buddha

Als der Buddha im Alter von 80 Jahren stirbt, erweisen ihm ein sehr weiter Kreis seiner Schüler sowie die, die seinen Weg für sich erkannt haben, sieben Tage lang die Ehre; dann wird sein Leichnam eingeäschert. Zu diesem Zeitpunkt ist er so bekannt und seine Botschaft so weit verbreitet, dass diese Einäscherung Spannungen auslöst, die sich beinahe zu einem »Reliquienkrieg« ausgeweitet hätten. Zwar hatte der Erwachte vor einem Kult um seine Person gewarnt und den Seinen immer wieder eingeschärft: »Bei meinem Tode seid eure eigene Zuflucht. Sucht Zuflucht in euch selbst, nirgends sonst.« Das *Mahaparinirvana Sutra* im Pali-Kanon berichtet aber, dass der Buddha in einem letzten Gespräch seinem Gefährten und Schüler Ananda auseinandersetzt, wie bei der Einäscherung seines Leichnams zu verfahren sei, und mit der Anweisung schließt, »wo vier Straßen sich kreuzen, dem Vollendeten ein Kuppelmal (Stupa) zu errichten. Die aber etwa dort einen Kranz oder eine Blume oder Sandel niederlegen oder einen Gruß darbringen oder das Herz heiter zuwenden werden, denen wird das langehin zur Freude, zum Wohle gereichen.« (*Mahaparinirvana* 5, 26 und 6, 24) Dasselbe Sutra berichtet von den zähen Verhandlungen um die Aufteilung der Asche des Erwachten. Sie wird schließlich in acht gleiche Haufen geteilt und in acht Reiche gesandt, in denen eigens Stupas errichtet wurden – also Bauwerke, in denen Reliquien großer Meister zur Verehrung durch die Gläubigen aufbewahrt werden. Einer späteren Legende zufolge soll im 3. Jahrhundert vor unserer Zeit der Kaiser Ashoka diese acht Stupas wiedergefunden und die Asche nochmals aufgeteilt haben, um ... 84 000 Reliquienschreine zu errichten!

Sehr bald machen sich die Schüler daran, die Worte ihres Meisters und Zeugnisse seines Lebens zu sammeln. Rasch verfügen sie über Unmengen von Material. Fünfhundert *Arhat* – also Gläubige, die alle Leidenschaft restlos in sich ausgelöscht haben – versammeln sich in der Sattapanni-Höhle zu einem Konzil und erarbeiten einen ersten Kanon, von dem wir aber keine historische Spur mehr besitzen; heute präsentiert ihn aber jede Schule in ihrer eigenen Version. Die Gemeinschaft kennt keine zentrale Obrigkeit, die Häresien abwehren könnte; um die Wahrung ihrer Einheit aber müht sie sich durchaus, denn nur so kann die Lehre dauerhaft überliefert werden. Trotzdem kommt es schnell zu Differenzen, besonders in Bezug auf die extremen Anforderungen auf dem Pfad des *Arhat*, diesem Ideal des vollkommenen Heiligen, der alle Leidenschaft abgelegt hat und reif ist für die »völlige Einsicht« und die Erwachung. Dieser Weg ist einer verschwindenden Minderheit vorbehalten. Sollte man nicht eher die Regeln und die Anforderungen an die Mönche abmildern und damit sicherstellen, dass der *Dharma* weiterverbreitet wird? Mitte des 4. Jahrhunderts vor unserer Zeit treten zwei weitere Konzile zusammen, erst in Vaishali, dann in Pataliputra, wo der Mönch Mahadeva die Mehrheit der Anwesenden um die These eint, dass die Vollkommenheit des *Arhat* eine Illusion ist. Als Beweis dafür führt er die erotischen Träume an, die viele von ihnen haben – ein Zeichen, dass ihr Begehren nicht vollkommen verloschen ist. Diese erste große Spaltung führt zur Herausbildung zweier großer Tendenzen, die sich später in mehrere Schulen unterteilen werden.

Die »konservative« Richtung, die am Ideal des vollkommenen *Arhat* festhält, nennt sich »Schule der Ordensälteren«: Theravada. Bei der Mehrheit der Buddhisten, die sich selbst als Großes Fahrzeug bezeichnen (Mahayana), heißt der Theravada dagegen leicht abwertend Kleines Fahrzeug (Hinayana); gemeint ist damit der schmale Pfad, der überzogen hohe Anforderungen stellt und zudem nur dem Einzelnen offensteht; auf ihm schreitet also jeder nur um seiner eigenen Erlösung willen voran.

Die Anhänger des Theravada beschreiben den Buddha als ganz menschlichen Weisen, der die Erwachung erreicht hat, einen außergewöhnlichen Lehrer, der seine Sprache seinen jeweiligen Zuhörern anzupassen wusste und so »84 000 Tore« eröffnete. Wenn ein Mensch seiner Spur folgt, also seine Erfahrung nachlebt, kann er sich wie der Buddha vom *Samsara* befreien.

Die Anhänger des Mahayana, der sich an der Wende zum 1. Jahrhundert unserer Zeitrechnung endgültig entfaltet und etabliert, treten für eine weniger strenge Praxis ein; auch Laien können hier zur Erwachung gelangen, indem sie zugleich Meditation und Mitgefühl praktizieren. Diese Doktrin fußt auf der überlieferten Lehre des Buddha, aber auch auf späteren Texten. Ihr Ideal ist nicht der *Arhat,* sondern der *Bodhisattva:* Dieses außergewöhnliche Wesen strebt nicht *Nirwana* an, sondern eine »vollkommene Erwachung«, in der es im *Samsara* verbleiben und die anderen Leidenden unterrichten kann, um auch sie zur Erlösung zu führen. Auf dieses gelebte Mitgefühl, auf diese »Größe« geht der Name Großes Fahrzeug zurück. Für die Anhänger des Mahayana ist der Buddha kein einzigartiger Lehrer: Es gibt noch Tausende andere Buddhas, so viele wie Sandkörner am Ganges, alle in verschiedenen Daseinsstufen, und jeder muss alles daransetzen, zum Buddha zu werden – ein Ziel, das viele auch bereits erreicht haben.

Was aber ist in diesem Fall ein Buddha, und was ist vor allem der historische Buddha? Dem Mahayana zufolge ist Gautama kein einfacher Mensch – eine Ansicht, die im Theravada als Häresie gilt. Er ist in einem »verwandelten Körper« eine Ausdrucksform eines kosmischen Buddha. Um zu verstehen, was dieser »Körper« ist, muss man die Lehre vom *Trikaya* begreifen, die »Drei-Körper-Lehre« des Buddha, die im Mahayana entwickelt wurde. Diese drei Körper existieren für den Buddha (und für alle Buddhas) gleichzeitig. Der erste, der ungreifbarste, völlig formlose Körper, ist der *Dharmakaya,* wörtlich der Körper des *Dharma*: ein unvergänglicher, einzigartiger, kosmischer Körper, sozusagen ein Ur-Buddha, der die Dimension der Leere im Erwachen symbolisiert; nur ein vollendetes Wesen, das sich vollständig vom *Samsara* befreit hat, kann ihn überhaupt wahrnehmen. *Sambhogakaya,* der zweite Körper (wörtlich der Körper des Segens), ist ein Widerschein des *Dharmakaya;* er wird für den sichtbar, der genug Verdienste gesammelt hat, und verhilft den *Bodhisattvas* dazu, vollendete Buddhas zu werden. Wer nämlich diesen vollkommenen Körper (begabt mit den »fünf Vollkommenheiten«) sehen kann, kann sich mit seiner Hilfe aus dem Kreislauf der Reinkarnationen befreien. Der dritte Körper schließlich, der *Nirmanakaya,* ist ein Ausstrahlungs- oder Emanationskörper, zum Beispiel der, den der Buddha aus Mitgefühl für die anderen Wesen erwählt hat, um als Siddhartha und später Gautama wiedergeboren zu werden. Die beiden letzten Körper, *Sambhogakaya* und *Nirmanakaya*, sind »grobschlächtigere« Erscheinungsformen des Ur-Buddha; sie bilden gemeinsam den *Rupakaya,* den wahrnehmbaren oder Form-Körper. Übrigens taucht auch in den Sutras des Theravada, also bei den »Ordensälteren«, häufig der Begriff *Dharmakaya* auf; er steht dort allerdings nicht für einen kosmischen Körper, sondern für den Körper der Lehren, der den irdischen Tod des Buddha überlebt hat. Theoretisch kann nämlich für die Anhänger dieser Schule nicht davon die Rede sein, den Buddha seiner Menschlichkeit zu entheben oder ihm irgendwelche überirdischen Merkmale zuzuschreiben.

Heute ist es in allen Ländern mit buddhistischer Tradition verbreitet, vor allem dem Buddha mit Ehrerweisungen zu huldigen. De facto wird der Buddha damit zum Gott erhoben. Allerdings bietet der populäre Buddhismus, und das auch in den Tempeln des Kleinen Fahrzeugs, eine wahre Flut von Göttern, Dämonen und *Bodhisattvas.* Vor all diesen Darstellungen, besonders vor denen des Buddha, häufen sich die Opfergaben, und die Gläubigen wenden sich an sie mit einer Bitte um Hilfe, um überirdischen Schutz. Die religiösen Obrigkeiten zeigen sich dieser Praxis gegenüber tolerant und betrachten sie als ständige Wohltätigkeit, durch die die Gläubigen auf dem Pfad vorankommen können. Gautama wollte nicht zum Idol werden; aber weil die Menschen eben so gemacht sind, konnte er der Verehrung und gar der Vergöttlichung nicht entkommen …

Der Gottmensch

Die ersten christlichen Texte berichten von einem bestimmenden Ereignis fünfzig Tage nach Tod und Auferstehung Jesu – seit zehn Tagen ist er zu diesem Zeitpunkt seinen Jüngern nicht mehr erschienen. Ein gewaltiges Brausen erschüttert die Wände eines Hauses, in dem die Apostel versammelt sind. Feuerzungen legen sich auf jeden von ihnen, »und sie wurden alle erfüllt von dem Heiligen Geist und fingen an, zu predigen in andern Sprachen, wie der Geist ihnen gab auszusprechen«. (Apg 2,4) Der herbeieilenden Menge verkündet Petrus, dass »Gott diesen Jesus, den ihr gekreuzigt habt, zum Herrn und Christus gemacht hat«. (Apg 2,36) Die Apostel beginnen zu predigen »im Namen des Vaters und des Sohnes und des Heiligen Geistes« (Mt 28,19). Es ist die Geburtsstunde der Kirche in Jerusalem. Eine von Grund auf jüdische Gemeinschaft, die sich versammelt, um das Wort Jesu zu hören, des Sohnes Gottes, und die Berichte über sein Leben aus dem Munde derer, die ihn gekannt haben. Und man erwartet seine Rückkehr. Jesus ist der »Eckstein« ihres Glaubens (Mk 12,10), und so lautet denn ihr Glaubenskenntnis, »daß Jesus Christus der Herr ist« (Phil 2,11; Röm 10,9 …).

Dieser Jesus, den sie verehren, ist weit mehr als ein

Mensch: Er ist der einzige Sohn Gottes, der, den Gott »sandte (…), geboren von einer Frau und unter das Gesetz getan, damit er die, die unter dem Gesetz waren, erlöste, damit wir die Kindschaft empfingen«, so Paulus in seinem Brief an die Galater (Gal 4,4–5). Über die ins Zentrum gerückte Vorstellung, mit seinem Tod habe Jesus die Welt erlöst, führt er weiter aus, dass »Christus gestorben ist für unsre Sünden« (1. Kor 15,3). Doch erst nach einem weiteren entscheidenden Moment, nämlich der Zerstörung des Jerusalemer Tempels und dem Bruch mit der jüdischen Welt, werden die, die man der Apostelgeschichte zufolge in Antiochia bereits *Χριστιανοί* nennt, also die »Anhänger Christi« (Apg 11,26), ihre Überlegungen in eine neue Richtung vorantreiben: War nicht vielleicht Jesus die Inkarnation Gottes?

Das Johannesevangelium markiert in seinem Prolog eine bedeutende Wende in der Christologie: Es begnügt sich nicht mehr damit, Jesus zum Messias göttlicher Abkunft zu erklären, sondern spricht von Christi eigener Göttlichkeit. Bei Johannes ist Jesus der Logos, das Wort, das ganz am Anfang steht, aus dem alles entstanden ist (Joh 1,1–3) und das »Fleisch ward« (Joh 1,14). Das Wort ging der Fleischwerdung voraus, ja sogar der Schöpfung der Welt, es ist also ewig: Es ist göttlicher Natur. Im Alexandria des ausgehenden 2. Jahrhunderts sind die Christen griechischer Kultur vertraut mit dem Begriff *λόγος*, von den Philosophen definiert als eine Vernunft, die die Welt nach göttlichem Plan regiert. Johannes' Begrifflichkeit wird sofort aufgegriffen und in der damals sehr einflussreichen theologischen Schule sehr schnell weiterentwickelt. Clemens von Alexandria, der Nachfolger des Pantaenus als Leiter dieser Katechetenschule, formuliert klar und deutlich: »denn in ihm ist der Sohn und in dem Sohn der Vater«; und er spricht von »eben [diesem] Logos, der allein beides ist, Gott und Mensch«. [28]

So erleben wir denn innerhalb von wenigen Generationen einen rapiden Wandel in der Auffassung der christlichen Theoretiker über Jesus. Allerdings wird die alexandrinische These von der Doppelnatur Christi – Mensch und Gott zugleich – noch für einigen Wirbel sorgen. Und das ist noch freundlich ausgedrückt angesichts der Streitereien, der Schuldzuweisungen, Häresievorwürfe, Exkommunizierungen und Spaltungen, von denen die ersten fünf Jahrhunderte des Christentums sehr stark geprägt sind.

Doch zurück ans Ende des 2. Jahrhunderts. Während die Alexandriner den Begriff Logos hochhalten, kommen gleichzeitig mehrere Lehrmeinungen auf, die das infrage stellen. Allen voran der Doketismus, der der Gnosis nahesteht: Clemens von Alexandria erwähnt ihn und bekämpft seine Ansicht, die Fleischwerdung, also der menschliche Körper des historischen Jesus, sei eine Täuschung, da Christus ja Gott ist. In die entgegengesetzte Richtung gehen die Adoptianisten: Für sie ist Jesus voll und ganz Mensch, und Gott hat ihn erst nachträglich als seinen Sohn adoptiert. In ähnlicher Weise erklären die Anhänger des Theodotus von Byzanz, Jesus habe bei seiner Taufe den Heiligen Geist empfangen, seine Göttlichkeit aber erst nach der Auferstehung erworben (diese Lehre wurde von Papst Viktor I. im Jahr 198 verdammt). Erwähnt seien außerdem die Modalisten oder Monarchianisten, deren Lehre zahlreiche Anhänger findet, darunter auch einige Bischöfe. Für sie sind Gott und Jesus ein und dieselbe Person, gekreuzigt wurde also Gott. Der Kirchenvater Tertullian (um 160–240) wird die Modalisten des Dienstes am Teufel bezichtigen, denn sie hätten »den Vater gekreuzigt«. [29] Die Kirche in Rom, deren Vorherrschaft die übrigen Kirchen anerkennen, seit im Jahr 70 die Jerusalemer Urgemeinde zerfallen war, erarbeitet gleichzeitig ihr Glaubensbekenntnis, das beim Konzil von Nicäa (Nikaia) im Jahr 325 beinah wörtlich angenommen wird. Dort heißt es: »Ich glaube an Gott, den Vater, den Allmächtigen; Und an Christus Jesus, seinen eingeborenen Sohn, unsern Herrn; Der geboren ist aus dem Hl. Geist und der Jungfrau Maria, Der unter Pontius Pilatus gekreuzigt wurde und begraben, am dritten Tage auferstand von den Toten, auffuhr in die Himmel, sitzet zur Rechten des Vaters, von dannen er kommen wird, zu richten die Lebendigen und die Toten; Und an den Hl. Geist, die hl. Kirche, die Vergebung der Sünden, des Fleisches Auferstehung.« [30]

Im dritten Jahrhundert werden die Christen im Römischen Reich grausam verfolgt, doch gleichzeitig verschärfen sich noch ihre theologischen Streitigkeiten. Es geht nun nicht mehr nur um das Wesen Christi, sondern auch um das Geheimnis seines Verhältnisses zu den beiden anderen Gottheiten, zum Vater und zum Heiligen Geist. Der Arianismus, so benannt nach dem alexandrinischen Presbyter Arius, stellt für die offizielle Lehre eine besondere Bedrohung dar, weil er sich sehr stark ausbreitet – über Briefe, vor allem aber über die beliebten Dichtungen des Arius, die die Seeleute am Hafen und die Reisenden aufnehmen, wie hundert Jahre später Philostorgius in seiner Kirchengeschichte ausführt: »Über die Freude, die er ihnen mit seinen Gesängen verschaffte, zog er die unwissendsten Leute mit in seine eigene Häresie.« [31] Nach Arius wurde der Sohn oder der Logos vom Vater geschaffen, ist also nicht Gott, sondern »zweiter Gott«, ein Mittler zwischen

Gott und der Schöpfung, geschaffen vor den anderen Geschöpfen, deren Schöpfer er ist. »Dieser (der Sohn) hat nichts Göttliches nach seiner eigenen Substanz, denn er ist ihm nicht gleich und auch nicht wesensgleich«, schreibt er in einem seiner Gesänge. Dennoch ist Jesus laut Arius auch kein Mensch. Das Wort hat sich zwar mit dem Fleisch geeint, aber es ist nicht Mensch geworden, weil dieses Fleisch nicht von einer menschlichen Seele bewohnt war, sondern von dem »zweiten Gott«. Arius wird von der alexandrinischen Kirche exkommuniziert und flieht nach Caesarea, wo er bei Eusebius und zahlreichen östlichen Bischöfen Unterstützung findet, während seine Gegner sich vor allem unter den römischen Kirchenführern um den alexandrinischen Bischof Athanasius gruppieren.

Um den inneren Frieden seines Reiches zu wahren, beruft Kaiser Konstantin 325 in Nicäa ein erstes ökumenisches Konzil ein, das die Begriffe des Dreifaltigkeitsdogmas festlegen soll. Nach wochenlangen erregten Debatten setzt der Kaiser das sogenannte Glaubensbekenntnis von Nicäa durch, das Jesus Christus »den Sohn Gottes« nennt, »der als Einziggeborener aus dem Vater gezeugt ist, das heißt: aus dem Wesen des Vaters, Gott aus Gott, Licht aus Licht«. Arius wird zum Häretiker erklärt und verbannt, ebenso zwei Bischöfe, die ihre Unterschrift unter das Glaubensbekenntnis verweigern.

379 setzt Konstantins Nachfolger Theodosius I. mehrere östliche Bischöfe ab, die er des Arianismus verdächtigt, und beruft für 381 ein zweites ökumenisches Konzil in Konstantinopel ein. Dort wird das Bekenntnis von Nicäa bestätigt, lediglich ein Absatz zum Heiligen Geist wird beigefügt. Die Formulierung des Dreifaltigkeitsdogmas stellt einen Sieg für die Kirche von Alexandria dar: Gottes eingeborener

Sohn ist »wahrer Gott vom wahren Gott, gezeugt, nicht geschaffen, eines Wesens mit dem Vater«. Bekannt wird auch der Glaube »an den Heiligen Geist, (…) der aus dem Vater und dem Sohn hervorgeht, der mit dem Vater und dem Sohn angebetet und verherrlicht wird«. Hier wird also die Existenz eines einzigen Gottes behauptet, der sich in drei Personen manifestiert, von denen jede nur in Bezug zu den beiden anderen existiert und in ihren Handlungen von ihnen untrennbar ist. Jesus, die zweite Person der Dreifaltigkeit, besitzt damit zwei Wesen, das göttliche und das menschliche. Er ist zugleich ganz Mensch und ganz Gott.

Trotz der Einigung findet das Christentum keinen Frieden: Weiterhin zerbrechen sich die Theologen den Kopf um das eigentliche Wesen Christi, genauso aber die Menge der Gläubigen, die sich regelrechte Gefechte liefern und Demonstrationen und Gegendemonstrationen organisieren, diesmal geht es um die »Substanz«, also die »Wesenheit«, des Sohnes. Wie lässt sich die menschliche und göttliche Doppelnatur des Fleisch gewordenen Wortes erklären? Wieder kommt die alte Debatte um die Dreifaltigkeit auf: Ist der Sohn wirklich von derselben Substanz wie der Vater? Gleicht er ihm? Der persische Mönch Nestorius, der 428 zum Bischof von Konstantinopel geweiht wird, bekennt in seiner ersten Weihnachtspredigt Farbe und erklärt, Maria sei nicht Gottesgebärerin, wie es die offizielle Kirche sagt, sondern als Christusgebärerin die Mutter Jesu »des Sohnes und Herrn« – damit leugnet er praktisch die Göttlichkeit Jesu. Dann erläutert er seine Vorstellung weiter: Die Natur des Sohnes ist eine doppelte; Christus ist eine menschliche Person, die vom Logos bewohnt ist. Im Gegensatz zu ihm behauptet die alexandrinische Schule den Monophysitismus: Demnach besitzt Christus eine einzige Natur, die seine menschliche Natur im Moment der Empfängnis in sich aufgenommen hat.

Unter dem Druck des alexandrinischen Patriarchen Kyrill, der die Frage zu einer persönlichen Auseinandersetzung mit seinem Rivalen, dem Konstantinopler Patriarchen Nestorius, macht, beruft Kaiser Theodosius II. im Juni 431 ein Konzil nach Ephesos ein. Kyrill trifft als Erster ein und erteilt dem Gefolge des Kaisers seinen »Segen« in Form von kostbaren Geschenken: Teppiche, Bücher, Gold, elfenbeinerne Sessel ... Er eröffnet (und schließt) das Konzil, noch bevor Nestorius und die antiochenische Delegation überhaupt eingetroffen sind, setzt den Patriarchen von Konstantinopel ab und verdammt seine These. Bischof Johannes von Antiochien, der am folgenden Tag anreist, eröffnet ein Gegenkonzil und verurteilt seinerseits Kyrill, dessen Thesen über das Wesen Christi von der römischen Orthodoxie abweichen. Auf der Straße geraten sich die Anhänger beider Lager, insbesondere Priester und Mönche, in die Haare. Ephesos endet ohne Erklärung oder Entschluss, mehrfach wird der Kirchenbann ausgesprochen, und das Christentum ist von einer ernsthaften Teilung bedroht ... und das im Namen Christi!

Ein 451 in Chalkedon stattfindendes Konzil gibt weder dem Nestorianismus noch dem Monophysitismus recht und dekretiert: »Wir folgen also den heiligen Vätern und lehren alle übereinstimmend: Unser Herr Jesus Christus ist als ein und derselbe Sohn zu bekennen, vollkommen derselbe in der Gottheit, vollkommen derselbe in der Menschheit, wahrhaft Gott und wahrhaft Mensch derselbe, aus Vernunftseele und Leib, wesensgleich dem Vater der Gottheit nach, wesensgleich uns, derselbe der Menschheit nach, in allem uns gleich außer der Sünde (...), Einziggeborener in zwei Naturen unvermischt, unverändert, ungeteilt und ungetrennt zu erkennen, in keiner Weise unter Aufhebung des Unterschieds der Naturen aufgrund der Einigung, sondern vielmehr unter Wahrung der Eigentümlichkeit jeder der beiden Naturen und im Zusammenkommen zu *einer* Person und *einer* Hypostase, nicht durch Teilung oder Trennung in zwei Personen, sondern ein und derselbe einziggeborene Sohn, Gott, Logos, Herr, Jesus Christus, wie die Propheten von Anfang an lehrten und er selbst, Jesus Christus, uns gelehrt hat, und wie es uns im Symbol der Väter überliefert ist.« [32] Damit bestätigt das Konzil die Tatsache, dass Christus ganz Gott und ganz Mensch ist, und ebendieses Glaubensbekenntnis wird heute von der überwiegenden Mehrheit der Christen anerkannt.

Diese »orthodoxe« Erklärung führt zum ersten großen Schisma der Christenheit. Nach der Absetzung und Verbannung ihres Patriarchen Dioskur löst sich die alexandrinische Kirche um des Monophysitismus willen ab und nimmt den Namen Koptische Kirche an. Die jakobitische Kirche von Antiochien (die sogenannte Syrisch-Orthodoxe Kirche), die Armenische Kirche und die indische Malankara-Orthodox-Syrische Kirche tun es ihr nach. Die Anhänger des Nestorius einen sich in einer Nestorianischen Kirche, die kaum bekannt ist, aber die Jahrhunderte überdauert hat. Noch heute existieren davon einige Gemeinden im Nahen Osten, besonders im Irak.

Einem von Diogenes Laertios überlieferten Gerücht zufolge wurden nach Sokrates' Tod seine Ankläger aus Athen verbannt, »Sokrates aber ehrten sie durch Errichtung einer ehernen Bildsäule, die sie, ein Werk des Lysippos, im Zeughaus (Pompeion) aufstellten« (Diogenes Laertios, *Leben und Meinungen berühmter Philosophen* II, 43). Diogenes Laertios zitiert außerdem Verse zu Ehren von Sokrates aus Euripides' Drama *Palamedes* – das aber sonst spurlos verschollen ist: »Gemordet habt ihr, gemordet / Den Künder der Weisheit, / Der Musen Nachtigall, die keinem ein Weh tat.« (Diogenes Laertios, *Leben und Meinungen berühmter Philosophen* II, 44) Die Wahrheit ist vermutlich weniger ruhmlich. Die Feindseligkeit der Athener Oberschicht gegen Sokrates' Anhänger dauerte noch jahrelang an, und seine Hinrichtung erregte in der Stadt offenbar wenig Aufsehen – abgesehen von seinem engen Umfeld und dem Milieu der Intellektuellen, wie man heute sagen würde. Für die breite Masse war es nichts als ein politischer Prozess, der der Wiederherstellung der Ordnung dienen sollte.

Für die Anhänger aber war sofort klar, dass da ein außergewöhnlicher Mensch auf dem Altar der Ungerechtigkeit geopfert worden war. Allerdings trug dieser Tod wahrscheinlich auch zu seiner Bekanntheit bei. Alle Philosophen nach Sokrates werden sich auf ihn beziehen, entweder um seine Philosophie zu stützen, sie weiterzuentwickeln oder sich von ihr inspirieren zu lassen oder aber um sie zu kritisieren und zu bekämpfen. Als Vater der Philosophie gilt Sokrates deshalb, weil er es schaffte, das menschliche Leben auf die Suche nach Wahrheit und Weisheit auszurichten.

Leisten kann seines Erachtens diese Suche nur der, der seine Vernunft einsetzt und Innenschau hält. Sokrates wurde zum Urbild des »Weisen«, der sich selbst in der Hand hat und seine Worte mit seinen Taten in Einklang bringen kann. Beträchtlichen Einfluss übte er nicht nur auf die meisten Philosophen der griechischen und römischen Antike aus, sondern auch auf jüdische, christliche und muslimische Theologen im Mittelalter. Bis heute ist sein Einfluss auf zahlreiche moderne Denker prägend, von Montaigne über Rousseau oder Nietzsche bis Foucault. Und es ist nicht übertrieben, Sokrates als Schlussstein in der Kuppel des humanistischen Denkens zu bezeichnen, das dem Abendland seine Identität verlieh.

Anders als bei Jesus und beim Buddha, die als große Religionsstifter gelten, wurde in der modernen Philosophie der religiöse Aspekt eher vernachlässigt oder gar ganz ausgeblendet, sodass Sokrates nur noch als rationaler Philosoph erscheint. Dass er beschloss, ausschließlich auf die menschliche Vernunft zurückzugreifen, um Philosophie zu betreiben und seine Gesprächspartner zur Wahrheit zu führen, ist unumstritten. Dass er seine Zeitgenossen ermunterte, über die religiösen Mythen hinauszublicken und den Schlüssel der Weisheit in sich selbst zu suchen, ist unabstreitbar. Darin ist er in der Tat ganz humanistischer Philosoph, der alles auf die Kraft der Vernunft setzt.

Doch machen wir ihn bloß nicht – seit ein paar Jahrhunderten ist das im Westen allzu häufig passiert – zum reinen Rationalisten, einem Feind der Religion, der Mythos und Spiritualität verabscheute, also zu einem Vorreiter des wissenschaftlichen Materialismus! Was nämlich würde dann aus dem Delphischen Orakel, dem er seine philosophische Berufung zuschreibt? Was aus seinem *Daimonion,* auf das er sich pausenlos bezieht, und aus seinen Momenten der Ekstase, die seine Zuhörer so verblüffen? Und was wäre mit seiner Religiosität und seinen langen Ausführungen zur Unsterblichkeit der Seele? Sokrates stützt sich auf die Vernunft, leugnet deshalb aber keineswegs die rätselhafte, die transzendente Dimension des Lebens. Er ist rational, aber kein Rationalist. Ein Mystiker, aber kein Dogmatiker. Ist also die »Entgeistlichung« des Sokrates durch die Moderne angesichts der Quellen letztlich nicht ebenso fragwürdig wie die späte Vergöttlichung des Buddha?

TEIL 2

Was sagen sie uns?

11 Du bist unsterblich

Der Tod ist kein Ende, sondern ein Übergang. Für den Buddha wie für Sokrates und Jesus steht unser irdisches Leben in einer weiteren Perspektive, die ein Leben nach dem Tod mit einschließt. Das ist die erste wesentliche Gemeinsamkeit ihrer Lehren. Das entschiedene Eintreten für die Fortentwicklung der Innerlichkeit, für die Suche nach Wahrheit, das Streben nach Weisheit, Gerechtigkeit oder Liebe, lässt sich nur in Bezug auf diesen Glauben begreifen. Allerdings ist dieser Glaube nicht bei allen drei gleich ausgeformt: Unsterblichkeit ist bei Sokrates, Jesus und beim Buddha nicht gleich Unsterblichkeit. Zwar sind wir nach ihrer gemeinsamen Auffassung alle unsterblich, doch was unter dieser Unsterblichkeit zu verstehen ist, unterscheidet sich je nach der Kultur, in der sie lebten, und nach ihrer eigenen spirituellen Erfahrung.

Ausstieg aus dem Kreislauf der Wiedergeburten

Als Prinz Siddhartha seine Suche beginnt, gesellt er sich im Wald zu dem hoch angesehenen Lehrer Alara. Erstaunt über die rapiden Fortschritte seines Schülers, schlägt der ihm vor, die Gruppe mit ihm zu leiten: »Wir werden viele Schüler haben«, bringt er als Argument. [33] In seiner Antwort resümiert der, der noch kein Buddha ist, das Ziel seiner Suche, das später auch in seiner gesamten Lehre im Mittelpunkt stehen wird: »Ich suche nicht Schüler zu haben. Ich suche nur das Ende des Geburtenkreislaufs und dauerhaften Frieden.« Anders gesagt, eine Lösung für das Rätsel des Lebens, ein Glück, das das flüchtige Glück der irdischen Güter überdauert, und das für dieses Leben genauso wie für die künftigen. Siddhartha ist überzeugt davon, dass es diese Lösung gibt und dass der Schlüssel zu ihr in diesem Leben erreichbar ist. Mit der Erwachung wird er ihn tatsächlich finden.

Für den Buddha ist das Leben ein einziger Kreislauf des Leidens, angefangen mit der Geburt und gefolgt von »Alter, Krankheit, Tod, Kummer, Befleckung« (*Majjhima Nikaya* 26). Sein Mittel, um aus diesem Kreislauf auszubrechen, kreist um drei Begriffe – die er aber keineswegs erfunden hat, sondern die zu seiner Zeit bereits aus der vedischen Begrifflichkeit übernommen und von den Asketen neu definiert worden waren und damit Hinduismus und Jainismus so herausformten, wie wir sie heute kennen. Resümieren lassen sie sich in drei Worten auf Sanskrit: *Karma*, *Samsara* und *Nirwana.*

Zum Verständnis dieser Begriffe müssen wir zunächst definieren, was in der Lehre des Buddha das Selbst ist – dieses Selbst, das *Karma* anhäuft und sich damit mit dem *Samsara* verstrickt und den Zugang zum *Nirwana* verbaut. Der Hinduismus geht von der Existenz eines dauerhaften Selbst aus, dem *Atman* – in der westlichen Tradition entspräche das in etwa der Seele. *Atman* wird immer wieder reinkarniert, bis zur endgültigen Befreiung aus dem Kreislauf der Wiedergeburten. Der Buddha dagegen definiert bereits in seiner ersten Predigt in Benares *Atman* als reine

Vorstellung und postuliert ein *Anatman,* ein Nicht-Selbst. Ihm zufolge ist jedes Lebewesen zusammengesetzt aus fünf stets fluktuierenden Aneignungsgruppen: Körper oder Materie, Empfindungen, Wahrnehmungen, Geistesformationen und Bewusstsein. Das Selbst ist also zwangsläufig vergänglich, unstet, von einem Moment zum anderen im Wandel, immer in seiner Dauer begrenzt, wie das knisternde Feuer oder fließendes Wasser. Ein berühmter Dialog zwischen dem buddhistischen Mönch Nagasena und König Menandros (oder Milinda), der im 2. Jahrhundert vor unserer Zeitrechnung im Nordwesten Indiens herrschte, macht diesen Begriff verständlicher. Der Mönch bittet den König zu definieren, was ein Wagen ist, und zählt dazu nacheinander die Elemente auf, aus denen er besteht: Ist der Wagen ein Rad? Eine Achse? Ein Seil? Ist der die Summe aller dieser Elemente? Ist er etwas anderes als diese Elemente? Der König verneint stets und erklärt dem Mönch dann, dass der Wagen entsteht, indem man alle genannten Elemente in einer bestimmten Reihenfolge zusammenbaut. Da erwidert der Mönch, genauso sei es mit dem Selbst.

Kommen wir zum *Karma.* In der hinduistischen Doktrin – dort unter dem Namen *Karman* – ist *Karma* ein Kausalitätsgesetz, dem jede unserer Taten unterliegt, einschließlich ihrer Absicht und ihres Ergebnisses; auf dieser Grundlage entscheidet es darüber, wie die Reinkarnation des *Atman* ausfällt. Für den Buddha wird der karmische Wert durch die Absicht einer Tat und nicht durch die Tat selbst bestimmt. Es gibt auch reine oder wirkungslose Taten, die frei von jedem *Karma* sind: alltägliche Taten, etwa einzuschlafen oder sich zu waschen, die ohne positive oder negative Absicht vollzogen werden. Daneben aber existieren absichtliche Taten (des Körpers, der Rede oder des Denkens), die im Glauben an ein Selbst vollzogen werden, aus dem Bedürfnis heraus, zur Person zu werden. Eingegeben werden sie uns durch unsere Wünsche und Abneigungen: Ich strebe an, was mir wünschenswert scheint, und lehne ab, was mir unangenehm ist; je nachdem, wie schädlich oder wohltuend diese Handlung für die Mitmenschen ist, ergibt sich daraus eine positive oder negative karmische Prägung. Die Anhäufung dieser Prägungen schließlich führt dazu, dass wir im Kreislauf des *Samsara* verbleiben. Je nach dem Gewicht des erworbenen *Karmas* wird der Einzelne in einem der sechs Daseinsbereiche wiedergeboren, von denen jeder wiederum in mehrere »Bewusstseinszustände« unterteilt ist: der der Götter, für die das Leben sich in Millionen von Jahren bemisst, der der eifersüchtigen Götter (auch Asuras oder Titanen), der der Menschen (der günstigste Bereich, denn nur von ihm aus ist die Erwachung erreichbar), der der Tiere, der der hungrigen Geister und der der Hölle. Für den Buddha gibt es nun aber, wie wir eben gesehen haben, kein unerschütterliches Selbst, das der Wiedergeburt unterliegt: Beim Tod eines Menschen trennen sich die fünf Aggregate, aus denen das Selbst zusammengesetzt ist, beladen mit ihrer karmischen Prägung, und vereinen sich unter dieser Prägung wieder. Bilden sie dann ein Selbst, das dem verloschenen identisch ist? Der Buddhismus beantwortet diese Frage mit dem Beispiel einer Kerze, die verlöscht und wieder entzündet wird. Natürlich ist es dieselbe Kerze, dasselbe Wachs, derselbe Docht – aber kann man wirklich behaupten, das Feuer, das daraus hervorgeht, sei dasselbe wie das, das man ausgeblasen hat?

Einziger Ausweg zur Befreiung aus dem Kreislauf des

Samsara ist das *Nirwana* (bei den Hinduisten *Moksha*). Über diesen Zustand äußerster Erlösung hat der Buddha kaum etwas verlauten lassen; lediglich dass Spekulationen darüber vergeblich seien, weil er über die Möglichkeiten menschlicher Erfahrung und Einsicht weit hinausgehe. *Nirwana* ist das »höchste Glück« (*Dhammapada* 204), beginnt der Buddha. Als seine Schüler nicht lockerlassen, setzt er den Begriff weiter auseinander, indem er erklärt, was es nicht ist: »Es gibt ein Reich, wo die vier Elemente, / Aus denen sich die Welt aufbaut, nicht sind. / Es ist nicht das der Raumunendlichkeit, / Nicht das, wo Wahrnehmung unendlich ist, / Nicht das des Nichts und nicht das Grenzgebiet, / Wo Wahrnehmung nicht ist und doch nicht fehlt.

Es ist nicht diese Welt und keine andre. / Dort gibt es keine Sonne, keinen Mond. / Das nenn' ich, Bhikkhus, Kommen nicht noch Gehen / Noch Stehen bleiben, auch nicht Untergehen / Und Neuerscheinen; es ist ohne Stütze, / Auch ohne Wandlung, ohne Gegenstände, / Und alles Leiden findet dort sein Ende.« (*Udana* 8, 1, das sogenannte Nirwana-Sutra)

Nirwana ist das Erlöschen, aber nicht das Nichts. Es ist ein Jenseits allen Leids. Genauso elliptisch wird der Buddha antworten, als bei anderer Gelegenheit seine Schüler fragen, was er nach seinem eigenen Tode werden wird: »Der Vollendete besteht weder noch besteht er nicht nach dem Tode. Nur dies allein ist wahr, alles andere Unsinn.« (*Anguttara Nikaya* 10, 96)

Die Wanderung der unsterblichen Seele

Liest man die platonischen Dialoge, in denen Sokrates seine Theorie der Unsterblichkeit entwickelt, und insbesondere den *Phaidros* und den *Phaidon,* so kann man nur staunen über die verblüffende Ähnlichkeit seiner Thesen mit denen des Buddha. Zwar behauptet Sokrates die Existenz einer unauflöslichen, dauerhaften Seele, was der Buddha mit seiner Theorie des Nicht-Selbst ablehnt, doch beide vertreten die These eines Kreislaufs von Wiedergeburten, in dem jede Wiedergeburt durch die vorausgehende bedingt wird; Ziel dieses Kreislaufs sind die Reinigung der Seele und ihr Eintritt in höhere Sphären. Der Buddha schöpft für seine Theorie aus dem vedischen Indien, während Sokrates Vorstellungen aufgreift, die insbesondere sein Vorgänger Pythagoras entwickelte, der Philosoph, Mathematiker und vor allem Lehrmeister und Gründer einer Initiationsschule.

Wir wissen, dass Pythagoras ein Zeitgenosse des Buddha war. Hat er sich womöglich in Indien aufgehalten? Das jedenfalls behauptet die Legende, doch über Nachweise für eine solche Reise verfügen wir nicht. Durchaus wahrscheinlich ist es dagegen, dass Pythagoras in seiner Welt, in der viel gereist wurde, Weisen aus der Induskultur begegnete und ihre Jenseitslehre ansprechend fand. Jedenfalls ging er von einer Vorexistenz der Seele aus, und ihre irdische Inkarnation ist für ihn keine Belohnung, sondern eine Strafe: Beladen mit dem Gewicht ihrer Laster und mit ihrer Gier, ins Land der Glückseligen einzutreten, muss diese Seele ihr Erdenleben nutzen, um sich durch Riten und asketische Praxis zu reinigen. Scheitert sie, was häufig der Fall ist, so ist sie verurteilt, als Mensch wiedergeboren zu werden – oder, schlimmer noch, als Pflanze oder als Tier. Die sokratische Vorstellung von der Unsterblichkeit der Seele kommt den indischen und pythagoreischen so nahe – und ist nebenbei von unserer heutigen Sicht auf Sokrates so weit entfernt –, dass ich zu ihrer Darstellung so stark wie möglich auf die Quellen zurückgreifen werde. So kann sich der Leser auch ohne Platon-Lektüre eine genaue Meinung darüber bilden, wie Sokrates' Schüler wiedergibt, was sein Lehrer zu dieser Frage zu sagen hatte, mag sie unseren modernen Gemütern auch noch so unbequem sein.

Sokrates erklärt, die Seele sei dem »Göttlichen und Unsterblichen und Übersinnlichen und Einfachen und Unauflöslichen und immer sich Gleichbleibenden (...) am ähnlichsten«. (Platon, *Phaidon* 80b) Mag der Körper auch dem Tod geweiht sein, die Seele aber ist unsterblich. Beweisen will Sokrates das mit der Theorie der Bewegung: »Denn das von sich aus Bewegte ist unsterblich«, und »gerade darin (liegt) das Wesen und die Begriffsbestimmung der Seele«. (Platon, *Phaidros* 245) Demnach »dürfte die Seele mit Notwendigkeit unentstanden und unsterblich sein«. (Platon, *Phaidros* 246) Dieser Glaube sitzt so fest in ihm, dass er auch seinen eigenen Tod nicht fürchtet. Seine Heiterkeit bei der Verkündung des Todesurteils verblüfft seine niedergeschmetterten Freunde, denen er nicht ohne Humor zuruft: »Aber nun ist es Zeit, daß wir gehen, ich um zu sterben, ihr um weiter zu leben. Wer von uns beiden dem besseren Lose entgegengeht, das ist allen verborgen, nur der Gottheit nicht« (Platon, *Apologie* 42a). Weiter führt er den Gedanken dann im *Phaidon* aus, diesem letzten Dialog, den er dem Tod und der Unsterblichkeit widmet. Platon war zwar bei diesem Gespräch selbst nicht anwesend, gibt es aber nach dem Zeugnis seiner Gefährten einfühlsam wieder: »Aber euch als meinen Richtern will ich nun den schuldigen Nachweis liefern, daß mir ein Mann, dessen Lebensbeschäftigung in Wahrheit die Philosophie gewesen ist, wenn er nun in den Tod gehen soll, mit vollem Recht guten Mutes zu sein und der frohen Hoffnung zu leben scheint, er werde nach seinem Tod in jener Welt der größten Güter teilhaftig werden. (...) Ist dieses nun wahr, so wäre es doch offenbar widersinnig, sein Leben lang nach nichts anderem zu streben als eben hiernach, wenn es dann aber wirklich eintritt, sich zu sträuben gegen das, was man immer erstrebte und betrieb.« (Platon, *Phaidon* 63e–64a) Daher kommt er auch zu seiner immer wieder formulierten Mahnung: »Im Hinblick nun darauf darf der um seine Seele unbesorgt sein, der während seines Lebens den körperlichen Lüsten und allem Tande äußerlichen Schmuckes entsagt hat als einem ihm fremden Element, das seiner Überzeugung nach den Schaden nur schlimmer macht, wogegen er sich der Lust am Lernen mit allem Eifer hingegeben und seine Seele nicht mit einem ihr fremden, sondern mit dem recht eigentlich ihr zugehörenden Schmucke, mit Besonnenheit, Gerechtigkeit, Tapferkeit, Freiheit und Wahrheit geschmückt hat; so erwartet er denn die Wanderung nach dem Hades, bereit dahin aufzubrechen, sobald das Schicksal ruft.« (Platon, *Phaidon* 114e–115a)

Immer wieder also mahnt Sokrates seine Zuhörer, »weder das körperliche Wohl noch die Sorge für Hab und Gut höher zu stellen und eifriger im Auge zu haben als das Wohl der Seele und ihre möglichste Besserung«. (Platon, *Apologie* 30b) In Worten, die denen des Buddha seltsam gleichen, warnt er vor dem, was der Körper der Seele Übles antun kann, wenn er sie seinen Begierden unterwirft, »denn solange wir mit dem Körper behaftet sind und unsere Seele mit diesem Übel verwachsen ist, werden wir niemals in vollem Maße erreichen, wonach wir streben; es ist dies aber, wie wir behaupten, die Wahrheit. Denn tausenderlei Unruhe verursacht uns der Körper schon durch die notwendige Sorge für seine Ernährung.« (Platon, *Phaidon* 66b) Der Körper führe uns niemals zur Einsicht, unterstreicht er: »Denn auch Kriege, Aufruhr und Schlachten sind allein eine Folge des Körpers und seiner Begierden. Denn um den Erwerb von Geld und Gut handelt es sich bei der Entstehung aller Kriege, Hab und Gut aber sehen wir uns gezwungen zu erwerben um des Körpers willen, dessen Ansprüche befriedigt sein wollen.« (Platon, *Phaidon* 66c–d) Trotzdem ist Sokrates weder ein Verfechter strenger Askese noch körperlicher Enthaltsamkeit (82e). Der Weg, den er vorschlägt – denselben übrigens wie der Buddha –, ist »die besonnene, auch von der großen Masse so genannte Mäßigung (...), nämlich daß man sich nicht von Begierden aufregen läßt, sondern sich gelassen und sittsam verhält«. (Platon, *Phaidon* 68c) »Weil jede Lust und Trauer gewissermaßen einen Nagel mit sich führt, mit dem sie sie an den Leib festnagelt und anheftet und sie körperartig macht, so daß sie meint, das sei wahr, was der Körper sagt.« (Platon, *Phaidon* 83d)

Auch auf das Thema Wiedergeburt kommt Sokrates wiederholt zu sprechen, auf den Tod, der aus dem Leben kommt, und dem Leben, das aus dem Tod kommt, wie »aus dem Schlafen das Wach-Sein und aus dem Wach-Sein das Schlafen« entsteht (Platon, *Phaidon* 71d). Als Kebes seine Vorbehalte äußert, greift er auf die pythagoreische und gar auf die orphische Tradition zurück: »Betrachten wir also die Sache so, daß wir fragen, ob die Seelen der verstorbenen Menschen im Hades sind oder nicht. Es sagt nun ein alter, wohlbekannter Spruch, daß die Seelen von hier kommend dort weilen und dann wieder hierher zurückkehren und wieder werden aus den Toten (...) (so) daß die Lebenden nirgends anderswoher zum Werden gelangen als aus den Toten.« (Platon, *Phaidon* 70c–d) Für Sokrates ist »jeder Zweifel ausgeschlossen« (Platon, *Phaidon* 72d). Wie aber die Wiedergeburt ausfällt, ist auch nicht dem Zufall überlassen – es wird »für die guten ein besseres, für die Schlechten ein schlechteres«. (Platon, *Phaidon* 72d) Und so erläutert er seine Ansicht: »Wenn die Seele in reinem Zustand sich von dem Körper trennt, ohne von ihm etwas mit sich zu nehmen, da sie im Leben sich freiwillig in keine Gemeinschaft mit ihm einließ, sondern ihn floh und auf sich selbst zurückzog, weil dies ihr einziges Bemühen war – das heißt aber nichts anderes als weil sie auf richtige Art philosophierte und sich in Wahrheit tot zu sein bereitwillig bemühte, (...) so entweicht sie doch wohl in das Reich des mit ihr gleichartigen Unsichtbaren, des Göttlichen und Unsterblichen und Vernünftigen, wo angelangt sie selige Ruhe findet, befreit von Irrsal und Unvernunft, von Furcht, Liebesraserei und den sonstigen menschlichen Übeln (...). Wenn sie aber befleckt und unrein sich vom Körper trennt infolge ihrer beständigen Gemeinschaft mit dem Leibe, dem sie frönte und ihre Liebe schenkte und der sie mit seinen Begierden und Lüsten geradezu bezaubert hatte, so daß ihr nichts wahr zu sein schien als das Körperartige, das man betasten und sehen und trinken und essen und zur Wollust gebrauchen kann, wogegen sie gewöhnt war das für die Augen in Dunkel Gehüllte und Unsichtbare, bloß Denkbare und durch Philosophie Faßbare zu hassen, zu scheuen und zu fliehen (...), (so ist sie) wohl völlig durchdrungen vom Körperartigen, das die Gemeinschaft und der Verkehr mit dem Körper infolge des beständigen Zusammenseins und der völligen Hingabe an ihn förmlich in sie einwachsen ließ (...). Dies Körperartige ist doch, mein Freund, wie man annehmen muß, etwas Niederdrückendes und Belastendes und Erdartiges und Sichtbares. Mit ihm behaftet, wird denn die eben geschilderte Seele gehemmt und wieder in die sichtbare Welt zurückgezogen aus Furcht vor dem Unsichtbaren und dem Hades.« (Platon, *Phaidon* 81a–c) So bleibt sie »infolgedessen der Vereinigung mit dem Göttlichen und Reinen und Einfachen unteilhaftig«. (Platon, *Phaidon* 83e) Sokrates zitiert gar im Einzelnen einige Möglichkeiten der Reinkarnation: »Z. B. werden diejenigen, die sich dem Bauchesdienst, dem rohen Übermut und der Trunksucht ergeben hatten, und zwar in schamloser Weise, vermutlich die Gestalt von Eseln und ähnlichen Tieren annehmen (...); diejenigen aber, die sich vorzugsweise in Handlungen der Ungerechtigkeit, Tyrannei und Räuberei gefielen, die Gestalt von Wölfen, Habichten und Geiern.« (Platon, *Phaidon* 81e–82a) Die Gerechten, Maßvollen erwartet ein glücklicheres Los »in einer ihrer gut bürgerlichen und ordnungsliebenden Gesinnung entsprechenden Tierform« oder auch in »Menschenform, in welchem Fall denn aus ihnen wieder biedere Männer werden«. (*Phaidon* 82a–b) Gemeinschaft mit den Göttern aber erfahren nach dem Tode nur die »richtig Philosophierenden«, die sich »standhaft aller körperlichen Begierden« enthalten und »sich ihnen nicht (hingeben), nicht etwa aus Furcht vor häuslichem Ruin und Armut« – sondern sie scheiden »völlig rein von hier ab«. (Platon, *Phaidon* 82c) »Die Philosophie nun bemerkte (...), daß durch die Gewalt der Begierde der Gefesselte selbst gewissermaßen sein eigener Kerkermeister wird.« (Platon, *Phaidon,* 83d) Der Philosoph weiß, dass er durch die Sinne »irregeführt« wird und nur Zugang zu »Gehör und Gesicht« erhält; und dass allein »die Seele der Wahrheit habhaft« wird und die Dinge erfasst, die »unsinnlich und nicht sichtbar sind« (Platon, *Phaidon* 78d). Ein Philosoph also schätzt mehr als alle anderen »den Leib möglichst gering und sucht sich ihm zu entziehen«. (Platon, *Phaidon,* 65) So kann er denn den Tod nicht fürchten, denn er lässt ihn »rein und befreit von aller Unvernunft des Leibes« endlich, »was in sich völlig klar und rein ist, erkennen«. (Platon, *Phaidon,* 67a–b)

Sokrates erklärt sich dem Tod gegenüber voller Zuversicht. Er werde gar »freudig dorthin aufbrechen« (Platon, *Phaidon,* 68b) und in der Überzeugung, dort »gute Gebieter und Genossen« zu finden (Platon, *Phaidon,* 69e). Hat er doch sein ganzes Leben lang dahin gearbeitet, hat seine Seele »vollständig den Sturm der Leidenschaften« beschwichtigen lassen, »indem sie sich von vernünftiger Überlegung leiten läßt und von ihr nicht abweicht«. So wird sie nach dem Tod »zu dem ihr Verwandten (...) kommen und von allen menschlichen Gebrechen befreit« sein (Platon, *Phaidon,* 84a–b). Nur Stunden vor seinem Tod versucht sich Sokrates in einer Beschreibung des Jenseits, das ihn erwartet. Mit Bezug auf sein eigenes *Daimonion* erinnert er: »Es heißt aber, einen jeden Gestorbenen suche der Dämon, der den Lebenden in seinem Schutz hatte, an eine bestimmte Stätte zu führen, wo die Versammelten sich richten lassen müssen, um dann nach dem Hades zu wandern mit jenem Führer, dessen Amt es ist, die Abgeschiedenen von hier nach dem Jenseits zu geleiten. Haben sie dann dort erhalten, was ihnen gebührt, und die nötige Zeit dort verweilt, so bringt sie ein anderer Führer in vielen und langen Umläufen der Zeit wieder hierher zurück.« Weiter heißt es: »Die sittlich geläuterte und vernünftige Seele folgt willig und fühlt sich nicht fremd in der neuen Umgebung. Aber die leidenschaftlich an dem Leibe hängende Seele flattert, wie oben schon dargelegt, noch lange um die Grabstätte dieses Leibes und in der Welt des Sichtbaren umher und wird erst nach vielem Widerstreben und mancherlei Leiden nur gewaltsam und mit Mühe von dem ihr zugeordneten Dämon hinweggeführt.« Diese Seele leidet dann Höllenqualen, während die, »welche das Leben rein und maßvoll durchlaufen hat«, zu den Göttern gelangt und die »Herrlichkeiten jener höheren Welt« erfährt. (Platon, *Phaidon* 107c–108c; 110a) Und an seine Schüler gewandt schließt er: »Das eben Dargelegte muß uns nun (…) sicherlich zum Antrieb werden alles aufzubieten, daß wir Tugend und vernünftige Einsicht im Leben uns zu eigen machen. Denn herrlich ist der Preis und die Hoffnung groß.« (Platon, *Phaidon* 114c)

Plötzlich aber befällt ihn ein Zweifel. Schon in Platons *Apologie* hatte er ihn geäußert: »Denn es weiß niemand vom Tode«, ob er ein Glück oder ein Übel ist (Platon, *Apologie* 29a). Hier im *Phaidon* erklärt er nun: »Denn wäre der Tod eine Trennung von allem und jedem, so wäre es für die Bösen, wenn sie sterben, ein willkommenes Geschenk, nicht nur vom Körper, sondern auch von der ihrer Seele anhaftenden Schlechtigkeit zugleich mit dieser befreit zu sein.« (Platon, *Phaidon* 107c) In seiner Beschreibung des Jenseits hingegen ist er nicht mehr ganz so kategorisch: »Die unbedingte Wahrheit nun dessen, was ich dargelegt habe, behaupten zu wollen möchte in derartigen Fragen einem vernünftig denkenden Mann nicht wohl anstehen.«

(Platon, *Phaidon* 114d) Seine Ironie richtet sich diesmal gegen ihn selbst: »Ich werde mich nicht darum bemühen, daß meine Ansicht den Anwesenden wahr erscheine – wenigstens ist mir das völlige Nebensache –, sondern daß sie mir selbst durchaus wahr erscheine. Denn ich denke so, mein lieber Freund – und du kannst daran meine eigennützige Gesinnung erkennen –: Wenn, was ich sage, wahr ist, so ist es gut, davon überzeugt zu sein; hat aber der Gestorbene nichts mehr zu erwarten, so falle ich doch wenigstens diese letzten Stunden vor dem Tode den Anwesenden nicht durch Klagen zur Last.« (Platon, *Phaidon* 91a–b) Eine letzte Pirouette zum Abschluss: »Diese meine Unwissenheit wird aber nicht lange andauern, denn das wäre schlimm, sondern sie wird bald schwinden.« (Platon, *Phaidon* 91b)

Sokrates verweist hier auf etwas Wesentliches: Für einen Philosophen gibt es zwei Kategorien des Wissens – das rein vernünftige Wissen (heute würde man von Wissenschaftlichkeit sprechen) sowie ein Wissen, das den definierten Rahmen der Vernunft übersteigt und auch auf andere Sphären wie Glauben, Intuition, Ahnung oder gar Tradition zurückgreift. Im ersten Fall kann von »Gewissheiten« die Rede sein; im zweiten eher, wie Montaigne formulieren wird, von »inneren Überzeugungen«. Der Philosoph erwirbt durch reinen Vernunftgebrauch ein Wissen, das ihm Gewissheiten über sich selbst verschafft, über den Menschen und über die Welt: ein universales Wissen. Zugleich erwirbt er auch ungewisse Kenntnisse, die teilweise auf Vernunft beruhen, sich aber auch aus anderen Quellen speisen und damit zu inneren Überzeugungen werden. Sie können sein Leben erhellen und nähren. Dieses Wissen gilt dem, der ihm anhängt, als wahr, doch endgültige Wahrheit kann es nicht beanspruchen. Die sokratische Lehre über die Unsterblichkeit der Seele ist typischerweise dieser zweiten Kategorie zuzuordnen.

Auferstehung und ewiges Leben

So klar die Frage der Unterscheidung von Seele und Leib in der griechischen und indischen Philosophie gestellt wird, im jüdischen Denken fehlt sie völlig: Hier gilt die Einheit des Wesens. So spricht denn Jesus nie davon, was nach dem Tod aus einem spirituellen Prinzip wird, das vom Körper getrennt wäre wie die sokratische »unsterbliche Seele« oder der indische »Geist« oder das »Selbst«. Dennoch aber verkündet er in seiner gesamten Wirkungszeit mit Nachdruck, dass es ein Leben nach dem Tod gibt, ein Jenseits dieser »vergänglichen Welt«, wo, einfach gesagt, die Gerechten für ihre guten Taten belohnt und die Bösen für ihre Laster bestraft werden. Dieser Glaube an die Auferstehung der Toten ist im Judentum relativ spät entstanden, doch zur Zeit Jesu ist er im pharisäischen Umfeld, in dem Jesus sich bewegt, in der Tat bezeugt; die Sadduzäer dagegen, die Gelehrten und Priester des Tempelkults, glauben daran nicht (Mt 22,23; Apg 23,8).

Die Seligpreisungen der Bergpredigt beschreiben bewegend dieses göttliche Gericht, das den Gerechten nach seinem Tod belohnt: »Selig sind, die da geistlich arm sind; denn ihrer ist das Himmelreich. Selig sind, die da Leid tragen; denn sie sollen getröstet werden. Selig sind die Sanftmütigen; denn sie werden das Erdreich besitzen. Selig sind, die da hungert und dürstet nach der Gerechtigkeit; denn sie sollen satt werden. Selig sind die Barmherzigen; denn sie werden Barmherzigkeit erlangen. Selig sind, die reinen Herzens sind; denn sie werden Gott schauen. Selig sind die Friedfertigen; denn sie werden Gottes Kinder heißen. Selig sind, die um der Gerechtigkeit willen verfolgt werden; denn ihrer ist das Himmelreich.« (Mt 5,3–10) Und allen, die gehasst werden, verstoßen und geschmäht, ruft Jesus zu: »Freut euch (…) und springt vor Freude; denn siehe, euer Lohn ist groß im Himmel.« (Lk 6,20–23)

Der Begriff »Himmel« oder »Himmelreich« meint diese unsichtbare Welt, dieses örtlich nicht zu bestimmende »Jenseits«, in denen die Gerechten bei Gott leben werden »wie Engel« (Mt 22,30). Ein mysteriöser, undefinierbarer Ort, der in der christlichen Tradition die Bezeichnung Paradies erhalten wird. Jesus verwendet ein anderes Wort für diese neue Welt, deren Aufkommen er verkündet: das Reich Gottes. Doch diese Bezeichnung ist weniger eindeutig, denn je nach Kontext kann damit die gegenwärtige Welt gemeint sein, in der Jesus gewärtig ist, oder aber das Himmelreich oder eine irdische Welt nach dem Weltenende. Der Evangelist Markus berichtet, dieses Thema nehme in Jesu Lehre die erste Stelle an: Gleich nach seiner Taufe im Jordan durch Johannes und der Festnahme des Johannes begibt sich Jesus in die Wüste, wo er vierzig Tage lang den Versuchungen des Teufels widersteht. Zurück in Galiläa, verkündet er: »Die Zeit ist erfüllt, und das Reich Gottes ist herbeigekommen.« (Mk 1,15) In der Tat existieren im zeitgenössischen Palästina diverse apokalyptische Strömungen, die das Ende der Welt verkünden und bei den frommen Juden mehr und mehr Anhänger finden, die einen messianischen Retter erwarten. In seinem *Jüdischen Krieg* und in den *Jüdischen Altertümern* beschreibt und verurteilt Flavius Josephus diese

Volksbewegungen, denen er die Schuld am Sturz Jerusalems gibt. Jesus dagegen bleibt in Bezug auf dieses Reich, das er verkündet, sehr ausweichend. Ja, es stehe unmittelbar bevor, doch es komme »nicht so, daß man's beobachten kann« (Lk 17,20). Häufiger wird dieses Reich der Gerechten für eine ungenaue Zukunft verkündet: Zuvor stünden noch andere Übel bevor, »Hungersnöte und Erdbeben«, die aber nur den »Anfang der Wehen« darstellten; viele würden dann »abfallen und werden sich untereinander verraten und werden sich untereinander hassen«; »falsche Propheten« würden sich erheben, insgesamt werde »die Ungerechtigkeit überhandnehmen«. Dann erst »wird gepredigt werden dies Evangelium vom Reich in der ganzen Welt zum Zeugnis für alle Völker, und dann wird das Ende kommen«. (Mt 24,7–14).Wenn dann »die Sonne sich verfinstern und der Mond seinen Schein verlieren« werde, »werden sie sehen den Menschensohn kommen in den Wolken mit großer Kraft und Herrlichkeit«, und die von Gott gesandten Engel werden »seine Auserwählten versammeln«. (Mk 13,24–27) Diese apokalyptische Rede – Verkündigung vom Ende der Welt, von Jesu Wiederkehr und vom letzten Gericht – findet sich in allen drei synoptischen Evangelien. Sie zieht sich auch durch das ganze Buch der Apokalypse; dieser Text prophetischer Visionen wird als Offenbarung dem Apostel Johannes zugeschrieben, der damit die Ankunft des »himmlischen Jerusalem« verkündet, wenn die großen Kämpfe der Endzeit gegen die Mächte des Bösen geschlagen sind: »Und ich sah einen neuen Himmel und eine neue Erde; denn der erste Himmel und die erste Erde sind vergangen, und das Meer ist nicht mehr. Und ich sah die heilige Stadt, das neue Jerusalem, von Gott aus dem Himmel herabkommen, bereitet wie eine geschmückte Braut für ihren Mann. Und ich hörte eine große Stimme von dem Thron her, die sprach: Siehe da, die Hütte Gottes bei den Menschen! Und er wird bei ihnen wohnen, und sie werden sein Volk sein, und er selbst, Gott mit ihnen, wird ihr Gott sein; und Gott wird abwischen alle Tränen von ihren Augen, und der Tod wird nicht mehr sein, noch Leid und Geschrei noch Schmerz wird mehr sein; denn das Erste ist vergangen.« (Offb 21, 1–4)

Im Johannesevangelium sind die Begriffe »Reich Gottes« oder »Himmelreich« selten; dass es ein Leben nach dem Tod gibt, wird aber mit Nachdruck verkündet. Johannes spricht eher vom »ewigen Leben« und der »Auferstehung«. In seinem Gespräch mit dem Weisen Nikodemus erklärt Jesus, er sei nicht gekommen, um über die Menschen zu richten, sondern sie für immer zu retten (Joh 3, 16–17). Dann berichtet Johannes, wie Jesus nach einer langen Wanderung an Jakobs Brunnen in Samarien haltmacht. Als eine samaritische Frau auf ihn zukommt, bittet er sie um Wasser. Es entspinnt sich ein Gespräch um das Wasser, und Jesus erklärt dieser Frau: »Wer von diesem Wasser trinkt, den wird wieder dürsten; wer aber von dem Wasser trinken wird, das ich ihm gebe, den wird in Ewigkeit nicht dürsten, sondern das Wasser, das ich ihm geben werde, das wird in ihm eine Quelle des Wassers werden, das in das ewige Leben quillt.« (Joh 4,13–14) Und nach dem Symbol des Wassers greift Jesus zum Symbol des Brotes für dieses ewige Leben, das er den Menschen bringt: »Ich bin das lebendige Brot, das vom Himmel gekommen ist. Wer von diesem Brot ißt, der wird leben in Ewigkeit.« (Joh 6,51) Und während viele Jünger Jesus verlassen, weil sie seine Worte als »eine harte Rede« empfinden, wiederholt Simon Petrus sein Bekenntnis im Namen der zwölf Apostel: »Herr, wohin sollen wir gehen? Du hast Worte des ewigen Lebens.« (Joh 6,60 und 68)

Neben diesem Begriff »ewiges Leben« steht der der »Auferstehung«. Jesus spricht davon ganz unmissverständlich: »Denn das ist der Wille meines Vaters, daß, wer den Sohn sieht und glaubt an ihn, das ewige Leben habe; und ich werde ihn auferwecken am Jüngsten Tage« (Joh 6,40), also im Zusammenhang mit dem Jüngsten Gericht. Doch die stärkste Aussage Jesu zur Auferstehung der Toten steht im 11. Kapitel, wo Jesus von Lazarus' Schwester Martha erfährt, dass sein Freund tot ist. Er verkündet ihr: »Dein Bruder wird auferstehen.« Martha erwidert, sie glaube ja an die Auferstehung am Jüngsten Tage, doch Jesus antwortet ihr so: »Ich bin die Auferstehung und das Leben. Wer an mich glaubt, der wird leben, auch wenn er stirbt; und wer da lebt und glaubt an mich, der wird nimmermehr sterben.« (Joh 11,23 und 25–26) Aufgrund dieser endgültigen Auferstehung betrachten die Verfasser des Neuen Testaments Jesus als den »Erstgeborenen von den Toten« (Kol 1,18), als den, durch den alle Menschen auferstehen werden; die einen, um in der Freude des Himmelreichs zu leben, die anderen in den Qualen der Hölle. Allerdings ist die ewige Verdammnis in den Schriften des Neuen Testaments nicht klar definiert, denn die einen Texte lassen vermuten, für eine einzige Sünde drohe ewige Strafe (die Lästerung gegen den Heiligen Geist, Lk 12,10), die anderen versprechen, Gottes Vergebung sei immer stärker als jede Sünde, die ein Mensch begangen hat. Folgt man den Worten, die die Evangelisten Jesus zuschreiben, so winkt das ewige Leben denen, die sich auf Christus stützen und ihren Glauben auf ihn legen, aber auch viel allgemeiner allen

Männern und Frauen guten Willens, die ihren Nächsten geliebt haben (Mt 25, 31–46).

Natürlich gibt es Unterschiede darin, wie der Buddha, Jesus und Sokrates die Bestimmung des Menschen nach dem Tod einschätzen, doch abgesehen davon stimmen ihre Lehren immerhin darin überein, dass unsere gegenwärtigen Taten sich auf ein künftiges Leben auswirken. Eine solche Ansicht kann bedeutende Rückwirkungen darauf haben, wie wir unser Leben betrachten, wie unsere ethischen Entscheidungen ausfallen, wie wir uns selbst wahrnehmen. Außerhalb des Glaubens können wir keinerlei rationale Gewissheit über die Existenz eines Jenseits oder von unsichtbaren Welten erlangen. Doch, das sagt Sokrates schon lange vor der berühmten Pascal'schen Wette, wir haben nichts zu verlieren, wenn wir gemäß einer solchen Überzeugung leben. Es sei denn, sie würde unser diesseitiges Leben lähmen, es in der Angst oder im Fatalismus einsperren und es tödlich machen. So aber lebten unsere drei Weisen ganz gewiss nicht.

12 Suche die Wahrheit

»Was ist Wahrheit?«, fragt Pilatus Jesus. Diese Frage klingt in unseren Ohren deshalb so berechtigt, weil wir wie Pilatus nicht selten überzeugt sind, dass ihre Beantwortung unmöglich ist. Andererseits formuliert André Comte-Sponville genauso treffend: »Dass diese Frage vom Befehlshaber einer Besatzungsarmee gestellt wurde – und das kurz bevor er sich die Hände wusch, während ein Unschuldiger gekreuzigt wurde –, sollte uns zu mehr Wachsamkeit mahnen. Wenn es keine Wahrheit gibt, oder wenn man sie überhaupt nicht bestimmen kann, was unterscheidet dann noch einen Schuldigen von einem Unschuldigen, einen Prozess von einem Maskenspiel, und einen Gerechten von einem Gauner?« [34]

Die Wahrheitssuche ist tatsächlich eine der grundlegenden Elemente in der Lehre des Sokrates, Jesu und des Buddha. Für sie alle ist es absolut notwendig, das Wahre vom Falschen zu unterscheiden, das Gute vom Bösen, das Gerechte vom Ungerechten. Kein Leben kann gut gelebt werden, wenn zunächst nicht diese Unterscheidung getroffen wurde. Und die Suche beschränkt sich nicht auf die nach einer sachlichen, fallbezogenen Wahrheit, sondern es geht auch um eine universelle Wahrheit, die für jeden Einzelnen gültig ist. Möglich wird eine solche Suche für Sokrates, weil er davon überzeugt ist, dass alle Menschen über dieselbe menschliche Vernunft verfügen. Auch der Buddha glaubt an die Universalität des Geistes: Was er durch Innenschau erkannt hat, kann jeder für sich auch erkennen. Und Jesus behauptet, es gebe eine absolute Wahrheit, aus der andere universelle Wahrheiten hervorgehen: Gott.

Sokratisches Urteilsvermögen und Mäeutik

Überall in seinen Dialogen wiederholt Sokrates, es finde sich »nicht die geringste Spur von Weisheit« in ihm (Platon, *Apologie* 21b), obwohl ihn Apoll über das Delphische Orakel zum Weisesten aller Menschen ernannt habe. Genauso gern betont er, er verfüge über kein Wissen: »Ich weiß, daß ich nichts weiß.« Bei all dieser vorgeblichen intellektuellen Schwäche ist sein Ehrgeiz freilich groß: Er sucht nach der Wahrheit, die man über das Wissen erlangen kann. Nicht über die Kenntnis physikalischer oder mathematischer Gesetze oder über Wissen in metaphysischen Fragen, die über die Fähigkeiten der Vernunft hinausgehen, sondern nur über die einzige Kenntnis, die seines Erachtens von Wert ist: die des Menschen. Noch genauer würde ich gar sagen: die des menschlichen Verhaltens, also der Moral. Das »Wahre« im Gegensatz zum Falschen, das »Gute« im Gegensatz zum Bösen gilt nämlich bei ihm als universale Wahrheit. Eine Wahrheit, die sich von selbst aufzwingt, die keine Obrigkeit, keine Mehrheit erschüttern kann: »Die Wahrheit wird niemals widerlegt«, fährt er im *Gorgias* den Polos an, den er dazu herausgefordert hatte, nach ihrem Gespräch über die Gerechtigkeit seinen Standpunkt zu widerlegen (Platon, *Gorgias* 473b). Denn was wahr ist, lässt sich beweisen: Wahrheit ergibt sich aus dem

Gebrauch der Vernunft, aus einer rationalen Gewissheit, die aufkommt, wenn der Einzelne bereit ist, sich in sein tiefstes Wesen zu versenken, »sich selbst zu erkennen«, die sich über alle seine Vorbehalte hinwegsetzt, über Emotionen, Ängste, Leidenschaften, über alles also, was ihn ablenkt und in die Irre führt. So aber hat er Zugriff auf das »Wahre«: wahre Gerechtigkeit, wahre Schönheit, wahre Güte, wahre Tapferkeit. Das alles sind hochkomplexe und zugleich ganz einfache Begriffe, weil sie in sich rein bleiben, so schwierig sie auch zu definieren sind. So wiederholt sich denn in den sokratischen Dialogen mehrfach die Episode aus dem *Laches,* wo Sokrates, Nikias und Laches vergeblich nach einer treffenden Definition der Tapferkeit suchen. Mithilfe seines einen Gesprächspartners kann Sokrates schließlich immerhin sagen, was Tapferkeit nicht ist, indem er die geläufigen Definitionen widerlegt (Furchtlosigkeit, Wagemut ...); doch er wird eingestehen: »Also haben wir den Begriff der Tapferkeit nicht gefunden.« (Platon, *Laches* 199e)

Wie also erkennt man das »Wahre«? Wie soll man »das vielerlei einzelne Wissen in *einer* Wesensbestimmung (...) bezeichnen« (Platon, *Theaitetos* 148d)? Sokrates zufolge liegt die Wahrheit, die Kenntnis vom wahren Wesen der Dinge und unser selbst, tief in uns selbst verborgen. »Das Gleiche an sich, das Schöne an sich, jedes wahrhaft Wirkliche, kurz das Seiende«, so zählt er im *Phaidon* auf, »muß sich immer gleich und unverändert bleiben« (Platon, *Phaidon* 78d); es ist lange vor unserer Geburt in uns eingeschrieben, doch eben bei der Geburt vergessen wir es. Sokrates fordert uns gewissermaßen nicht auf, es zu entdecken, sondern es wiederzuentdecken, weil »unser Lernen eigentlich nichts anderes sei als Wiedererinnerung« (Platon, *Phaidon*

72e) – Erinnerung an einen Aufenthalt der Seele in einer höheren Welt, bevor sie in einem irdischen Körper geboren wurde. Es besteht kein Zweifel an einem »Dasein vor unserer Geburt«: »wo nicht, so wäre unsere ganze Untersuchung ein Schlag ins Wasser gewesen« (Platon, *Phaidon* 76e), erklärt er seinen versammelten Schülern, kurz bevor er den Schierlingsbecher trinkt. Und dieses Wissen, so heißt es auch im *Theaitetos,* liegt in jedermann als Keim verborgen, der mit der nötigen Hilfe jederzeit sprießen kann. So machen die jungen Leute, die »anfänglich zum Teil völlig unwissend« erscheinen, im Laufe des Gesprächs mit ihm »wunderbare Fortschritte«, wenn »Gott es vergönnt«. Andere dagegen brachten, »was in ihrer Seele zurückgeblieben war, infolge schlechten Umganges als Fehlgeburt an den Tag« und ließen »das durch meine Kunst glücklich an den Tag Gebrachte durch schlechte Pflege verkommen (...), indem sie Trug und Schein höher hielten als die Wahrheit«. (Platon, *Theaitetos* 150d–e) Genau deswegen übrigens hatte er mit den Sophisten gebrochen, diesen Rhetoriklehrern, die ihren Schülern beibrachten, mit gleicher Überzeugungskraft und Leidenschaft eine These und ihr genaues Gegenteil vertreten zu können. Diese Redekunst hatte in der athenischen Demokratie sicheren Erfolg eingefahren, denn dort hatte zu Lebzeiten des Sokrates die Rhetorik einen Stellenwert erlangt, der auch Demagogie nicht scheute. Sokrates aber sagt diesem Relativismus den Kampf an, und zwar nicht nur wegen seiner Unsinnigkeit, sondern vor allem, weil er der Seele schadet. Würde man nämlich jede Wahrheit als relativ betrachten, so hieße das, man verzichtete auf das, was seines Erachtens das Ziel jeder philosophischen Suche darstellt, nämlich gerade die Suche nach der Wahrheit.

Wenn Sokrates seine Gesprächspartner mit seinen Fragen bombardiert, um die Wahrheit zu erlangen, hält er sie zum Philosophieren an, also dazu, ihre Urteilsfähigkeit zu schulen. Das nämlich hält er für den einzigen Weg zum Wissen. Und wenn er den Mann auf der Straße befragt, den Handwerker, den Feldherrn oder den Redner, übt er sich mit ihnen in der Mäeutik. Was aber gebären sie da? Sich selbst. Und noch über sich selbst hinaus ihr tiefstes Sein, ihr Wesen jenseits der Individualität. Über den Einzelnen will er Zugang zur Menschlichkeit des Menschen erlangen, zu dem, was die menschliche Natur ausmacht: »Darum (…) suche ich (…) zu erforschen, (…) ob ich ein Ungetüm bin, abenteuerlicher zusammengeschlungen und fürchterlicher aufgebläht als Typhon, oder ein sanfteres und einfältigeres Geschöpf, das von Natur ohne Aufblähung an göttlichem Lose in gewisser Weise Anteil hat.« (Platon, *Phaidros* 230a) Universal ist nämlich das Wahre an erster Stelle deshalb, weil die menschliche Natur einen Anteil des Göttlichen in sich trägt und daher selbst universal ist. Die Menschen aber sind Gefangene des Sichtbaren und können daher die Wahrheit nicht von vornherein erkennen. Erkennbar ist von ihr zunächst nur ein verformtes Schattenbild.

Zur Veranschaulichung der sokratischen Wahrheitssuche greift Platon auf das berühmte »Höhlengleichnis« zurück. [35] Demnach sind die Menschen von Geburt an in einer Höhle angekettet, und zwar so, dass sie weder ihren Eingang sehen können, von dem her das Licht hereinfällt, noch das Licht bringende Feuer hinter einer Mauer »ähnlich der Schranke, die die Puppenspieler vor den Zuschauern errichten, um über sie weg ihre Kunststücke zu zeigen« (Platon, *Der Staat* 514b). Hinter dieser Mauer gehen

Gestalten vorbei, die manchmal sprechen und Statuen vorbeitragen, deren Schatten auf der gegenüberliegenden Höhlenmauer die Gefangenen sehen können – genauso übrigens wie ihre eigenen Schatten und die ihrer Gefährten. Da sie nie etwas anderes gesehen haben, sind all diese Schatten, ihre eigenen und die der künstlichen Gegenstände, für sie die Wirklichkeit. Platon nimmt nun an, einer dieser Gefangenen werde eines Tages »aus den Fesseln befreit«, kann nunmehr zum Licht sehen und seine Unwissenheit ablegen (Platon, *Der Staat* 515c). Das Licht aber, das er zum ersten Mal sieht, blendet ihn so stark, dass er nicht imstande ist, jene Dinge zu erkennen, deren Schatten er vorher sah.

»Was, glaubst du wohl, würde er sagen, wenn man ihm versicherte, er hätte damals lauter Nichtigkeiten gesehen, jetzt aber sei er dem Seienden näher gerückt und auf Dinge hingewandt, denen mehr Sein zukäme, und sehe deshalb richtiger? Wenn man zudem noch ihn auf jedes der vorüberziehenden Dinge hinwiese und ihn nötigte, auf die Frage zu antworten, was es sei?« (Platon, *Der Staat* 515d) Es ist klar, dass es diesem Gefangenen schwerfällt, diese realen Gegenstände als »wirklich« zu bezeichnen und die Schatten, die er immer kannte, als »falsch«. Das helle Sonnenlicht bereitet ihm gar Schmerzen. Erst ganz allmählich können sich seine Augen an das Licht gewöhnen und die Dinge betrachten, wie sie wirklich sind. Er sieht die Sonne, begreift, dass sie Jahreszeiten und den Jahreslauf bestimmt und »die Urheberin all jener Erscheinungen ist, die sie vordem schauten«. (Platon, *Der Staat* 516c) Jetzt bemitleidet er die anderen, die in ihrer Höhle denen Ehrungen und Auszeichnungen verleihen, die die Schatten am schnellsten erkennen oder voraussagen können, welcher als Nächstes vorbeiziehen wird; für sich selbst aber »wird er (...) das harte Los wählen, viel lieber ›einem anderen, einem unbegüterten Manne um Lohn dienen zu wollen‹, und lieber alles andere über sich ergehen lassen, als im Banne jener Trugmeinungen zu stehen und ein Leben jener Art zu führen«. (Platon, *Der Staat* 516d)

Und wenn er in seine Höhle zurückkehren und sein Gefangenenleben wieder aufnehmen muss? Noch geblendet von dem hellen Licht, kann er sich an die Dunkelheit nur schwer gewöhnen. Seine Gefährten machen sich über ihn und seine Ungeschicklichkeit lustig. Rundheraus lehnen sie es ab, dieselbe Erfahrung zu machen wie er. »Und wenn sie den, der es etwa versuchte, sie zu entfesseln und hinaufzuführen, irgendwie in ihre Hand bekommen und umbringen könnten, so würden sie ihn (...) auch umbringen.« (Platon, *Der Staat* 517a) Wurde Sokrates, dessen Rede Platon hier wiedergibt, nicht wirklich deshalb zum Tode verurteilt, weil er versucht hatte, seine Mitbürger von den Fesseln der Unwissenheit zu befreien? Ganz offensichtlich steht das Licht im Höhlengleichnis für nichts anderes als die Wahrheit, nach der Sokrates sucht, und der, der zurückkehrt, um ihre Existenz zu bezeugen, ist niemand anderes als die Gestalt des Philosophen als Führer, der diesen steinigen Weg bereits hinter sich gebracht hat und die Menschen ihrer Dunkelheit entreißen kann.

Denn der gewöhnliche Sterbliche kann sich fast unmöglich an das erinnern, was er vor seiner Geburt bereits wusste, obwohl es weiterhin in ihm vergraben liegt, »ohne je irgendeinen Wechsel zuzulassen« (Platon, *Phaidon* 78d). Nur ein Gespräch mit einem guten Lehrer leitet ihn auf diesen Weg, bis er die Wahrheit an sich gebiert: Genau das ist das Prinzip der Mäeutik, die wir schon mehrmals erwähnt haben. »Es müssen zwei sein, um gemeinsam zu suchen und miteinander zu sehen, ob diese ausgetauschte Rede und die entsprechenden Antworten der beiden Sucher nicht zum Ziele führen wollen. Die einzige Bedingung für den einen wie für den andern ist, an die Kraft des Gesprächs und der Begründung zu glauben«, [36] betont zu Recht André-Jean Festugière. Die Schüler des Sokrates waren sich dessen absolut bewusst. Und damit erklärt sich auch ihre Verzweiflung, als sie ihren Lehrer auf seinem Todesbett liegen sehen, auf dem er wenige Stunden später sterben wird: »Wo nun sollen wir denn einen guten Beschwörer für dergleichen finden, da du uns verläßt?« Und da kommt Sokrates' unvergessliche Antwort, die wir uns noch heute zu Herzen nehmen können: »Groß ist Hellas, mein Kebes, und es finden sich da manche trefflichen Männer, groß aber auch die Zahl der Barbarenvölker; ihr müßt sie alle durchforschen, um einen solchen Beschwörer zu finden, und dürft dabei weder Geld noch Mühe sparen. Suchen müßt ihr aber auch selbst in Gemeinschaft miteinander; denn vielleicht könnt ihr nicht leicht Leute finden, die sich besser darauf verstehen als ihr selbst.« (Platon, *Phaidon* 78a)

Die »vier edlen Wahrheiten« und die buddhistische Meditation

Beim Verlassen des elterlichen Palasts ist Siddhartha auf der Suche nach einer Wahrheit jenseits der Äußerlichkeiten, die er als bloße Täuschungen erkannt hat. Wie Sokrates tastet er sich schrittweise voran. Der eine begibt sich zu denen, die in Athen als weise gelten, und wird schon bald ihre mangelnde Weisheit feststellen. Der andere hält sich nacheinander bei mehreren der angesehensten Asketen auf, wird sich aber bewusst, wie sinnleer ihre extremen Kasteiungen sind. Beide spüren jedoch intuitiv – ich meine gar, sie sind innig davon überzeugt –, dass es eine universelle Wahrheit gibt, die für alle Wesen gilt und, das vor allem, für alle zugänglich ist. Beide gehen voll in ihrer Suche auf. Doch wo Sokrates vor allem das Instrument der Vernunft vorn anstellt und die Innenschau nur ergänzend hinzunimmt, hat beim Buddha die innere Erfahrung allein den Vorzug: Es geht hier nicht darum, die Wahrheit intellektuell zu erfassen, sie durch vernünftige Überlegung aufzuspüren, sondern darum, sie aus seiner inneren Erfahrung heraus abzuleiten. Übrigens betrachtet er den Weg des Intellekts und der reinen Spekulation mit einer gewissen Skepsis. In einer seiner berühmten Predigten, dem Sutra *Brahma Jala*, wendet er sich in sehr harten Worten gegen die, die sich in der Theorie festbeißen und die Erfahrung hintanstellen, und bezeichnet sie als Asketen, die »durch eine derartige gemeine Wissenschaft auf unrechte Weise ihren Unterhalt erwerben«. (*Brahma Jala* 2, 3) Wenn es überhaupt eine Antwort auf das Rätsel des Lebens gibt, so kann es dem Buddha zufolge nur eine konkrete Lösung sein. Ein Weg, über den man aus dem fatalen Kreislauf des *Samsara* erlöst werden kann, aus diesen stetigen Wiedergeburten, zu denen die Menschen verdammt sind. Ein Weg, der zur Erwachung und zur äußersten Erkenntnis der wahren Natur der Dinge führt.

Siddhartha geht von sich selbst aus, um in sich die Mechanismen des Leidens zu erforschen, sie zu zerlegen, sie zu verstehen. Er beobachtet seine Leidenschaften, seine Emotionen, verbringt lange Stunden in der Meditation, analysiert sich dabei wahrscheinlich selbst – obwohl die Schriften das so nicht sagen. Er kümmert sich nicht um die Metaphysik, um ihre für den menschlichen Geist unlösbaren Fragen, sondern widmet all seine Kraft der Suche nach dem, was man als Befreiungs»methode« bezeichnen könnte. Seine Arbeitsweise beschreibt er so: »Wie durch ein schlecht gedecktes Dach / Der Regen in das Haus eindringen wird, / So überfluten die Leidenschaften / Den noch ungepflegten Geist. / Wie durch ein recht gedecktes Dach / Kein Regen in das Haus eindringen wird, / So überfluten keine Leidenschaften / Den wohlgepflegten Geist.« (*Dhammapada* 1, 13–14) Auch stellt er fest: »Wenn bei einem Eifrigen, Meditierenden, Edlen wirklich die Wahrheit entsteht, dann schwinden ihm die Zweifel alle, denn er schaut das Gesetz der Bedingtheit.« (*Vinaya Mahavagga* 1, 3). Er selbst meditiert bis zur Erwachung. Und da überkommt ihn die Wahrheit: Ihm wird klar, dass alles vergänglich ist und dass diese Vergänglichkeit, die die Begierde unterhält, die Hauptursache des Leidens ist. Wir sehen also, wie eng im praktizierten Buddhismus die Arbeit des Loslassens mit der Wahrheitssuche verknüpft ist; wer im Loslassen vorankommt, ja in der Abtrennung vom Selbst, von den Begierden und den Täuschungen, die dem Ich inhärent sind, der kommt auch bei der Wahrheitssuche voran.

Die Lehrrede über die »Vier edlen Wahrheiten«, die er gleich nach seiner Erwachung hält, fasst die Kernpunkte seiner Doktrin zusammen. Später wird er sie weiter ausfeilen und illustrieren; durch den Vortrag vor seinen ersten Hörern setzt er das »Rad des Gesetzes« in Bewegung – auf Sanskrit den *Dharma* –, also die unverrückbare Weltenordnung, aber auch die Lehre des Buddha, die die äußerste Wahrheit der Dinge offenlegt und die Wahrheit des menschlichen Daseins. Bevor wir sie darstellen, sei kurz darauf hingewiesen, dass der Ausdruck »Vier edle Wahrheiten« keine wörtliche Übersetzung aus dem Pali *cattāri ariyasāccani* ist (Sanskrit: *catvāri āryasatyāni*): *ariya,* das Adjektiv »edel«, bezieht sich eigentlich nicht auf die Wahrheiten selbst, sondern auf die Person, die sie empfängt und begreift. Korrekter wäre also die Übersetzung »die vier Weisheiten der Edlen« – gemeint wären damit natürlich die spirituell Edlen.

So beginnt der Erwachte seine berühmteste Lehrrede: »Zwei Extreme sind, ihr Mönche, von Hauslosen nicht zu pflegen. Welche zwei?

Bei den Sinnendingen sich dem Anhaften am Sinnenwohl hingeben, dem niederen, gemeinen, gewöhnlichen, unedlen, heillosen; und sich der Selbstqual hingeben, der schmerzlichen, unedlen, heillosen.

Diese beiden Extreme vermeidend, ist der Vollendete zum mittleren Vorgehen erwacht, das sehend und wissend macht, das zur Beruhigung, zum Überblick, zur Erwachung, zum Nirvāna führt.« Dann nennt er diese Wahrheiten in vier schmucklosen Sätzen, in deren Mittelpunkt der Begriff *Dukkha* steht, das als »Leiden« übersetzt wird und, wie bereits erwähnt, eine ganze Palette psychologischer und philosophischer Schmerzen umfasst. Das Leben ist *Dukkha,* sagt der Buddha. Die Ursache des *Dukkha* ist Durst, also Begehren. Es gibt ein Mittel, um *Dukkha* zu verhindern: den Edlen achtfältigen Pfad. Jede dieser Aussagen verdient ihre eigene Erklärung, um sie in ihren Feinheiten und ihrer Tragweite zu begreifen. Man kann die Analyse des Buddha übrigens als medizinische Metapher lesen, denn wie André Bareau erinnerte, zielt der Buddhismus zuallererst in die therapeutische Richtung.

Das Leben ist Leid: so die erste Feststellung des Buddha. Wie ein Arzt für die menschliche Seele erstellt er seine Diagnose und unterteilt dieses Leid in sieben Kategorien, die jede Lebenserfahrung durchziehen und umfassen: Geburt ist Leiden, Alter ist Leiden, Sterben ist Leiden; vereint sein mit Unliebem ist Leiden, getrennt sein von Liebem ist Leiden; was man verlangt, nicht erlangen, ist Leiden; die fünf Faktoren des Ergreifens sind Leiden. Anders gesagt, alles ist Leid, und es ist illusorisch, im Leben dauerhaftes Glück finden zu wollen. Diese Feststellung soll objektiv und voll bewusst getroffen sein. Keine Spur von existenziellem Pessimismus, sondern der erste Schritt auf dem Weg der Befreiung. Wer dieses Grundprinzip erkennt, geht den ersten Schritt auf dem Pfad der Heilung.

Und so fährt der Buddha in seiner Diagnose fort: Ursache des Leidens ist Begehren, dieser unstillbare Durst nach Sinneslust und dem Leben an sich. Doch sogleich verkündet er auch, dass es ein Heilmittel gegen das Leid gibt: »Es ist ebendieses Durstes restlose Entreizung und Auflösung, von ihm zurücktreten, ihn loslassen, sich von ihm lösen, nicht mehr an ihm haften.« Natürlich bedeutet das nicht das objektive Ende des Alterns, der Krankheit, des Unglücks, des Todes, sondern der Einzelne soll sich lediglich die Fähigkeit aneignen, das alles als äußere Umstände zu betrachten, die nicht mehr Quell emotionaler Gewalt sind. Ziel ist nicht, sie zu leugnen, sondern sich von ihnen zu lösen in einer heilsamen Distanz zu sich selbst.

Schließlich stellt der Buddha das Rezept aus, das dem Menschen endgültige Heilung verschaffen soll, den Weg, der zum Ende des *Dukkha* führt, also zum *Nirwana* – ein »achtfältiger Pfad«, den er so definiert: »nämlich rechte Ansicht (Erkenntnis), rechte Gesinnung, rechte Rede, rechtes

Handeln, rechter Wandel, rechtes Mühen, rechte Achtsamkeit, rechte Einigung«. Mit der Wiederholung des Wortes »recht« definiert der Buddha das, was man das »mittlere Vorgehen« nennt. Die Überlieferung unterteilt diese acht Elemente in drei Disziplinen: ethisches Verhalten, geistige Disziplin und Weisheit. Und zum Abschluss seiner Rede erklärt der Buddha, dass »ich (...) in der unvergleichlichen vollkommenen Erwachung auferwacht war. Und mir ging die Wissensklarheit auf: Unerschütterlich ist meine Gemüterlösung. Dies ist die letzte Geburt. Und nicht mehr gibt es Weitersein.« (Alle Zitate aus *Samyutta Nikaya* 56, 11)

Durch das Wirken des Buddha wurde die Meditation zum bevorzugten Zugang zur Kenntnis der wahren Natur der Dinge und zum *Nirwana.* In einer langen Rede an seine Schüler, dem *Satipatthana*, übersetzbar als »Die Grundlagen der Achtsamkeit«, betont er im Vorwort mit großer Bestimmtheit, wie grundlegend dieser Pfad ist: »Ihr Bhikkhus, dies ist der Pfad, der ausschließlich zur Läuterung der Wesen führt, zur Überwindung von Kummer und Klagen, zum Verschwinden von Schmerz und Trauer, zum Erlangen des wahren Weges, zur Verwirklichung von Nibbāna – nämlich die vier Grundlagen der Achtsamkeit.« (*Majjhima Nikaya* 10) Es sei gleich klargestellt, dass diese Meditation keine intellektuelle Abhandlung über ein Thema oder einen bestimmten Gedanken ist. Auch handelt es sich nicht um eine Entspannungsmethode noch um ein eingeschobenes Stückchen »Leere« in einem aktiven Leben. Folgt man der Beschreibung durch den Buddha, so ist es eher eine Konditionierung des Geistes, eine Möglichkeit, ihn angesichts der äußeren und inneren Störungen zu »beruhigen«. Die Gedanken, die in einem aufkommen, werden nicht verjagt, sondern sie werden aus der Distanz beobachtet, aus einem Zustand geistiger Ruhe heraus *(Samatha),* um über ihre äußere Erscheinung hinauszugehen und so eine direkte tiefe Einsicht *(Vipassana)* in alles Existierende zu erlangen. Es geht darum, zu erfassen oder eher noch tief in sich zu erfahren, dass alle Dinge und alle Gefühle nicht von Dauer sind. Der Buddha selbst nennt das *Bhavana,* wörtlich »Entwicklung« – die Entwicklung eines ruhigen Geistes, der alles Anhaften und die im Geistigen erschaffenen Täuschungen auflöst und damit letztlich zur Befreiung des Wesens führt.

Diese Meditation zu praktizieren ist sehr einfach, stellt aber hohe Anforderungen; sie ist für jeden durchführbar, aber von Schwierigkeiten durchzogen. In den »Sprüchen über die Achtsamkeit«, dem zweiten Kapitel im *Dhammapada,* [37] erteilt der Buddha seinen Schülern Ratschläge, wie sie meditieren sollen, also sich in dem versenken, was er die »volle Achtsamkeit« nennt, diesen »Weg zum Todlosen« (*Dhammapada* 2, 23 und 2, 21). Er erinnert sie, dass sie »unentwegt und mit großer Ausdauer« handeln müssen: »Bemühe dich, sei achtsam, /Handle recht, wohlbedacht, selbstbezähmt«, er trägt ihnen stetes »Bemühen und Achtsamkeit« auf (*Dhammapada* 2, 23–25) und führt außerdem aus: »Verliere dich nicht in Unachtsamkeit, /Und gib nicht dem Verlangen nach. /Lebe achtsam, übe die Vertiefung der Meditation, /Und entdecke so das wahre Glück« (*Dhammapada* 2, 27). Es folgt ein Versprechen: »Der Mönch, der sich der Achtsamkeit erfreut /Und die Gefahren der Unachtsamkeit erkennt, /Er fällt nicht mehr zurück, /Und nahe ist er dem Nirwahn« (*Dhammapada* 2, 32). In einem anderen Kapitel des *Dhammapada,* das dem »Geist« gewidmet ist, ergänzt der Buddha: »Schwer zu zügeln ist der

Geist, /Er wandert nach seinem Belieben. /Es ist gut, ihn zu bewachen, /Und ihn zu zähmen führt zum Glück« (*Dhammapada* 3, 35).

Das oben zitierte Sutra *Satipatthana* beschreibt geradezu technisch präzise die vier Mechanismen, die die Voraussetzung für die tiefe Achtsamkeit des Meditierenden darstellen. Diese vier Mechanismen betreffen vier Bereiche: Körper, Gefühle, Geist und Geistesobjekte. Ohne bei diesem Sutra zu sehr ins Detail zu gehen, ist es doch von Nutzen, es in groben Linien nachzuzeichnen. Im Abschnitt über die Betrachtung des Körpers betont der Buddha zunächst die Bedeutung des Atems. Der Meditierende übt das Ein- und Ausatmen; dann macht er sich sein Ein- und Ausatmen bewusst und betrachtet seine Atmung, spürt sie in seinem Körper. »Auf jene Weise verweilt ein Bhikkhu, indem er den Körper als einen Körper betrachtet.« (*Satipatthana* 1, 1) Dann wird er sich der momentanen Stellung seines Körpers bewusst: »Und er verweilt unabhängig, haftet an nichts in der Welt an.« (*Satipatthana* 1, 2) Die dritte Etappe ist dann die Betrachtung und das klare Verständnis dessen, was ihn direkt umgibt (sein Gewand, seine Almosenschale …). Schließlich betrachtet er »diesen seinen Körper von den Fußsohlen aufwärts und von den Haarspitzen abwärts, wie er, von Haut umhüllt, von vielfältigen unreinen Dingen angefüllt ist« (*Satipatthana* 1, 4); und er wird sich voll bewusst, dass sein Körper »von derselben Natur« ist wie eine Leiche, »die auf ein Leichenfeld geworfen wurde«, und dass er »diesem Schicksal nicht entgehen« wird (*Satipatthana* 1, 6). Dieselbe Abfolge bewusster Achtsamkeit gilt den Gefühlen: Es geht, so unterstreicht der Buddha, nicht darum, die angenehmen Gefühle anzunehmen und die unangenehmen zu verdrängen, sondern einfach darum, sie sich bewusst zu machen, sie »sowohl innerlich als auch äußerlich« zu betrachten (*Satipatthana* 2). Auch die Betrachtung des Geistes läuft genauso ab, also der Begierde, des Hasses, der Verblendung, der Ablenkung: Wenn ein Mönch meditiert, »indem er die Ursprungs- und Auflösungsfaktoren im Geist betrachtet«, so »verweilt (er) unabhängig, haftet an nichts in der Welt an« (*Satipatthana* 3). Der letzte Schritt besteht in der Betrachtung der Geistobjekte: Sinnesbegierde, Übelwollen, Trägheit und Mattheit, Gewissensunruhe und Zweifel (die fünf Hindernisse) sowie Formen, Gefühle, Gerüche, Geschmäcker, Klänge. Am Ende dieses Weges kann der Meditierende, so verspricht das Sutra, endlich die vier edlen Wahrheiten erfassen. Und dieser Weg kann je nach Veranlagung und Motivation des Einzelnen ein paar Jahre in Anspruch nehmen oder ein ganzes Leben … beziehungsweise mehrere!

Jesus: die Wahrheit offenbaren und bezeugen

»Ich bin dazu geboren und in die Welt gekommen, daß ich die Wahrheit bezeugen soll. Wer aus der Wahrheit ist, der hört meine Stimme« (Joh 18,37), erklärt also Jesus vor dem römischen Prokurator Pontius Pilatus, der ihn gleich zum Tode verurteilen wird. Wie der Buddha und Sokrates ist auch Jesus überzeugt, dass es im Gegensatz zu einer Welt der Täuschungen eine letzte Wahrheit gibt, eine Wahrheit, die jeder Einzelne erfassen kann, wenn er sich nur zu ihr auf den Weg macht. Doch anders als Sokrates behauptet Jesus nicht, diese Wahrheit durch Überlegung entdeckt zu haben, und er will sie auch nicht durch rationale Lehre weitervermitteln. Und anders als der Buddha behauptet er nicht, diese Wahrheit durch langwierige Innenschau entdeckt zu haben, und geht nicht davon aus, dass sie über Meditationstechniken zu erlangen ist. Darin unterscheidet sich sein Vorgehen radikal von dem der beiden anderen Lehrer. Jesus behauptet von sich, er trage die Mission der Offenbarung. Insofern ist sein Rückgriff auf die Wahrheit völlig anders geartet. Er kommt, um die letzte Wahrheit – nämlich Gott – zu offenbaren, weil er von Gott kommt und von ihm in die Welt gesandt wurde. Jesus legt weder eine rationale Gotteserkenntnis vor noch philosophische Beweise seiner Existenz. Er »offenbart« ihn, er bezeugt ihn durch seine eigene Gegenwart. »Niemand hat Gott je gesehen«, so beschließt Johannes das Vorwort zu seinem Evangelium; »der Eingeborene, der Gott ist und in des Vaters Schoß ist, der hat ihn uns verkündigt«. (Joh 1,18) Als seine Zuhörer sich wundern, wie kenntnisreich und selbstgewiss er predigt, obwohl er kein Studium durchlaufen hat, erwidert Jesus: »Meine Lehre ist nicht von mir, sondern von dem, der mich gesandt hat.« (Joh 7,16) Immer präsentiert er sich als »Gesandten« Gottes, der gekommen ist, um die Menschen zu lehren, wer er wirklich ist, sein »eingeborener Sohn«, der Christus, der Messias. Und das ganze vierte Evangelium ist von dieser Erklärung durchzogen: »Es ist ein Wahrhaftiger, der mich gesandt hat, den ihr nicht kennt. Ich aber kenne ihn; denn ich bin von ihm, und er hat mich gesandt.« (Joh 7,28–29) Jesus ist also gekommen, um die letzte Wahrheit zu verkünden. Und diese Offenbarung hat zwei Facetten: Lehre und Unterricht sowie sein eigenes Zeugnis. Einerseits »sagt« er die Wahrheit und offenbart Gott, und ebenso sehr »bezeugt« er diese

Wahrheit, die er verkündet, durch sein Leben und sein Wirken.

Wie lautet nun die letzte Wahrheit, die Jesus offenbaren will? Sie lässt sich in drei Worte fassen: Gott ist Liebe. Nach zweitausend Jahren christlicher Kultur mag uns diese Aussage banal erscheinen. Zur Zeit Jesu aber war sie revolutionär. Nicht weil Gottes Liebe und Barmherzigkeit im Alten Testament nicht vorkommen; doch Jesus macht die Liebe Gottes nicht zu einer Eigenschaft unter anderen – neben der Einzigartigkeit, der Gerechtigkeit, der Macht und der Allwissenheit: sie ist geradezu der Eigenname Gottes, seine »Essenz«, könnte man sagen. Demnach muss alles am Maßstab dieser Liebe ermessen, beurteilt und erkannt werden. Deswegen beginnt Jesus seine Predigt mit einer harschen – um nicht zu sagen vernichtenden – Kritik der Rechtsgelehrten. Die Wahrheit, sagt er, liegt nicht im Buchstaben des Gesetzes, im unantastbaren Befolgen von Reinheitsregeln oder Sabbatgeboten. Übrigens überschreitet er sie selbst, wenn ihm das notwendig scheint, obwohl er praktizierender Jude im traditionellen Gewand bleibt (Mk 6,56), in die Synagoge geht, um dort zum Volk zu sprechen, und zu Passah den Tempel aufsucht. Im Legalismus prangert er absurde, sterile Rigidität an: Wozu die mechanische Anwendung von Regeln, die die Alten erlassen haben, wenn dabei die wesentliche Dimension, nämlich die *Agape* oder Liebe Gottes, vernachlässigt oder vergessen wird? Gesetz ohne Liebe führt zu nichts, denn ursprünglich wurde dieses Gesetz ja nur als Erziehung zur Liebe erlassen. Jesus bemüht sich also, dem göttlichen, von Moses überbrachten Gesetz seinen wahren Sinn zurückzugeben, und kritisiert ein allzu enges Verständnis davon, das die

Gelehrten herausgeformt haben. So verkündet er das Neue Gebot, das der Nächstenliebe, und weist zum Beispiel das traditionelle »Auge um Auge, Zahn um Zahn« (2. Mose 21, 24) zurück; stattdessen predigt er noch die Liebe zu unseren Feinden oder zu denen, die uns Böses angetan haben (Mt 5,38–40).

Wer die Evangelien liest, ist von den Worten Jesu genauso berührt wie von seinen Taten, die wie ein lebendiges Zeugnis seiner Lehre wirken. So erinnert seine Mahnung »Richtet nicht« (Mt 7,1) an die Begebenheit mit der Frau, die beim Ehebruch ertappt worden war, weshalb das Volk sie dem Gesetz gemäß steinigen will. Statt sie zu verurteilen, erklärt Jesus nach einem langen Schweigen: »Wer unter euch ohne Sünde ist, der werfe den ersten Stein auf sie.« (Joh 8,7)

Anders als Sokrates und Buddha stellt Jesus sich selbst ins Zentrum der Wahrheit: Wo seine beiden Vorgänger nur einen Weg aufzeigen, stellt Jesus sich selbst als diesen Weg vor. Er wurde von Gott gesandt, und sein Auftrag ist die Rettung der Menschen: »Denn also hat Gott die Welt geliebt, daß er seinen eingeborenen Sohn gab, damit alle, die an ihn glauben, nicht verloren werden, sondern das ewige Leben haben.« (Joh 3,16) Wo der Buddha als Lehrer der Weisheit seine eigene Person hinter seine Erfahrung und seine Lehre zurücktreten lässt, wo er mehrmals erklärt: »Seid eure eigene Zuflucht. Sucht Zuflucht in euch selbst, nirgends sonst« (*Mahaparinirvana Sutra* 2, 33), da fordert Jesus absolute Nachfolge, totalen Glauben an seine Person. Der Überbringer verschmilzt mit der Botschaft, er ist selbst ihr innerster Kern: »Ich bin der Weg und die Wahrheit und das Leben; niemand kommt zum Vater denn durch mich.« (Joh 14,6) Und als er am Abend vor seinem Tod vor seinen Jüngern von seinem Abschied aus dieser Welt spricht, verkündet er ihnen, er werde seinen Geist senden, der sie weiter erleuchten und unterrichten soll: »Der Geist der Wahrheit (...) wird euch in alle Wahrheit leiten« (Joh 16,13).

Was also bedeutet für Jesus »Wahrheitssuche«? Relativ gesehen, heißt es, sich darum zu bemühen, Wahr und Falsch zu unterscheiden. Absolut gesehen, heißt es, ihm zu begegnen und über ihn den Gott der Liebe zu erfahren.

13 Gehe in dich selbst und werde frei

Die Wahrheitssuche führt zur wahren Freiheit: Freiheit des Einzelnen, der sich von der Tradition emanzipiert, von der Obrigkeit oder den vorherrschenden Meinungen der Gesellschaft; auch und vor allem aber die innere Freiheit des Menschen, der dank dieser Wahrheit lernt, sich selbst zu kennen und zu beherrschen.

Befreiung des Einzelnen

Jeder auf seine Weise suchten Sokrates, Jesus und der Buddha den Einzelnen gegenüber der Gruppe zu emanzipieren. Man muss sich klarmachen, was dieser Lehrsatz bedeutete, der uns heute so selbstverständlich erscheinen mag: Vergessen wir nicht, dass alle drei in einer traditionellen Welt lebten, in der jeder Einzelne der Gruppe unterworfen war. Sein persönlicher Besitz zählte weniger als der der Kollektivität, der er angehörte, und es war ganz undenkbar, dass ein Einzelner die Autorität der Tradition infrage stellte. Noch heute übrigens gilt dies für die sogenannten traditionellen Gesellschaften. Die Autonomie des Einzelnen gegenüber der Gruppe, eines der bestimmenden Merkmale der westlichen Gesellschaften, ist langfristig auf Sokrates und Jesus zurückzuführen. Freilich wurde diese

Autonomie, die so tief in der Kultur verankert ist, erst im Jahrhundert der Aufklärung ins Gesetz aufgenommen.

Wie wir sehen werden, beschwor auch Buddha die Entscheidungsfreiheit des Einzelnen und versuchte, ihn der Macht des Kollektivs zu entziehen. Allerdings erreichte er mit seinen Bemühungen langfristig in Asien nicht dasselbe wie Sokrates und Jesus im Westen. Zwar breitete seine Lehre sich sehr weitläufig aus, doch das Gefühl der Gruppenzugehörigkeit blieb vorrangig. Dennoch bot er einen Weg der individuellen Befreiung an und leistete damit einen entscheidenden Beitrag dazu, dass jeder Einzelne sich der Notwendigkeit eines persönlichen Heilsstrebens bewusst wurde.

Es war ein spektakulärer Schritt – er verließ den prächtigen Palast seines Vaters, womit er zugleich die Vorrechte seines Standes ablegte, um sich den bettelnden Waldasketen anzuschließen –, mit dem Buddha seine Emanzipation von der väterlichen Autorität besiegelte. Damit macht er deutlich, dass es für einen Menschen nichts Wichtigeres gibt, als sich für seinen eigenen Weg zu entscheiden. Zu dieser Freiheit lädt er alle ein, die an ihn herantreten; er lässt sie selbst entscheiden, ob sie ihm als Laien folgen wollen oder – unter sehr viel höheren Anforderungen – als Mönche. Auch die »Methode« zur Erlangung der Erwachung kann ja nur das Individuum durchlaufen: Die Erwachung erfährt man nicht durch blinde Befolgung religiöser Riten oder durch Opfergaben an die Götter, sondern über einen »achtfachen Pfad«, dessen acht Elemente sich zusammenfassen lassen mit der Befolgung einer rechten Sittlichkeit *(Sila)*, einer rechten Meditation *(Samadhi)*, einer rechten Weisheit *(Panna)*.

Eine Anekdote aus dem Leben des Buddha verbildlicht dieses Unterfangen. Eines Tages sieht der Buddha, seine Almosenschale in der Hand, einen jungen Mann ein seltsames Ritual ausführen: Ganz mit Wasser benetzt, verneigt er sich nacheinander in die sechs Richtungen – die vier Himmelsgegenden, Himmel und Erde. Der Buddha fragt ihn, was dieses Ritual bedeute. Singala (so der Name des jungen Mannes) erklärt, sein Vater habe vor seinem Tod gerade noch Zeit gehabt, ihm nahezulegen, dieses Ritual jeden Morgen durchzuführen. »Du hast recht, die Empfehlung deines Vaters zu befolgen, doch vielleicht hatte er vor seinem Tod keine Zeit mehr, es dir ganz zu erklären«, sagt der Buddha und erteilt ihm darauf hin das *Singālaka Sutta* oder *Ermahnung des Singala*, seine längste Predigt zur Sittlichkeit der Laien. Er beginnt mit dem Hinweis, die sechs Himmelsgegenden müssten nach dem Geist des Edlen Pfades verehrt werden. Und der Buddha erklärt Singala, an welche Regeln sich jeder zu halten hat, um sich in diesem Leben zu vollenden, welche Laster ausgemerzt werden müssen, etwa Verbrechen und Lüge, wie man sich gegen seine Eltern, seine Lehrer oder seine Freunde zu verhalten hat. Besonders zeigt er die vier Ursachen auf, die einen zu schlechten Handlungen treiben: Willkür, Hass, Verblendung und Angst. Damit gibt er Singala zu verstehen, dass wahre Spiritualität nicht im Befolgen von überkommenen Riten besteht, sondern darin, sich selbst zu verändern.

Genau dieselbe Richtung geht und predigt auch Sokrates. Zwar legt er seinen Schülern nie nahe, die religiösen Riten und besonders die der Polis zu vernachlässigen, doch wieder und wieder erklärt er ihnen, das Wichtigste für jeden

Einzelnen sei es, Tugend zu erlangen und moralisch gut zu werden. Wie der Buddha betont er damit die geistigen Übungen, die jeder durchexerzieren muss, um seine Seele zu läutern. Den Richtern, die ihn wegen Gottlosigkeit zum Tode verurteilen wollen, ruft er ins Gedächtnis: »Ich wandte mich persönlich jedem Einzelnen zu, um ihm die meiner Meinung nach größte Wohltat zu erweisen; ich bemühte mich nämlich, einem jeden von euch die Überzeugung beizubringen, daß er unrecht täte, sich eher um sein Hab und Gut zu bekümmern als um sich selber und um die möglichste Förderung seiner sittlichen und geistigen Bildung.« (Platon, *Apologie* 36c) Besser lässt sich die existenzielle Vorgehensweise, die im Zentrum der sokratischen Lehre steht, nicht zusammenfassen: Sokrates richtet sich an jeden Einzelnen, und er setzt auf jeden Einzelnen, denn jeder kann sich vollenden, kann tugendhaft und weise werden. Denn für ihn ist der Weg der Tugend und der Weisheit, das haben wir eben gesehen, der der Erkenntnis. Sokrates ist sich sicher: Ein aufgeklärter Mensch, der »sich selbst erkennt«, kann nicht das Böse wählen. Und diese heilsame Erkenntnis verdankt er der Vernunft: »Denn nicht erst jetzt, sondern immer schon habe ich es so gehalten, daß ich keiner anderen Stimme meines Innern folge als der, die mir bei eingehender Erwägung als die beste erscheint«, lässt er Kriton abblitzen, der ihm in seinem Gefängnis einen Fluchtplan vorlegt (Platon, *Kriton* 46b). André-Jean Festugière zufolge ist Sokrates der Vater der Selbstbestimmung. »Von Sokrates an erkennt der Weise es als seine erste Pflicht, sich selbst Gesetz zu sein und nur nach der Vernunft zu handeln. Der Weise genügt sich selbst. Bevor er Bürger ist, ist er Mensch.« [38]

Die Freiheit, die Sokrates anbietet, ist bei alledem ein

steiler, ein anspruchsvoller Weg. Gemessen an den ach so beruhigenden Gewissheiten, die das Gesetz und die Moral der Gruppe bieten, hat er keine »fertigen« Gewissheiten zu bieten, sondern begründet vielmehr etwas, das ich als »Schule des Zweifels« bezeichnen würde. Mit seinen Fragen erschüttert er die bestehenden Gewissheiten. Mit seiner Ironie schafft er es, die, die zu wissen meinen, zu überführen, dass sie in Wirklichkeit nichts wissen. Doch zugleich zeigt er ihnen, dass tief in ihnen die Mittel der Erkenntnis ruhen; und um Zugang zu diesem verborgenen Wissen zu erlangen, müssen sie sich sich selbst zuwenden.

Jesus ruft seine Schüler zu derselben Umkehr auf: »Das Reich Gottes ist inwendig in euch«, predigt er (Lk 17,21). [39] Er fordert sie auf, in sich zu gehen, Gott und die Wahrheit tief im eigenen Herzen und Gewissen zu suchen und nicht einfach in der Befolgung des Ritus. Genau diese Botschaft vermittelt Jesus der samaritischen Frau auf ihre Frage, ob man Gott auf dem Berg in Samarien anbeten soll wie die Samariter oder im Jerusalemer Tempel wie die Juden. Er erwidert ihr: »Glaube mir, Frau, es kommt die Zeit, daß ihr weder auf diesem Berge noch in Jerusalem den Vater anbeten werdet (…), (sondern) im Geist und in der Wahrheit (…). Gott ist Geist, und die ihn anbeten, die müssen ihn im Geist und in der Wahrheit anbeten.« (Joh 4,21–24) In einer früheren Veröffentlichung [40] habe ich ausführlich dargelegt, wie skandalös ein solches Wort damals im Munde eines Mannes war, der als fromm galt. In einer Welt, in der die Überzeugung herrscht, dass Heil nur durch die getreue Befolgung des Kults und durch den Respekt der Tradition erlangt werden kann, kann man diese Aussage gar als revolutionär bezeichnen. Jesus leugnet zwar nicht die Bedeutung des kollektiven Rituals, relativiert es aber und zeigt, dass das Wesentliche an anderer Stelle liegt. Er verweist jeden Einzelnen auf seine Innerlichkeit: Der wahre Tempel ist das Innerste des Menschen, sein Herz und sein Geist, in dem er Gott begegnet. Und nur wenn er auf die innere Stimme seines von Gottes Geist erhellten Gewissens hört, wird er wahr, gerecht und gut handeln können.

Aus diesem Grund möchte auch Jesus das Individuum von der Gruppe emanzipieren. In einem Umfeld, in dem jeder durch Familienbande und soziale Verflechtungen an die Gesellschaft gebunden ist, verlangt Jesus von denen, die ihm nachfolgen wollen, als Erstes, diese Ketten zu zerreißen. Er selbst hat sich von seiner Familie und seiner Sippe befreit, der Grundstruktur der damaligen Gesellschaften; und dasselbe verlangt er von seinen Jüngern: »Wer Vater oder Mutter mehr liebt als mich, der ist meiner nicht wert; und wer Sohn oder Tochter mehr liebt als mich, der ist meiner nicht wert.« (Mt 10,37)

Selbsterkenntnis und Selbstbeherrschung

Doch jenseits der Entscheidungsfreiheit legen der Buddha, Sokrates und Jesus Wert auf etwas Entscheidendes: Wahre Freiheit ist innere Freiheit, und die erwirbt man nach und nach durch Arbeit an sich selbst, durch Fortschritte in der Kenntnis, beim Hören auf die Stimme des Geistes. Die drei Lehrmeister wollen das Individuum aus den Ketten der Gruppe und vom Gewicht der Tradition befreien; aber nicht einfach um seiner politischen Selbstbestimmung willen, sondern damit es einen Weg der inneren Freiheit gehen kann. Denn so wertvoll politische Freiheit auch ist, für sich genommen nützt sie nichts, wenn sie dem Einzelnen mit diesem persönlichen Weg nicht erlaubt, sich aus der bittersten Sklaverei überhaupt zu befreien: für Sokrates aus dem Unwissen, für Jesus aus der Sünde und für den Buddha aus dem Anhaften durch Gier.

In den Augen des Buddha ist nämlich die wahre Freiheit die, die jeder Mensch für sich gewinnen muss, indem er seine Leidenschaften bekämpft, seine Wünsche, seine Gelüste, denn das sind die Ketten, die ihn an das Rad des *Samsara* binden. Seine ganze Lehre beruht, wie wir gesehen haben, auf diesen vier Wahrheiten über die Gier und das Anhaften, über die der Einzelne im höllischen Kreislauf der Wiedergeburten festhängt. Genau das erklärt er den Kalamern, die ihn auf ihren Ländereien empfangen und ihm von ihren Zweifeln berichten. In ihnen selbst und nicht in den äußeren Riten, erklärt er, ruht die wahre Lehre. Wie jeder Mensch können sie begreifen, dass Gier, Habsucht, Begehren an sich schon schlecht sind, denn sie verleiten zu Handlungen, die selbst wiederum schlecht sind und Unheil verursachen. Demnach sollen sie lieber die Grundsätze des *Dharma* befolgen als die Lehren der Überlieferung oder die der Asketen (*Anguttara Nikaya* 3, 66). So werden sie die wahre Befreiung erlangen. Eine Freiheit, die sie in diesem Leben glücklich machen wird, aber auch in jedem künftigen Leben, weil sie sie aus dem durch *Karma* bedingten Kreislauf der Wiedergeburten befreit.

Für Sokrates besteht das schlimmste Übel nicht in Gier und Anhaftung, sondern in der Unwissenheit. In ihr liegt die Wurzel aller Übel: Irrtum, Ungerechtigkeit, Bosheit, ein ungeregeltes Leben – alles also, was den anderen Unrecht antut, vor allem aber einem selbst. Aus Unwissenheit also bereitet sich der Mensch sein eigenes Unglück. »Mithin ist es unbedingt notwendig, mein Kallikles, daß der besonnene Mann, wie er sich uns in der Untersuchung darstellte als gerecht, tapfer und fromm, auch ein vollkommen guter Mann ist und daß der gute Mann gut und richtig tut, was er tut, und daß der richtig Handelnde glücklich und selig ist, der Schlechte dagegen und schlecht Handelnde unglückselig.« (Platon, *Gorgias* 507b–c) Sokrates trägt sich in einer unerschütterlichen Gewissheit: Dank der Kenntnis der wahren Natur der Dinge wird sich der Mensch von Laster und Unglück befreien. Wer sich die Kenntnis des Wahren, Gerechten, Guten verschafft, kann nur ein guter, tugendhafter Mensch werden. Genau darauf beruht übrigens auch seine Überzeugung von der ureigenen Güte der Götter. Als Inhaber der Erkenntnis sind sie zwangsläufig besser als die besten Menschen, denn »das Göttliche ist schön, weise, gut und hat alle vorzüglichen Eigenschaften«. (Platon, *Phaidros* 246)

Mit der Hilfe eines Philosophen, der selbst diese Befreiung durch das Wissen bereits erreicht hat, ist also ein jeder aufgerufen, universelle Wahrheiten zu gebären, die er zutiefst in sich trägt und die ihn nicht nur frei, sondern auch eigentlich glücklich machen werden.

Auch die Botschaft Jesu harmoniert mit den Botschaften des Sokrates und des Buddha: »Wenn ihr bleiben werdet an meinem Wort, so seid ihr wahrhaftig meine Jünger und werdet die Wahrheit erkennen, und die Wahrheit wird euch frei machen.« (Joh 8,31–32) Und als seine Zuhörer, die sich als Kinder Abrahams sehen, erwidern, sie seien »niemals jemandes Knecht gewesen«, antwortet ihnen Jesus: »Wer Sünde tut, der ist der Sünde Knecht«, und verspricht: »Wenn euch nun der Sohn frei macht, so seid ihr wirklich frei.« (Joh 8,33–36) Das Wort »Sünde« ist nach 2000 Jahren Christentum derart stark konnotiert, dass man schwer unbelastet heraushören kann, was es im Munde Jesu bedeutet. Die Kirche als Institution hat sich in richterlicher Manier recht weit vom Geist der Evangelien entfernt und im Laufe der Jahrhunderte nach und nach eine Liste von Sünden aufgestellt, ja gar eine merkwürdige Unterscheidung getroffen zwischen lässlichen Sünden, die verzeihlich sind, und Todsünden, die in die Hölle führen – die berühmten sieben Hauptlaster: Faulheit, Hochmut, Völlerei, Wollust, Geiz, Zorn und Neid. Abgesehen davon, wie kindisch eine solche Aufzählung von Sünden ist – die zudem mehr auf allgemeiner Sittlichkeit beruhen als auf den Evangelien –, sei erinnert, dass Jesus das Wort Sünde nur auf eine einzige Weise definiert: was von Gott trennt, also von der Liebe und der Wahrheit. Wer sündigt, macht sich los von Gott, handelt außerhalb von Liebe und Wahrheit.

Das Wort »Sünde« ist die Übersetzung des lateinischen Wortes *peccatum,* Vergehen. Das wiederum ist die Übersetzung des biblischen Wortes *ἁμαρτία* (Hamartia), Irrtum, Verfehlung, und das die Transkription des hebräischen Wortes *hatta't,* das am besten übersetzt wäre mit »sein Ziel verfehlen«. Sündigen bedeutet also, auf ein falsches Ziel zu setzen, sein Streben falsch auszurichten oder das eigentlich angestrebte Ziel nicht zu erreichen. Handelt man schlecht, so befindet man sich im Irrtum und ist von der Wahrheit getrennt, also von Gott. Die berühmten sieben Todsünden gehören zwar zu den Irrwegen, die einen von Gott entfernen können. Doch wie bereits gesagt, Jesus richtet sich nicht gegen das jüdische Gesetz an sich, doch er verleiht ihm Tiefe und Widerhall im Persönlichen, Innerlichen. Er ist nicht gekommen, um neue Gesetze aufzustellen oder neue Sünden zu definieren, sondern um zu zeigen, dass jede wahre Sünde sich an der Messlatte der Liebe definiert; dass man nicht aus Angst vor der Hölle von der Sünde lassen soll, sondern aus Furcht, sein eigenes Unglück und das seiner Nächsten zu verschulden, indem man sich von Gott entfernt. Im Grunde soll man aus Liebe die Sünde meiden, und ist die Seele erst lange gereist, hat sie gesündigt und sich wieder aufgerichtet, so lässt sie sich von der Sünde nicht einmal mehr verlocken, denn sie hat sie als schädlich erkannt. Findet der Mensch erst wieder Zugang zu Liebe und Wahrheit, so lässt er von der Sünde: Er bindet sich wieder an seine Wurzel, er ist nicht mehr losgelöst, in sich selbst verschlossen, in Irrtum oder Eigennutz. Es gibt also keine »objektiven« Sünden, die man auflisten und als »absolut« betrachten könnte. Jedes im Charakter verwurzelte moralische Laster (Geiz, Hochmut, Völlerei und so weiter) mag Sünde sein, doch der Mensch kann sie jederzeit hinter sich lassen, sobald er nur seinen Fehler erkennt und sein Verhalten ändert. Dafür wettert Jesus in den Evangelien gegen noch ganz andere Sünden: religiöse Scheinheiligkeit und mangelndes Mitleid.

Welch grundsätzliche Ähnlichkeit in der Lehre Jesu, des Sokrates und des Buddha: Wie schwer eine Sünde ist, hängt nicht vom Fehler an sich ab, sondern von der Absicht, die ihr zugrunde liegt, und davon, wie willentlich sie begangen wird. Je bewusster und absichtlicher ein Vergehen ist, desto schwerer wiegt es und unterwirft den Einzelnen seinen Trieben, seinen Leidenschaften, seinem Stolz oder seinem Egoismus. Begeht man dagegen ein Vergehen aus Unwissenheit oder aus blinder Leidenschaft, so ist es eher verzeihlich. Das bedeutet dieses so bewegende Wort Christi am Kreuz aus Mitleid mit seinen Henkern und der schmähenden Menge: »Vater, vergib ihnen; denn sie wissen nicht, was sie tun!« (Lk 23,34) Hätten sie nämlich gewusst, was sie taten und wer Jesus wirklich war, so hätten sie niemals so gehandelt.

Buddha, Sokrates und Jesus sind sich also in der Behauptung einig, dass der Mensch nicht frei geboren wird, sondern die Freiheit erst allmählich erlangt. Er wird frei, indem er aus der Unwissenheit heraustritt, indem er lernt, das Wahre vom Falschen zu unterscheiden, das Gute vom Bösen, das Gerechte vom Ungerechten; indem er lernt, sich zu erkennen, sich zu beherrschen, in Weisheit zu handeln. Und für Jesus ist dieses Lernen nicht nur moralisch, man erlernt es nicht nur über Erziehung, Erfahrung, rationale Kenntnis, sondern auch über den Glauben und die göttliche Gnade, die jeden Menschen in seinem eigenen Herzen bildet.

14 Sei gerecht

Die Kenntnis seiner selbst und der Wahrheit verschafft dem Einzelnen Zugang zu einer echten inneren Freiheit. Doch so wichtig sie auch ist, ein Selbstzweck ist die Freiheit nicht. Sie muss es dem Einzelnen ermöglichen, gerecht und gut zu handeln. Denn was für den Buddha, Jesus und Sokrates letztlich zählt, ist doch ein Lebenswandel, der Raum für die Wahrheit lässt. Die Ethik, die rechte Lebensweise, das Zusammenleben mit dem Nächsten und der Gesellschaft, steht also in ihrer Botschaft ganz vorne.

Worin besteht die Krönung des moralischen, des spirituellen Lebens, das Wesentliche, das unbedingt umgesetzt sein will? Für Sokrates ist die höchste Tugend die Gerechtigkeit. Für den Buddha das Mitgefühl. Für Jesus die Liebe. Die Begriffe Liebe und Mitgefühl, die sehr stark zusammenhängen, werde ich im letzten Kapitel behandeln. Betrachten wir zunächst, warum die Gerechtigkeit die wichtigste sokratische Tugend ist; aber auch, wie sich über sie die Frage nach der Gleichheit aller Menschen stellt – eine Frage, die übrigens bei jedem unserer drei Weisen im Zentrum der Lehre steht.

Gerechtigkeit als höchste Tugend

In der Antike stellt die Gerechtigkeit den Gipfel aller Tugend dar. Aristoteles gilt sie als »oberster unter den Vorzügen des Charakters« (Aristoteles, *Nikomachische Ethik* 1129B), weil ohne sie keine Tugend von Wert ist: Wie wertvoll gilt uns denn die Tapferkeit eines Tyrannen? Verliert nicht eine ungerechte Liebe ihren moralischen Wert? Bei Dostojewski steht die Frage, ob man sich darauf einlassen kann, ein unschuldiges Kind zu quälen, um die Menschheit zu retten? Jeder moralischen Handlung liegt Gerechtigkeit zugrunde. Von allen Tugenden ist sie wohl am ehesten angeboren, schon für ein Kind ist sie ganz einleuchtend: »Das ist ungerecht!«, schreit es, wenn es sich benachteiligt fühlt. Das liegt auch daran, dass die Gerechtigkeit die soziale Tugend schlechthin ist, eine der Grundlagen des Lebens in der Gemeinschaft. Ohne Gerechtigkeit im weiteren Sinne – also ohne Regeln, die moralisch angebracht erscheinen, die gerecht und korrekt angewandt sein wollen, ohne eine Unterscheidung zwischen Wahr und Falsch und ohne Sanktionierung des Falschen – kann es kein soziales Leben geben. Politische Gerechtigkeit, deren Ziel es ist, die Gesetze des Gemeinwesens durchzusetzen, muss sich auf zwei Grundbegriffe stützen: Gleichberechtigung und Wahrheit. Die Justiz gilt als »gerecht«, weil sie für alle gleich gilt und weil sie die faktische Wahrheit betrachtet.

Sokrates, der ja dem Leben seiner Polis so großen Wert beimisst, betrachtet die Gerechtigkeit als oberste Tugend, denn sie gilt genauso für den Einzelnen wie für die Gesamtheit der sozialen Gruppe. Ein Einzelner muss sich seinen Mitmenschen gegenüber gerecht verhalten und die Gesetze der Stadt beachten, und die wiederum müssen so gerecht und wahrheitskonform sein wie nur möglich. Deshalb gilt, dass »das Unrechttun das größte aller Übel ist« (Platon, *Gorgias* 469b). Ungerechtigkeit ist also das schlimmstmögliche Verbrechen: nicht nur, weil sie das gesellschaftliche Leben unmöglich macht, sondern auch, weil sie die Seele ihre Urhebers besudelt. Ein Mensch, der die Wahrheit erkannt hat, ein guter, tugendhafter Mensch, kann nicht ungerecht sein und muss sich den Gesetzen der Stadt beugen.

Wie aber hat sich der tugendhafte Mensch bei einem Fehlurteil der Justiz zu verhalten? Auch entgegen der allgemein verbreiteten Meinung erklärt Sokrates geradeheraus: »Von diesen zwei Übeln also (…) ist das größere nach unserer Behauptung das Unrechttun, das kleinere das Unrechtleiden.« (Platon, *Gorgias* 509c) Wir haben schon gesehen, dass Sokrates nach dem Todesurteil durch die athenische Justiz die Flucht ablehnt, die ihm Kriton vorschlug. Und mit dieser Haltung erklärt er seinen verblüfften Freunden, dass nicht die Gesetze ihn ungerecht verurteilen, sondern die Menschen und dass man eine Ungerechtigkeit nicht mit einer weiteren Ungerechtigkeit erwidern sollte: Wer sich der Justiz der Stadt entzieht, selbst wenn sie fehlgelaufen ist, würde sich ihr überlegen fühlen und über sie erheben. So überlässt sich Sokrates denn der Gerechtigkeit der Götter und legt den personifizierten Gesetzen folgende Worte in den Mund: »Nein, Sokrates, folge uns, deinen Erziehern. Achte weder Kinder noch das Leben noch sonst etwas höher als das Recht. Dann kannst du, wenn du nach dem Hades kommst, dich auf alles dies berufen zur Rechtfertigung vor den dortigen Herrschern.« (Platon, *Kriton* 54b)

Lieber erleidet Sokrates also die Ungerechtigkeit, als dass er sich der Entscheidung der athenischen Richter entzöge, so ungerecht sie auch sein mag. Und er überantwortet seine Seele der unfehlbaren göttlichen Gerechtigkeit, die ihm im Jenseits Gerechtigkeit wird widerfahren lassen.

Welch verwirrende Ähnlichkeit zwischen dem Tod des Sokrates und Jesu: Beide hätten fliehen können und lehnten das ab. Beide akzeptierten eine moralische Ungerechtigkeit und eine ebenso furchtbare wie ungerechte Strafe, um sich der politischen Justiz ihres Staates nicht zu entziehen. Beide überantworten sich den Göttern beziehungsweise Gott als einzig wahrer Richterinstanz.

Sokrates' Liebe zur Gerechtigkeit geht so weit, dass er sich nicht nur weigert, sich einem von der Justiz seiner Stadt erlassenen Beschluss zu entziehen, sondern dass er es auch weit von sich weist, seinen Feinden gegenüber eine Ungerechtigkeit zu begehen. Auch das ist eine subversive Einstellung in diesem Griechenland, wo es legitim oder gar rühmlich war, seinen Feinden willentlich zu schaden (und den Freunden zu nützen). Kriton erklärt er, »dass es niemals zulässig ist, unrecht zu tun, noch auch Unrecht zu erwidern.« (Platon, *Kriton* 49c) So wie Jesus das Vergeltungsrecht und sein »Auge um Auge, Zahn um Zahn« (2. Mose 21, 24) ablehnt, ist es Sokrates eine heilige Pflicht, niemals Böses mit Bösem zu vergelten. Und das, obwohl dieses Vergeltungsrecht in Griechenland als durchaus rechtens gilt und im 8. Jahrhundert vor unserer Zeitrechnung von Hesiod so formuliert wurde: »Erleidet man, was man einem anderen angetan hat, so ist wohl ein gerechtes Urteil ergangen« (Hesiod, Fragment 174).

Dabei lehnt Sokrates für einen, der unrecht getan hat, den Grundsatz irdischer Strafe keineswegs ab, etwa Hinrichtung, Verbannung, Einzug des Vermögens – doch unter der Bedingung, dass es in »gerechter Weise« geschieht (Platon, *Gorgias* 470c). Wer nämlich unrecht tut, ist ihm zufolge noch unglücklicher, wenn er nicht gebührende »Strafe erleidet von Göttern und Menschen« (Platon, *Gorgias* 472e); denn »von der Schlechtigkeit der Seele« – und das ist ja die »größte Schlechtigkeit« – »wird der befreit, welcher Strafe leidet« (Platon, *Gorgias* 477a). So wirkt also rechtliche Strafe gleichsam als Medizin und wird »heilkräftig gegen die Schlechtigkeit« (Platon, *Gorgias* 478d).

Diese Vorstellung, dass der Schuldige Bestrafung braucht, taucht genauso in der Lehre des Buddha auf wie in der Jesu. Zwar stehen, wie wir gleich sehen werden, bei ihnen die Begriffe Liebe, Vergebung und Mitgefühl im Mittelpunkt, doch wichtig bleiben auch die Rolle der Gerechtigkeit und ihre logische Folge, die Bestrafung des Schuldigen. Allerdings besteht diese Bestrafung nicht unbedingt in der strengen Anwendung des menschlichen Gesetzes; und darin unterscheiden sich der Buddha und Jesus von Sokrates, dem nichts über die Gesetze seiner Polis geht. Für den Buddha ist die wahre Gerechtigkeit die des *Karma*, über die jeder Einzelne – in diesem oder in einem anderen Leben – die Folgen seiner Untaten erleiden wird; dieses Gesetz ist unausweichlich, niemand kann ihm entgehen. Und Jesus verweist noch mehr auf die göttliche Gerechtigkeit als auf die menschliche, denn Gott allein kann »Herzen und Nieren prüfen«, wie es in der Bibel heißt (Ps 7,10); auch erscheinen manche Taten in den Augen der Menschen und ihrer Gesetze vielleicht als verwerflich, nach Gottes Dafürhalten aber nicht unbedingt. Das gilt etwa für die Prostituierte, die seine Füße salbt und die er, sehr zum Unmut seines Gastgebers, nicht verdammen mag.

Gerechtigkeit beruht auf Wahrheit, aber auch auf Gleichberechtigung. Wir haben ein spontanes Gefühl von Ungerechtigkeit bei jeder Ungleichbehandlung und zuallererst bei der schreiendsten Ungleichheit: der unglaublich ungleichen Verteilung von Reichtümern unter Menschen und Gesellschaften. Ein Kind wird immer schockiert sein, wenn es sieht, wie in bestimmten Gegenden auf der Welt andere Kinder vor Hunger sterben oder wie ein Mensch auf der Straße haust. Der Ausgleich sozialer und wirtschaftlicher Ungerechtigkeit ist seit dem 18. Jahrhundert ein ständiges politisches Ziel, das leider in den kommunistischen Versuchen so tragisch gescheitert ist. Angesichts des ungleich verteilten Reichtums predigen Sokrates, Jesus und der Buddha nicht etwa absolute Gleichheit, schon weil sie wissen, dass es die unter den Menschen nicht geben kann, weil sie in ihren Fähigkeiten und Talenten so unterschiedlich sind. Wie zuvor ausgeführt, geben sie selbst ein Beispiel ab und lösen sich vom Besitzdrang, leben in einer Art freiwilliger Armut und fordern die Reichen zum Teilen auf, als wüssten sie, dass ökonomische Gleichheit durch einfachen politischen Willen nicht durchsetzbar ist. So appellieren sie also an das Gewissen jedes Einzelnen, der selbst für eine gerechtere materielle Aufteilung sorgen soll. Wenn der Einzelne sich wandelt und aus freien Stücken zu teilen beginnt, dann nehmen soziale und ökonomische Ungerechtigkeiten mit größerer Gewissheit ab. Die direkten Anhänger, also die Jünger Jesu und die Mönche des Buddha, gaben ein kollektives Beispiel für den Verzicht oder die komplette Aufteilung des Besitzes. Heute spräche man von einem Aufruf an die »Zivilgesellschaft«, also an Einzelne, die sich freiwillig oder ehrenamtlich für den Fortschritt der Gesellschaft engagieren.

Ein anderer Aspekt ihrer Botschaft freilich legt den Akzent ganz offen auf die Gleichheit aller Menschen. Gerechtigkeit verlangt in ihren Augen notwendig die Gleichheit aller vor dem Gesetz – egal, ob es das menschliche, das göttliche oder das Gesetz des *Karma* ist. Für Sokrates sind alle Bürger gleich vor dem Gesetz. Der Buddha erklärt, dass jeder Einzelne dem Gesetz der Zuteilung von *Karma* unterliegt, unabhängig von seiner Kaste. Und für Jesus sind alle Menschen gleich vor Gott, der sie nicht nach ihrer sozialen Stellung oder auch ihrer Religion richten wird, sondern allein nach der Absicht hinter ihren Taten und nach ihrer Liebe zum Nächsten.

Auch darin, dass sich die Lehre des Sokrates, Jesu und des Buddha an den Einzelnen richtet und Allgemeingültigkeit für sich beansprucht, kommt ihnen eine egalitäre Dimension zu: Jeder Mensch kann einen spirituellen Weg gehen, die Wahrheit suchen, frei werden, wahres Wissen und Erlösung erlangen; wir sind alle gleich vor dem Rätsel des Lebens, vor dem Tod, vor der Notwendigkeit und der Schwierigkeit, sich selbst zu erkennen und an sich zu arbeiten. Mit ihrem Aufruf zur Gerechtigkeit und zur individuellen Freiheit erhält die Botschaft des Sokrates, Jesu und des Buddha also eine stark egalitäre Dimension, selbst wenn bestimmte soziale Vorurteile – insbesondere in Bezug auf die Rolle der Frau – noch hartnäckig bestehen bleiben.

Der Buddha tut einen entscheidenden Schritt, indem er das Kastensystem für hinfällig erkennt und es innerhalb des *Sangha* nicht anwendet. Jenseits sozialer Gleichberechtigung predigt der indische Weise auch das Mitgefühl für alles Lebende und ignoriert definitiv die Unterscheidung zwischen Herren und Sklaven, Reichen und Armen, Adligen und Nichtadligen, aber auch unter Göttern, Menschen und Tieren. Allerdings lehrt er zwar von Anfang an gleichermaßen vor Männern und Frauen, zögert aber doch, bevor er den Frauen den Beitritt in die Gemeinschaft seiner Schüler zugesteht. Nach dem Bericht im *Vinaya Cullavagga* (10, 1) kommt seine Tante Pajapati, die ihn nach dem Tod seiner Mutter aufgezogen hatte, dreimal zu ihm und bittet um Aufnahme unter die Seinen – um jedes Mal eine kategorische Ablehnung zu ernten. Beim vierten Versuch erscheint sie vor dem Buddha im Gewand der Entsager, mit geschorenen Haaren und in Begleitung der anderen Frauen aus dem Klan der Sakya, um gemeinsam mit ihnen unter Tränen das Recht zum Eintritt in den Orden zu erflehen. Da greift Ananda, der engste Gefährte des Buddha, zugunsten von Pajapati und ihren Begleiterinnen ein und erinnert den Buddha daran, dass seinen eigenen Worten zufolge der *Dharma* sich an alle Lebewesen richtet. »Herr, wäre denn die Frau, wenn sie unter der vom Vollendeten verkündeten Lehre und Ordensregel aus dem Haus in die Hauslosigkeit gezogen ist, fähig, die Frucht des Stromeintritts oder die Frucht der Einmalwiederkehr oder den Heilsstand zu verwirklichen?«, fragt Ananda. »Fähig ist die Frau«, erwidert der Buddha und gibt der Bitte schließlich nach, allerdings unter acht Bedingungen, die die Unterordnung der Nonnen unter die Mönche faktisch festschreiben. Sie können die Regenzeit nur an einem Ort verbringen, wo auch mindestens ein Mönch ist (der sie zweimal im Monat unterweist), sie können nicht ihre eigenen Rituale leiten noch Mönche ordinieren – auch nicht, wenn er sehr viel jünger ist als sie (andersherum aber ist das erlaubt). Und so beendet der Buddha seine Rede: »Wenn es der Frau nicht ermöglicht worden wäre, unter der vom Vollendeten verkündeten Lehre und Ordensregel aus dem Haus in die Hauslosigkeit zu ziehen, so würde der Höchste Wandel noch lange Bestand haben: Ein Jahrtausend würde der Höchste Wandel noch bestehen. Nachdem es aber nun die Frau erreicht hat, unter der vom Vollendeten verkündeten Lehre und Ordensregel aus dem Haus in die Hauslosigkeit zu ziehen, wird der Höchste Wandel nicht mehr so lange Bestand haben: nur noch fünfhundert Jahre nämlich wird nun der Höchste Wandel bestehen« (*Vinaya Cullavagga,* 10, 1, 6). Und in seinen letzten Worten vor der Verlöschung wird der Buddha übrigens seinem getreuen Ananda auf dessen Frage, wie mit den Frauen umzugehen ist, ins Gedächtnis rufen: »Nicht sehn, Ananda. Nicht ansprechen, Ananda« (*Mahaparinirvana* 5, 23). Diese Form der Frauenfeindlichkeit hat die Jahrhunderte überdauert: Noch heute sind die buddhistischen Nonnen in den Klöstern für untergeordnete Aufgaben zuständig, und vor allem gilt es der Tradition gemäß als günstiger, ja als unerlässlich, in einem Männerkörper geboren zu werden, um zur Erwachung zu gelangen. Der Dalai-Lama und andere buddhistische Lehrer, die im Westen gelebt haben, vertreten heute eine weniger diskriminierende, teils gar eine offen feministische Haltung, doch dass die Sache der Frauen überhaupt Eingang in die buddhistische Religion fand, ist eben nur diesem Kontakt mit den westlichen Gesellschaften zu verdanken.

»Auch verstehe ich mich zu solchen Unterhaltungen nicht etwa nur, wenn man mich dafür bezahlt, sonst aber nicht; nein, ob reich oder arm, ich lasse mich fragen, und wer will, kann antworten und hören, was ich sage«, erklärt Sokrates (Platon, *Apologie* 33b). Tatsächlich war Sokrates im Athen seiner Zeit bekannt als der Philosoph, der über die Agora zog und seine Mäeutik gleichermaßen auf Reich und Arm anwandte, auf große Krieger und einfache Handwerker. »Denn, so lautet meine Rede, nicht aus Reichtum geht die Tugend hervor, sondern aus der Tugend der Reichtum und alle anderen menschlichen Güter im persönlichen wie im öffentlichen Leben«, argumentiert er vor dem Gericht (Platon, *Apologie* 30b). Freilich war auch Sokrates nicht ganz konsequent mit seiner Auffassung von der Gleichberechtigung, der zufolge alle Menschen Zugang zur Weisheit erhalten, sofern sie sich nur auf diesen Weg machen. Er übernimmt nämlich die athenischen Normen über die »Nicht-Bürger«, also die Sklaven, Frauen und Fremden; diese drei Kategorien sind vom Feld der Demokratie ausgeschlossen und bleiben es, abgesehen von ganz seltenen Ausnahmen, auch von seinen Gesprächspartnern. So unterstellt er etwa dem Kebes: »Auch du würdest, wenn einer deiner Sklaven sich selbst tötete ohne eine Andeutung deinerseits, dass du seinen Tod wünschst, über ihn ungehalten sein und ihn strafen, wenn es dir möglich wäre.« (Platon, *Phaidon* 62c) Gleichzeitig kann er nicht anders, als sich dieser Regel zu widersetzen, als hätte er ein Gefühl für ihre Unberechtigtheit, obwohl sein Bürgersinn so stark herausgebildet ist. Wie könnte man vergessen, dass derselbe Sokrates Kriton aufforderte, den Sklaven Phaidon für ihn freizukaufen, und ihn zum Philosophen machte? Oder dass er einen, der ihm eines Tages verächtlich vorwarf, sein Schüler Antisthenes stamme von einer Ausländerin, nämlich einer thrakischen Mutter, ab, mit den Worten abfertigte: »Warst du denn des Glaubens, ein so edler

Mann stamme von zwei Athenern ab?« Und obwohl er sich fast nie an Frauen wendet, so spricht er doch von zwei Lehrerinnen in der Kunst des Philosophierens: Diotima, die er im *Gastmahl* beim Gespräch über die Liebe erwähnt, und Aspasia, die Gefährtin des Perikles, die ihn nach seinen Worten in der Kunst der Rhetorik unterwies. Aspasia war zudem noch Ausländerin, die er aber als eine Frau darstellt, »die schon viele andere treffliche Redner gebildet hat, darunter einen, der eine Leuchte ist unter den Hellenen, den Perikles«. (Platon, *Menexenos* 235e) Natürlich: Da Aspasia als Kurtisane frei geworden war und zudem unter dem Schutz des brillanten Perikles stand – der sie als Ausländerin zwar nicht heiraten konnte, ihr aber in den intellektuellen Kreisen ein Forum verschaffte und ihr die Teilnahme an den Debatten seiner Zeit ermöglichte –, war sie gewiss keine »Frau wie alle anderen«, die in Athen damals nur Kinder zu bekommen und den Haushalt zu führen hatten. Erinnert sei aber auch daran, dass Sokrates kurz vor seinem Tod seine Frau und seine Kinder hinausschicken ließ, um im entscheidenden Moment »unter Männern« und Gefährten zu bleiben.

Auch Jesus verlangte entschieden, dass jeder Mensch ein Recht auf den gleichen Respekt habe, und wie der Buddha steht er damit im Widerspruch zur Moral seiner Zeit, die einen Nächsten nur unter Gleichen erkannte: die Angehörigen desselben Volks, derselben Stadt, derselben Kaste, derselben Sippe. Dieser Forderung von Gleichheit für alle Menschen, die Kinder ein und desselben Gottes und damit Brüder sind, ist der Grundpfeiler des Reiches, das er verkündet und dessen Bau bereits begonnen hat. Ausdruck findet diese Gleichheit bei ihm, indem er die Armen privilegiert, die Ausgeschlossenen, die Prostituierten, also alle die, die unter dem Bann der Gesellschaft leben. So weigert er sich, zwischen Reinen und Unreinen zu unterscheiden, er gibt sich mit Aussätzigen und Zöllnern ab, spricht mit den Kindern, die man von ihm fernzuhalten sucht, nimmt gar Heiden in sein Gefolge auf, etwa den römischen Hauptmann von Kapernaum, über den er voller Bewunderung sagt: »Wahrlich, ich sage euch: Solchen Glauben habe ich in Israel bei keinem gefunden!« (Mt 8,10)

Die Bedeutung, die Jesus dem Begriff des »Nächsten« beimisst, bringt einen seiner Jünger zu der Frage: »Wer ist denn mein Nächster?« Jesus beantwortet sie mit dem Gleichnis vom barmherzigen Samariter, der also einem verachteten Volk angehört. Auf einer Reise trifft er auf einen Unbekannten, den Räuber überfallen, ausgeraubt und halb tot liegen gelassen haben. Ein Priester und ein Levit gehen an diesem Namenlosen vorüber, als hätten sie ihn nicht gesehen. Der Samariter aber versorgt ihn und bringt ihn in eine Herberge, wo er ihn pflegen lässt und für alle Kosten aufkommt. »Wer von diesen dreien, meinst du, ist der Nächste gewesen dem, der unter die Räuber gefallen war?«, fragt Jesus. »Der die Barmherzigkeit an ihm tat«, erwidert der Jünger. Da trägt Jesus ihm auf: »So geh hin und tu desgleichen!« (Lk 10,29–37)

Von unseren drei Weisen ist Jesus der feministischste. Ohne Scheu richtet er sich an die Frauen, auch an die Prostituierten und die Fremden, die als Unreine damals ausgeschlossen sind von der Barmherzigkeit, die das Gesetz gebietet – freilich nur zugunsten der Reinen im Volk Israel. Jesus nimmt die Sünderin auf, die ihm die Füße mit Tränen und Salböl benetzt, um sie dann mit ihren Haaren zu trocknen, und er fährt seinem Gastgeber, den Pharisäer Simon, über den Mund, als der sich darüber empört: »Ihre vielen Sünden sind vergeben, denn sie hat viel Liebe gezeigt.« Dann erklärt er ihr: »Dein Glaube hat dir geholfen; geh hin in Frieden!« (Lk 7,36–50) Dieselben Worte richtet er an die Bluterin, die sich ihm zu Füßen wirft und ihn berührt, obwohl sie unrein ist (Mk 5,25–34). Jesus spricht zu den Frauen, um deren Unterdrückung er weiß, in unendlicher Milde, und er betrachtet sie als gleichberechtigt gegenüber den Männern: Als Maria, die Schwester der Martha, ihn in ihrem Haus empfängt, lässt sie die Hausarbeit liegen und setzt sich an seine Seite, um seinem Unterricht zu lauschen – genau wie es ein Mann täte (Lk 10, 38–42). Und er selbst hört auch ihnen zu, etwa der Frau aus Kana, einer Fremden, deren Tochter er heilt, oder der Frau aus Samarien, auch sie eine Fremde, die fünfmal geschieden ist und mit einem Mann zusammenlebt (Joh 4,7–30). Er spricht mit ihr unter vier Augen und übertritt damit die Konventionen; als seine Jünger ihn bei diesem Gespräch überraschen, wundern sie sich, wagen ihn aber nicht zu befragen.

Für seinen engen Kreis von zwölf Jüngern aber wählt er nur Männer aus. Ist das als Zugeständnis an die damalige Mentalität zu verstehen, der gemäß Frauen in diesem engsten Kreis nicht akzeptabel gewesen wären? Oder eine Entscheidung auf theologischer Grundlage, wie die katholische Kirche es behauptet und daher weiterhin den Frauen den Zugang zum Priesteramt versagt? Aus den Worten Jesu lässt sich das nicht herauslesen. Allerdings kann man an diese bedeutsame Tatsache erinnern: Den Evangelien zufolge war es eine Frau, Maria von Magdala, der er am Ostersonntag als Erstes erschienen ist. Damit ist sie die erste Jüngerin Jesu, die die »frohe Botschaft« von seiner Auferstehung verkündet. Sie ist die Gesandte für seine Gesandten.

15 Lerne zu lieben

Beim Buddha und bei Jesus ist eine zweifache Tugend noch wichtiger als die Gerechtigkeit: uneigennützige Liebe und Mitgefühl. Im Johannesevangelium bringt die Begebenheit mit der Ehebrecherin ganz unübersehbar zum Ausdruck, wie notwendig es ist, die Liebe noch über die Gerechtigkeit zu stellen. Die Szene kam zwar bereits zur Sprache, aber es lohnt sich doch, noch einmal im Detail davon zu berichten, weil sie durch und durch beispielhaft ist.

Eines frühen Morgens kommt Jesus zum Tempel und belehrt das Volk. Da tauchen einige Schriftgelehrte und Pharisäer auf, also religiöse Würdenträger, die sehr viel Wert auf die Einhaltung des Gesetzes legen. Sie stellen eine Frau vor Jesus hin, die sie in flagranti beim Ehebruch ertappt haben, und erinnern Jesus, dass das Gesetz des Moses zur Strafe für eine solche Tat die Steinigung verlangt. Eigentlich aber wollen sie Jesus auf die Probe stellen: Sie vermuten, dass er die Steinigung ablehnen und damit vor dem äußerst religiösen Volk bezeugen wird, dass er die Anwendung des mosaischen Rechts ablehnt. Statt einer Antwort bückt sich Jesus und zeichnet etwas in den Sand. Niemand weiß, was er da geschrieben hat; allerdings sind das die einzigen Worte, die er gleichsam vor unseren Augen jemals selbst geschrieben hat. Ganz offenbar verweigert er durch dieses Bücken die Konfrontation des aggressiven Blickwechsels mit seinem Gegenüber. Nach einem Moment des Schweigens richtet er sich auf und sagt: »Wer unter euch ohne Sünde ist, der werfe den ersten Stein auf sie.« Weiter geht er der Konfrontation aus dem Weg, bückt sich wieder und schreibt weiter. Da ziehen sich die Ankläger der Sünderin einer nach dem anderen zurück, »die Ältesten zuerst«, wie es im Evangelium nicht ohne Humor heißt.

Jesus ist nunmehr allein mit der Frau und kann sich aufrichten. Er wollte ihre Ankläger nicht durch seine scharfen Blicke demütigen, deshalb war er in den Hintergrund getreten, hatte sich zurückgezogen, um sie allein mit ihrem Gewissen zu konfrontieren. Wahrscheinlich war das auch der beste Weg, um das Leben dieser Unglücklichen zu retten, die man im Morgengrauen aus dem Bett ihres Liebhabers gezogen und wahrscheinlich halb nackt zum Tempel geschleppt hatte. Die Menge und die Jünger drängen sich um sie und hören in einem gespannten Schweigen zu, dessen dramatische Spannung man sich bestens vorstellen kann. Erst jetzt spricht er mit der Beschuldigten: »Wo sind sie, Frau? Hat dich niemand verdammt? Sie antwortete: Niemand, Herr. Und Jesus sprach: So verdamme ich dich auch nicht; geh hin und sündige hinfort nicht mehr.« (Joh 8,1–11)

Jesus weigert sich also, die vom Gesetz vorgesehene Strafe anzuwenden. Zwar erkennt er an, dass ein Vergehen vorliegt, denn er fordert sie auf, nicht mehr zu sündigen. Doch wahrscheinlich hält er die Strafe für unangemessen und empfindet Mitleid für diese Frau, wie übrigens für alle Sünder, denen er begegnet. Mit dieser Haltung bezeugt er, dass die Vergebung das Gesetz übertrifft, und vor allem, dass sie zur Rettung der Seelen aus ihrer Verblendung und ihrer Schwäche sehr viel wirksamer ist.

Jesus zeigt, dass Liebe und Mitgefühl über dem Recht

stehen. Natürlich muss es Regeln geben, Gesetze, Grenzen, und nie bestreitet er deren Notwendigkeit; doch für ihn muss bei der Anwendung des Rechts Barmherzigkeit walten; jeder Einzelne hat das Recht, individuell betrachtet zu werden mit seiner Geschichte, dem Kontext, aber auch seiner Absicht und dem, was tief in seiner Seele vorgeht, die niemand von außen ausloten oder gar verurteilen kann.

Übrigens bleibt diese Frage weiterhin hochaktuell. Erst kürzlich (im März 2009) kam es in Brasilien zu einem Vorfall, bei dem ein neunjähriges Mädchen nach einer Vergewaltigung durch ihren Stiefvater mit Zwillingen schwanger wurde. Nach einer Abtreibung, die dem Mädchen das Leben rettete, exkommunizierte der Bischof von Recife die Mutter und das Ärzteteam. Kardinal Battista Re, Präfekt der Kongregation für die Bischöfe und rechte Hand von Papst Benedikt XVI., bestätigte das Urteil und erklärte, der Bischof habe nur das kanonische Recht zitiert, dem gemäß jeder, der eine Abtreibung vornehme, automatisch exkommuniziert sei – ganz unabhängig von den Beweggründen. Man sieht die Szene aus dem Evangelium vor sich: Die Kardinäle und Experten des kanonischen Rechts bringen die Mutter des Mädchens und den Arzt vor Jesus und sagen: »Nach dem Gesetz müssen sie exkommuniziert werden. Was sagst du?« Kein Geheimnis, wie es weitergeht ... und wirklich, die Geschichte wiederholt sich immer wieder! Jesus ist gekommen, um zu verkündigen, dass erst die Liebe dem Gesetz seinen Sinn gibt, dass das Recht ohne Barmherzigkeit seine Menschlichkeit und seine Bedeutung verliert und dass es im Grunde nichts anderes gibt als unendlich viele Einzelfälle.

Doch bevor ich diese Botschaft weiter ausführe und darstelle, wie nahe ihr die des Buddha kommt und worin sie sich doch von ihr unterscheidet, möchte ich noch einmal auf Sokrates zu sprechen kommen. Warum nimmt offenbar die Liebe in seiner Moralphilosophie keine wichtige Stellung ein? Warum betrachtet er die Gerechtigkeit und nicht die Liebe als höchste Tugend? Ganz einfach, weil die Liebe für ihn keine Tugend ist. Weder eine menschliche Tugend wie für den Buddha noch eine göttliche wie für Jesus. Die Liebe ist eine Gefühlsanwandlung, ein Begehren, das aus dem Mangel entsteht, und Sokrates nimmt sich vor ihr ebenso sehr in Acht, wie er sie lobt. Die sokratische Auffassung von der Liebe ist sehr erhellend und entspricht in vielen Zügen unserer spontanen Vorstellung; sie wird uns daher beim Verständnis des ganz anderen Liebesbegriffs bei Jesus und dem Buddha unterstützen.

Der sokratische Ἔρως (Eros)

Sokrates' Verständnis von der Liebe legt Platon in seinem *Gastmahl* dar. Bekannt ist aus diesem wunderbaren Dialog – auch für mich der erste, den ich als Jugendlicher las – vor allem die berühmte Rede des Aristophanes. Der Dichter erklärt da, dass wir einst als »Kugelmenschen« einen doppelten Körper besaßen. Das männliche Geschlecht besaß zwei männliche Glieder, das weibliche zwei weibliche und die Androgynen ein Geschlecht jeder Art. Zeus aber beschloss eines Tages, unsere fernen Vorfahren entzweizuschneiden. Seither suchen wir nur noch nach unserer anderen Hälfte, die, egal, von welchem Geschlecht wir sind, Mann oder Frau sein kann – entsprechend der Natur unseres ursprünglichen Doppelwesens. Laut Aristophanes ist diese Suche genau das, was wir Liebe nennen. Die Liebe ist die Sehnsucht, zu unserer ursprünglichen, verlorenen Einheit zurückzufinden. Und sie bedeutet höchstes Glück, wenn wir dank ihr unsere andere Hälfte wiederfinden und damit unsere ganze Natur wiederherstellen können.

Uns gefällt diese Rede des Aristophanes, weil sie unserem Traum von der großen Liebe Nahrung gibt, vom vollständigen Ineinanderaufgehen mit dem Geliebten. Die Liebe wird damit zu einer regelrechten Gralssuche: Es gilt, die verwandte Seele zu finden und sich für immer mit ihr wiederzuvereinen. Aristophanes kann damit als eigentlicher Begründer der romantischen Liebe gelten, wie sie sich sehr viel später im Abendland herausbildete. Doch sehen wir einmal vom mythischen Aspekt dieser Geschichte ab – existiert denn diese Liebe wirklich? Die allgemeine Erfahrung deutet eher darauf hin, dass es sie leider nicht gibt. Oder zumindest, dass sie äußerst selten ist. Absolute, unzerstörbare Liebe, totale Einheit zweier Wesen scheint eher eine Wunschvorstellung zu sein, für die zunächst die Psychoanalyse und später die verschiedenen psychiatrischen Wissenschaften diverse Erklärungen liefern konnten.

Auch Sokrates glaubt nicht an Aristophanes' Mythos, doch einen wesentlichen Aspekt davon greift er doch auf: Die Liebe ist in der Tat das Begehren nach etwas, was uns fehlt. Gerade deshalb kann übrigens die Liebe auch nicht göttlich sein: Götter kennen keine Entbehrung! »Was man nicht hat und was man nicht selbst ist, wohl aber zu sein wünscht, dies und dergleichen sind die Dinge, auf welche die Begierde und die Liebe gerichtet sind.« (Platon, *Das Gastmahl* 200e) Ausgehend von dieser Feststellung, behandelt Sokrates nun die Liebe. Dabei greift er auf einen anderen, nämlich den *Eros*-Mythos zurück. Weil sie so ungewöhnlich ist, lohnt es sich auch, seine Quelle zu nennen: Er will in dieser Sache nämlich von einer Frau belehrt worden sein, von Diotima aus Mantinäa. Von ihr lernte Sokrates, dass die Liebe (der *Eros*), die ja kein Gott sein kann, in Wirklichkeit ein *Daimonion* ist, ein Mittler zwischen Göttern und Menschen. Stets unbefriedigt, stets in Bewegung, stets auf der Suche nach seinem Gegenstand, stets als Bettler bringt der *Eros* die Menschen dazu, so unterschiedliche Dinge zu begehren wie Reichtum, Gesundheit, Ehren, Sinnesgenüsse und so weiter. Letztlich aber streben alle nach Unendlichkeit. Deshalb zeugen sie Kinder und schaffen Werke von Handwerk und Geist. Doch im Grunde weiß jeder, dass der Tod eine unumgängliche Wirklichkeit bleibt, dass weder die Liebe zu unseren Kindern noch die zu unseren Werken uns jemals dauerhaftes Glück verschaffen wird.

Da weiht Diotima den Sokrates in einen spirituellen Weg ein, der über die Liebe zum höchsten Gut führt, das allein uns beglücken kann. Stufenweise steigt die Seele durch die Liebe des Schönen auf zum höchsten Schönen und zum höchsten Guten, den zwei Gesichtern ein und derselben Wirklichkeit. Die Seele liebt zunächst einen bestimmten schönen Körper, dann die körperliche Schönheit insgesamt. Sie steigt immer weiter auf und liebt als Nächstes die Schönheit der Seele, dann die Schönheit der Tugend, der Gesetze und der Wissenschaft, bevor sie am Ende dieses langen Initiationsweges schließlich zur Schönheit an sich Zugang findet, die von göttlicher Natur ist. Nun kennt ihr Glück keine Grenzen mehr: »Auf dieser Stufe des Lebens (…) ist, wenn irgendwo, das Leben für den Menschen lebenswert, da er das Urschöne schaut«, schließt Diotima in Sokrates' Erzählung. »Bekommst du es jemals zu schauen, so wird es in deinen Augen einen ganz anderen Wert haben als Gold, Gewänder und als schöne Knaben und Jünglinge, bei deren Anblick du jetzt ganz außer dir gerätst und gleich vielen anderen, die sich in den Anblick ihres Lieblings versenken und sich von ihm nicht trennen können, womöglich bereit bist Essen und Trinken ganz zu vergessen, um immer nur ihn zu schauen und mit ihm zusammen zu sein. Was also (…) darf man wohl erwarten, wenn einem das Glück beschert würde, das Schöne selbst zu schauen in voller Deutlichkeit, Reinheit und Unvermischtheit (…), wenn er vielmehr das göttliche Schöne selbst in seiner immer sich gleich bleibenden Form schauen könnte?« (Platon, *Das Gastmahl* 211d–e)

Was also lernen wir aus der sokratischen Rede über die Liebe? Dass die Liebe des Menschen ein ewig ungestilltes Begehren ist, dass es aber nach einem langen spirituellen Weg Befriedung finden kann in der mystischen Betrachtung des Absoluten. Darin stimmt Sokrates überein mit dem, was später zahlreiche jüdische, christliche und muslimische Mystiker sagen werden: Die Liebe ist ein Streben nach Gott, das unbewusst bleibt und nur in Gott Ruhe findet. Auch wer die hemmungsloseste sexuelle Praxis auslebt, ist, ohne es zu wissen, auf der Suche nach dem höchsten Gut und dem äußersten Schönen, auf der Suche nach Gott. Er täuscht sich lediglich im Gegenstand seiner Liebe. Denn jede Liebe, jedes Begehren muss einfach nur das richtige Ziel finden. Hier treffen wir wieder auf Jesu Lehre über die Sünde, das nach seiner hebräischen Etymologie wie gesagt bedeutet, »sein Ziel zu verfehlen«. So betrachtet, ist die Liebe, wie Sokrates sagt, eine Anwandlung, eine Kraft, die uns in Bewegung setzt, doch sie ist keinesfalls eine Tugend – denn Tugend ist eine Krönung, eine feststеhende Eigenschaft der Seele. Liebe kann zum Guten wie zum Schlechten führen. Man kann sich aus Liebe opfern, aber man kann auch aus Liebe töten. Man kann sich aus Liebe an das hängen, was einem schlecht tut, oder an das, was einem nichts als guttut. Die Liebe an sich ist weder ein Vorzug noch ein Fehler, weder eine Tugend noch ein Laster, weder ein Gut noch ein Übel. Die Liebe ist die blinde universelle Kraft, die uns rastlos antreibt, etwas zu suchen, was uns fehlt, und die nach Erziehung, Beherrschung und Befehlen verlangt.

Jesus würde diese Definition des *Eros* nicht verwerfen, doch er gibt dem Wort »Liebe« noch eine ganz andere Bedeutung; und damit macht er sie, anders als Sokrates, zur höchsten aller Tugenden.

Die Liebe Christi

Lange vor Jesus hatte bereits Aristoteles, der brillante Schüler Platons, den Begriff der Liebe weiterentwickelt. Für ihn ist Liebe nicht nur Begehren. Sie kann sich auch in der Freundschaft äußern, die es zwei Menschen erlaubt, sich gemeinsam in gegenseitiger Teilhabe zu erfreuen. Diese freundschaftliche Liebe, die er zur Unterscheidung vom *Eros* als *Philia (φιλία)* bezeichnet, bildet, so erklärt Aristoteles freiheraus, gemeinsam mit der göttlichen Kontemplation die edelste Tätigkeit des Menschen, die ihn wirklich glücklich macht *(Nikomachische Ethik)*. Diese Auffassung hebt die Ansicht des Sokrates keineswegs auf, ergänzt sie aber: Ohne bis zur göttlichen Kontemplation zu gehen, kann die menschliche Liebe sich in Lust und Freude entfalten; sie ist nicht nur ein Antrieb, ein grundsätzlich ambivalentes Begehren und auch nicht immer Mangel oder Unbefriedigung. So macht Aristoteles aus der Liebe eine fröhliche Erfahrung, eine Tugend.

Jesus nun sagt von der Liebe noch etwas anderes, was auch diesen beiden Vorstellungen von *Eros* und *Philia* keinen Abbruch tut. Deshalb suchen die Verfasser der Evangelien im Griechischen nach einem dritten Wort, um den Begriff Christi von der Liebe zu bezeichnen: *Agape (ἀγάπη)*. Ausgehend von den Worten Jesu, führt dieses Wort eine neue Dimension ein, die das Begehren *(Eros)* und die Freundschaft *(Philia)* übersteigt. *Agape* ist eine Liebe, in der Wohlwollen und Freigebigkeit überwiegen.

Wie ich im Kapitel zur Wahrheit bereits dargelegt habe, stellt sich Jesus dar als der, der offenbaren möchte, dass »Gott Liebe ist«. Für ihn ist Liebe Gottes ureigenster Name. Die Liebe, um die es hier geht, ist kein Mangel, was bei Sokrates noch die Götter von ihr ausgeschlossen hatte; sie ist vielmehr eine Fülle des Seins. Jesus erklärt, dass Gott alle Menschen in einer absolut selbstlosen, bedingungslosen Liebe liebt. Und seine Liebe wird zum Vorbild, das den Menschen für die Liebe zu Gott und ihren Nächsten dienen soll.

Wie erklärt Jesus seinen Jüngern, wie diese göttliche Liebe beschaffen ist, die liebt, ohne erwiderte Liebe zu erwarten, die ohne Gegenleistung gibt, die aus reiner Güte jedem das Beste will? Er geht von dem aus, was sie am besten kennen: die Schrift und das mosaische Gesetz. So übernimmt er denn in seinen Sinne die berühmte »goldene Regel«, die im Alten Testament, aber auch in allen anderen antiken Kulturen auftaucht: »Was du nicht willst, das man dir tu, das füg auch keinem andern zu.« (Tob 4,16) Doch dieser Regel gedenkt er neues Gewicht zu verleihen, indem er sie für absolut allgemeingültig erklärt. In der Tat mahnt die hebräische Bibel zur Nächstenliebe (3. Mose 19,18), und auch verschiedene Weise des Talmud bestehen darauf, etwa Rabbi Aquiba, der sie als »größte Vorschrift des Gesetzes« bezeichnet. [41] Freilich bleibt die alttestamentliche Definition des »Nächsten« restriktiv und bezieht sich meist auf die Angehörigen desselben Volkes; erst in der ersten Hälfte des 1. Jahrhunderts wird Philon, ein jüdischer Philosoph, der von griechischer Kultur durchdrungen ist, sie auf die Fremden ausdehnen; man soll sie lieben »nicht nur wie Freunde und Verwandte, sondern wie sich selbst«. [42] Diese goldene Regel, die auch bei Griechen und Römern nur Freunden und Bürgern vorbehalten ist, möchte Jesus nun auf die Gesamtheit der Menschen ausdehnen: Mann, Frau, Kind, Fremde. Seine Definition dieses Nächsten kennt keine Grenze: »Denn wenn ihr liebt, die euch lieben, was werdet ihr für Lohn haben? Tun nicht dasselbe auch die Zöllner? Und wenn ihr nur zu euren Brüdern freundlich seid, was tut ihr Besonderes? Tun nicht dasselbe auch die Heiden? Darum sollt ihr vollkommen sein, wie euer Vater im Himmel vollkommen ist.« (Mt 5,46–48)

Jesus zufolge macht Gott keinen Unterschied zwischen den Menschen. Er ist ein gerechter, guter »Vater«, der all seine Kinder gleichermaßen liebt, ob sie nun gut sind oder schlecht, gerecht oder treulos. Deshalb geht Jesus noch einen Schritt weiter und erklärt, die Liebe müsse auch noch den Feinden gelten – und das ist für seine Zuhörer ein wahrer Schock. »Ihr habt gehört, daß gesagt ist: ›Du sollst deinen Nächsten lieben‹ und deinen Feind hassen. Ich aber sage euch: Liebt eure Feinde und bittet für die, die euch verfolgen, damit ihr Kinder seid eures Vaters im Himmel.

Denn er läßt die Sonne aufgehen über Böse und Gute und läßt regnen über Gerechte und Ungerechte.« (Mt 5,43–45) Mit diesem Wort durchbricht Jesus das grundlegende Gesetz der Gegenseitigkeit, auf dem die zwischenmenschlichen Beziehungen aller Gesellschaften beruhen. Seine Liebe geht weiter als die alttestamentliche Nächstenliebe, die die Feinde ausschloss, weiter als die *Philia* des Aristoteles, die in den Gefühlen unter Freunden Gegenseitigkeit einforderte. Die Liebe, die er meint, die *Agape*, ist ein Abbild der göttlichen Liebe: eine Liebe reinen Wohlwollens. Die Liebe Christi ist weder ein natürliches Gefühl noch ein gegenseitiges Gefühl, sondern sie wird geradezu ein universelles Gebot, das uns aufträgt, jeden Menschen zu lieben, wie Gott ihn liebt, wie Gott uns liebt. Mit seinen Worten, mehr aber noch mit seinen Taten will Jesus diese bedingungslose Liebe bezeugen. Und deshalb kann er einen Tag vor seinem Tod seinen Jüngern auftragen, »daß ihr euch liebt, wie ich euch geliebt habe« (Joh 13,34).

In seinem hervorragenden Buch *Ermutigung zum unzeitgemäßen Leben: ein kleines Brevier der Tugenden und Werte* bemerkt André Comte-Sponville: »Liebe läßt sich nicht erzwingen und kann darum auch keine Pflicht sein.« [43] Ob es um *Eros* geht oder um *Philia* – es stimmt, man liebt nie auf Befehl. Man liebt aus Begehren oder aus Vergnügen, folgt einem Trieb oder einer Entscheidung, aber nie, weil es jemand befohlen hat. Und genau darin liegt die große Schwierigkeit in der Nächstenliebe, die Jesus als »neues Gebot« (Joh 13,34) vorstellt. Mit Rückgriff auf Kant zeigt André Comte-Sponville dann auf, dass die Nächstenliebe im Sinne der Bibel und besonders im Sinne Christi ein »Ideal« ist, nach dem man streben muss, ein Ideal der Heiligkeit, das leitet und aufklärt. Wie jede andere Tugend kann man diese Art von Liebe also erwerben. Man liebt seinen Nächsten (besonders wenn er uns gleichgültig oder gar verhasst ist) nicht von allein: Man lernt ihn zu lieben, wie man lernt, gerecht zu sein oder maßvoll. Ebenso, wie Höflichkeit der Anschein von Moral sei, erklärt Comte-Sponville, so sei die Moral der Anschein von Liebe: »moralisch handeln heißt handeln, als ob man lieben würde (...). So wie die Moral uns dadurch von der Höflichkeit befreit, daß sie sie erfüllt (der wirklich tugendhafte Mensch braucht nicht mehr so zu tun als ob), genau so befreit uns ihrerseits die Liebe dadurch, daß sie die Moral erfüllt: wer wirklich liebt, braucht nicht mehr so zu tun als liebe er. Das ist der Geist des Evangeliums (›Liebe und tu, was du willst‹), durch den Christus uns vom Gesetz befreit, wie Spinoza erklärt, (...) dadurch, daß er es erfüllt (›Ich bin nicht gekommen aufzulösen, sondern zu erfüllen ...‹); das heißt, kommentiert Spinoza, er bestätigte und befestigte das Gesetz und ›schrieb es tief in ihre Herzen ein‹.« [44]

Jesus will also das Gesetz tief in die Herzen einschreiben, er will seine Zuhörer dazu erziehen, mit Wohlwollen und ohne Eigennutz zu lieben. Er betätigt sich als Erzieher zur Liebe im Sinne der *Agape*. Und dafür erfüllt er zunächst einmal das Gesetz, das heißt, er zeigt, wie Spinoza erinnert, dass das Gesetz nur so sinnvoll sein kann wie die Liebe, aus der es geboren ist; das Gesetz ist nur ein Lehrmittel zu dieser Liebe. Die Evangelien strotzen nur so von Beispielen dafür. Die Nächstenliebe steht über den religiösen Gesetzen: »Wer ist unter euch, dem sein Sohn oder sein Ochse in den Brunnen fällt, und der ihn nicht alsbald herauszieht, auch am Sabbat?«, fragt er in seiner Rechtfertigung, warum er am heiligen Ruhetag der Juden das Gesetz übertreten und Heilungen vorgenommen hat (Lk 14,5). Die

Nächstenliebe ist wichtiger als der Tempelkult: »Darum: wenn du deine Gabe auf dem Altar opferst und dort kommt dir in den Sinn, daß dein Bruder etwas gegen dich hat, so laß dort vor dem Altar deine Gabe und geh zuerst hin und versöhne dich mit deinem Bruder und dann komm und opfere deine Gabe.« (Mt 5,23–24)

Wer sich zur *Agape* erziehen lässt, muss in einzelnen Phasen zwangsläufig erst einmal lernen, begreifen, sich mühen, denn diese Form der Liebe kommt nicht nur nicht von selbst, sondern sie widerstrebt auch noch dem Egoismus, der dem menschlichen Herzen angeboren ist. Für Jesus dagegen wird diese Liebe auch von Gott auf den Menschen übertragen, er hilft ihm, genauso zu lieben, wie er selbst liebt. Die *Agape* wird den Herzen von Gott eingegeben, heißt es später bei den christlichen Theologen. Sie ist keine moralische Tugend, sondern eine »theologale« Tugend, sie kommt also von Gott und führt zu Gott. Und Jesus präsentiert sich in seinem Wort und seinem Wirken nicht nur als großer Lehrer der Liebe, sondern auch als ihr Mittler. Er verspricht, bei Gott dafür einzutreten, dass er seine Gnade walten lässt und jeden Menschen, der ihn um Hilfe anruft, zu lieben lehrt: »Und was ihr bitten werdet in meinem Namen, das will ich tun (...). Wer mich liebt, der wird mein Wort halten; und mein Vater wird ihn lieben, und wir werden zu ihm kommen und Wohnung bei ihm nehmen.« (Joh 14,13 und 23)

Jesus erklärt, wenn die göttliche Liebe, die dem gutwilligen Menschen aus Gnade gegeben wird, im Herzen Wurzeln schlägt, so bleibt sie keine Mühe mehr. Sie fließt wie »lebendiges Wasser« (Joh 4,10–11), sie macht frei, glücklich, fröhlich. Und hier ist Vergnügen nicht mehr die Befriedigung des Begehrens. Es ist die Freude des Gebens.

Eine Erfahrung, die jeder machen kann: die Freude, umsonst zu geben, ohne eine Gegenleistung zu erwarten, nicht einmal Dank oder ein Zeichen der Anerkennung. Diese Erfahrung macht Tag für Tag, wer sein Leben ganz Gott oder seinem Nächsten widmet. Paulus, der um Jesus eine ganze Heilstheologie entwickelt, die Worte Jesu aber erstaunlicherweise nur sehr spärlich zitiert, gibt aber doch eines wieder, das in den Evangelien nicht überliefert wird, obwohl es emblematisch ist. Er fordert hier das »Gedenken an das Wort des Herrn Jesus, der selbst gesagt hat: Geben ist seliger als nehmen« (Apg 20,35).

Wenn die Liebe ihre ersten Wurzeln schlägt, wenn sie keine Mühe mehr ist, wenn sie eine wahre Tugend wird, dann findet man in der *Agape* die Merkmale der *Philia* unter Freunden wieder: Vergnügen und Freude. Doch dieses Glück beruht auf einer gewissen Gegenseitigkeit zwischen dem Menschen und Gott oder Christus. Es ist eine göttliche Liebe. Deshalb sagt Jesus zu seinen Jüngern: »Wie mich mein Vater liebt, so liebe ich euch auch. Bleibt in meiner Liebe! Wenn ihr meine Gebote haltet, so bleibt ihr in meiner Liebe, wie ich meines Vaters Gebote halte und bleibe in seiner Liebe. Das sage ich euch, damit meine Freude in euch bleibe und eure Freude vollkommen werde. Das ist mein Gebot, daß ihr euch untereinander liebt, wie ich euch liebe. Niemand hat größere Liebe als die, daß er sein Leben läßt für seine Freunde. Ihr seid meine Freunde, wenn ihr tut, was ich euch gebiete. Ich sage hinfort nicht, daß ihr Knechte seid; denn ein Knecht weiß nicht, was sein Herr tut. Euch aber habe ich gesagt, daß ihr Freunde seid; denn alles, was ich von meinem Vater gehört habe, habe ich euch kundgetan.« (Joh 15,9–15)

Diese Rede hält Jesus seinen Jüngern an einem Donnerstagabend, einen Tag vor dem jüdischen Passahfest. Noch in derselben Nacht wird er festgenommen und am nächsten Tag verurteilt und gekreuzigt. Er weiß das. Er nimmt es hin. Und er will damit noch bis ins Äußerste dafür zeugen, was *Agape* ist. Denn kennzeichnend für den allgemeinen Egoismus ist es, sich immer weiter durchsetzen zu wollen, ja die anderen zu beherrschen; dieser Wille zu Durchsetzung und Macht steht an der Wurzel aller Tyrannei und aller Kriege. Jesus will zeigen, dass die göttliche *Agape* dem genau entgegengesetzt ist. Sie ist die Bezeugung der Machtlosigkeit. Nicht aus Ohnmacht wie bei einem Kind oder einem Menschen ohne Kraft oder Einfluss, sondern aus freier, gewollter Weigerung, die Macht, die man besitzt, einzusetzen. Ganz manifest wird die *Agape* erst im Rückzug, im frei gewählten Selbstverzicht. Genau das tut Jesus, indem er sich von einem der Seinen verraten lässt, sich dann seinen Anklägern ausliefern, sich verspotten und peinigen und schließlich kreuzigen lässt. Jesus stirbt, indem er die Wahrheit der Liebe als Hingabe des Selbst bezeugt. Wie ich in einem anderen Buch bereits geschrieben habe, [45] passt Jesu Tod zu seiner Botschaft: Er stürzt die sozialen Vortrittsregeln um (»die Ersten werden die Letzten sein«), er erhebt die Demütigen, er richtet sich vor allem an die Armen und Ausgeschlossenen, er preist die Kinder, wäscht seinen Jüngern die Füße, offenbart den Kern seiner Lehre einer fremden Sünderin, und er stirbt so entwürdigend wie irgend möglich, gekreuzigt wie ein Verbrecher. Die Gestalt des Retters, die er vorzeigt, ist nicht die eines glorreichen Messias, der seine Feinde niederkämpft, sondern die eines Messias, der »sanftmütig und von Herzen demütig« ist (Mt 11,29), der auf den Einsatz seiner Macht gegen seine Verfolger verzichtet. Damit lassen sich übrigens, jenseits der symbolischen Bedeutung und der Bezeugung seiner Barmherzigkeit, Jesu Wundertaten erklären. Hätte er nicht zunächst an übernatürlichen Zeichen seine Macht unter Beweis gestellt, so hätte niemand begreifen können, dass er selbst es sich verbot, diese Macht einzusetzen, um dem Tod zu entkommen. Ohne vorausgehende Demonstration seiner Fähigkeiten hätte man wahrscheinlich gedacht, er besäße nicht die Macht, seinem tragischen Ende zu entgehen. Doch die dramatische, die rätselhafte Kraft der Evangelien beruht eben auf diesem Widerspruch zwischen der Macht Jesu, die sich in seinen Wundern in der Zeit seines öffentlichen Wirkens zeigt, und der Ohnmacht, die er bei seiner Passion erkennen lässt. Dieser schreiende, scheinbar absurde Widerspruch entging übrigens auch nicht den Zeugen seiner Kreuzigung: »Er hat anderen geholfen; er helfe sich selber, ist er der Christus, der Auserwählte Gottes.« (Lk 23,35)

Jesus stellt nicht nur die Gestalt des allmächtigen Messias auf den Kopf, sondern auch die des irdischen Messias. Klar und deutlich verkündet er, sein Reich sei nicht von dieser Welt. Und indem er Gottes Reich so »aus der Welt« schafft, zeigt er, dass es in Wahrheit im Jenseits liegt. Der ganze Sinn der Auferstehung – natürlich sofern sie stattfand, aber auch der Ungläubige sollte versuchen, die Kohärenz des christlichen Mythos zu verstehen, abgesehen von seiner Wahrhaftigkeit – beruht auf dieser Logik des Jenseitsdenkens, im Übergang von einem irdischen in ein himmlisches Reich. Den Evangelien zufolge ist Jesus nicht auf Erden gekommen, um die Herrschaft Gottes durchzusetzen, sondern um die Menschen zu sich zu holen und ihnen den Weg zu zeigen, der ins Himmelreich führt; und dessen Existenz bezeugt er durch seine Auferstehung, dann durch seine Himmelfahrt. Dieser Himmel ist kein physikalischer Ort, sondern Symbol des Jenseits. Ein kriegerischer Messias hätte mit Gewalt über seine Feinde triumphiert und das Gesetz Gottes auf Erden eingesetzt. Jesus ist ein gekreuzigter Christus, »den Juden ein Ärgernis und den Griechen eine Torheit«, so Paulus (1. Kor 1,23), ein Messias, der durch seine Selbstaufgabe bezeugen will, was *Agape* ist, die göttliche Liebe.

Am Maßstab dieser Liebe wird die Lehre Christi in ihrer Einzigartigkeit sichtbar: Explizite Anbetung ist nicht nötig, damit der menschliche Geist mit Gott verbunden ist, damit er vom Geist in Bewegung versetzt wird, der »bläst, wo er will« (Joh 3,8). Jeder Mensch, der wahrhaftig und liebevoll handelt, ist mit Gott verbunden, dem Quell aller Güte. So spricht denn auch Dietrich Bonhoeffer – der 1945 im KZ Flossenbürg hingerichtet wurde, weil er mit dem Hitler-Attentat vom 20. Juli in Verbindung gebracht wurde – von Christus als dem »Herrn auch der Religionslosen«. [46] Beobachten wir Anhänger jeder beliebigen Religion, so stellen wir ohne weiteres fest, dass die Kenntnis der heiligen Schriften, die explizite Verbindung mit Gott, die Vollführung der rituellen Gebete und der religiösen Vorschriften dem Gläubigen sicherlich helfen können, jedoch nie eine Garantie für beispielhaftes Verhalten oder ein rechtes Leben darstellen. Andererseits hindert das Fehlen einer Religion niemanden daran, wahrhaftig, gerecht und gut zu sein. Die Botschaft Christi erkennt diese allgemeine Beobachtung an und verleiht ihr eine theologische Grundlage: Gott zu verehren bedeutet letzten Endes, seinen Nächsten zu lieben. Und Rettung wird jedem Menschen guten Willens verheißen, der nach seinem Gewissen in Wahrheit lebt. Deswegen erklärt Jesus der Samariterin

(Joh 4), dass keine menschliche Vermittlung, keine Opfertat, keine Institution unabdingbar ist, um dem Menschen eine Verbindung mit Gott zu ermöglichen und die Erfahrung seiner Gnade, die den Weg zum ewigen Leben frei macht. In dem berühmten Gleichnis vom Weltgericht erklärt er das den Gläubigen so deutlich wie irgend möglich: »Kommt her, ihr Gesegneten meines Vaters, ererbt das Reich, das euch bereitet ist von Anbeginn der Welt! Denn ich bin hungrig gewesen, und ihr habt mir zu essen gegeben. Ich bin durstig gewesen, und ihr habt mir zu trinken gegeben. Ich bin ein Fremder gewesen, und ihr habt mich aufgenommen. Ich bin nackt gewesen, und ihr habt mich gekleidet. Ich bin krank gewesen, und ihr habt mich besucht. Ich bin im Gefängnis gewesen, und ihr seid zu mir gekommen.« Und als die Gerechten, die Jesus gar nicht kennen, sich über diese Worte wundern, antwortet er ihnen: »Wahrlich, ich sage euch: Was ihr getan habt einem von diesen meinen geringsten Brüdern, das habt ihr mir getan.« (Mt 25,34–40)

Das buddhistische Mitgefühl

Zwar offenbart Jesus die freigebige Liebe göttlicher Natur, doch seine Lehre umfasst durchaus auch den sokratischen *Eros,* dieses nie gestillte Verlangen, aufgrund dessen das menschliche Herz sich an das hängt, was ihm fehlt, und das ihn zur höchsten Schönheit, Güte und Wahrheit führen kann. Beim Buddha ist das anders: Auch diese begehrende Liebe verurteilt er ganz unzweideutig. Wie wir im Kapitel über die Wahrheit bereits festgestellt haben, zielt seine Lehre gar darauf ab, sie ganz auszulöschen. Das Ziel des Buddha lautet, alles Leiden zu vernichten. Da nun das Begehren eine Ursache des Leidens ist, muss man darauf radikal verzichten. Askese und buddhistische Meditation sollen jedes Begehren, jeden Durst auslöschen, jeden Mangel und jedes Anhängen. Die Liebe in der Form des *Eros* wird also vom Buddha durchaus identifiziert, doch weil er sie als Auslöser von Leid bezeichnet, wird sie ganz und gar verurteilt. Denn anders als Sokrates und Jesus glaubt der Buddha nicht an die Existenz eines absolut guten Gottes, den Quell aller Güte, zu dem unser Begehren uns führen und an den es uns zu unserem größten Glück binden könnte. In der begehrenden Liebe sieht er also nur die Bindung, die Leiden verursacht, weil sie Quell ständiger Unbefriedigtheit ist. Kaum mehr Zuspruch findet bei ihm die Liebe in Form der *Philia*, die gegenseitige Freundschaft, denn auch sie kann ins Unglück führen. Es kann sein, dass ein Freund aufhört, uns zu lieben, oder dass er stirbt, und diese Traumata (die sich aus unserer Bindung ergeben) können großes Leid verursachen. Der Buddha versagt also jede Liebe, die mit einer solchen Bindung einhergeht.

Kann es unter diesen Umständen im Buddhismus überhaupt noch eine Form von Liebe geben? Oder hat man sich den Mitmenschen gegenüber gleichgültig zu geben, um nie zu leiden? Ist demnach die höchste Tugend der Gleichmut?

Diese Frage hat die buddhistische Lehre in den Jahrhunderten nach dem Tod ihres Begründers heftig umgetrieben. Um diesen zentralen Punkt erhoben sich zahllose Kontroversen, und er sorgte für das bedeutendste Schisma innerhalb des *Sangha*. Den Anhängern des Theravada zufolge lehrte der Buddha in der Tat uneingeschränkten Respekt vor jedem Lebewesen, hier besteht also ein Verbot, jegliches fühlende Wesen zu töten. Dieser Respekt vor allem Lebendigen, der sich in radikaler Gewaltlosigkeit äußert, entspricht dem ersten Grundprinzip des Buddhismus, denn Gewalt steht in Zusammenhang mit Begehren und Anhaftung. In der ursprünglichen Botschaft des Buddha kann also von einer wohlwollenden Liebe die Rede sein, auf Sanskrit *Maitri*. Um sich vom *Samsara* zu befreien und sein negatives *Karma* abzutragen, darf der Einzelne keinerlei negativen Gedanken hegen und nichts Böses tun. Er muss für alle Lebewesen das Beste wollen und sich dementsprechend verhalten. Doch man könnte einwenden, dass er das aus Eigennutz tut: Er tut deshalb den Mitmenschen kein Unrecht an, weil er sich selbst aus dem Kreislauf der Wiedergeburten befreien möchte. Zwar verhält er sich dem anderen gegenüber gut, doch vor allem folgt er seinem persönlichen Interesse. Das ist der Vorwurf, den die Anhänger eines anderen Verständnisses von der Botschaft des Buddha den Glaubensälteren machen. Sie wollen diesen tief verwurzelten Egoismus durchbrechen und erklären, der Respekt vor allen Lebewesen müsse sehr viel aktiver, weiter verstanden werden: nämlich als aktives, universelles Mitgefühl.

Dieses Mitgefühl – auf Sanskrit *Karuna* – ist als unendliche Güte zu verstehen, als die Fähigkeit, das Leiden des Mitmenschen mitzuerleben und ihm die Hand zu reichen, um ihm aus dem Kreislauf des *Samsara* herauszuhelfen. Der Theravada, die sogenannte Schule der Glaubensälteren, legt also den Schwerpunkt auf die Arbeit jedes Einzelnen, der die Erweckung erlangen und aus dem *Samsara* befreit werden möchte; der Mehrheit der Buddhisten dagegen, die sich im Mahayana oder Großen Fahrzeug zusammenfindet, gilt das Mitgefühl als Kardinaltugend des Buddhismus. Die gesamte buddhistische Literatur des Großen Fahrzeugs, aber auch die des Theravada, die im Lauf der Jahrhunderte selbst stark von der Doktrin des Mitgefühls beeinflusst wurde, interpretiert nun das Leben und die Lehre des Buddha am Maßstab dieser höchsten Tugend. Und es gibt da ein erstaunliches historisches Detail: Genau zu Beginn unserer Zeitrechnung, als Jesus seine Botschaft von der freigebigen Liebe verbreitet, gewinnt das Große Fahrzeug im fernen buddhistischen Asien endgültig die Oberhand, die Liebe in Form des Mitgefühls wird zum Dreh- und Angelpunkt des *Dharma*.

Vehement weist die buddhistische Lehre auch das Vergeltungsrecht zurück und predigt stattdessen die Feindesliebe: »Wenn irgendjemand dir einen Hieb mit der Hand, mit einem Erdklumpen, mit einem Stock oder mit einem Messer geben würde, (...) solltest du dich so üben: ›Mein Geist wird unbeeinträchtigt sein, und ich werde keine bösen Worte äußern; ich werde in Mitgefühl für sein Wohlergehen verweilen, mit einem Geist voll liebender Güte, ohne inneren Haß‹«, erklärt der Buddha seinem Schüler Phagguna (*Majjhima Nikaya* 21, 6); das erinnert durchaus an das Wort Jesu: »Und wer dich auf die eine Backe schlägt, dem biete die andere auch dar.« (Lk 6,29) Freilich könnte man feststellen, dass das Mitgefühl beim Buddha sogar noch weiter geht als bei Christus, denn seine Heilslehre richtet sich an alle Lebewesen. Darin geht er über Jesus und Sokrates hinaus, die in den Grenzen des Anthropozentrismus haften bleiben. Eine der Folgen aus diesem buddhistischen Denken ist ein tiefer Respekt für Tiere und die gesamte Natur. Von diesem Respekt, der die buddhistische Tradition durchdringt, sind die griechisch-abendländische und die jüdisch-christliche Tradition weit entfernt, denn Mitgefühl für das Leid von Tieren ist dort weithin unbekannt.

Unter dem Einfluss der Lehre im Mahayana berichten die Biografien des Lehrmeisters, als der Buddha sich unter dem Bodhi-Baum in Bodhgaya in die Meditation versenkte, sei in ihm, der noch nicht der Buddha war, die Erinnerung an seine Kindheit aufgekommen; da setzte er sich im Garten seines Vaters in den Schatten eines Baumes und beobachtete, wie die Bauern unter der stechenden Sonne Indiens die Felder pflügten. Er war noch ein Kind, doch er empfand bereits tiefes Mitgefühl, einerseits für die Bauern, die so hart arbeiteten, und andererseits für die Insekten, die unter dem schweren Pflug zerfetzt und zu Tode gequetscht wurden. Dieses Mitgefühl wird als Regung tiefster Empathie für diese Wesen beschrieben, mit denen das Leben so gewaltsam umgeht, diese leidenden Wesen. Und diese Erinnerung, so die Buddha-Biografen, wird zum Ausgangspunkt für den Prozess werden, der ihn zur Erweckung und zum Erkennen der »vier edlen Wahrheiten« führen wird. Den Biografen zufolge wird der Buddha danach sein Leben lang das Leiden aller Wesen mitfühlen, wird sogar noch für das kümmerlichste Grasbüschel Güte und Empathie zeigen. Von seinen Mönchen verlangt er, aufmerksam miteinander umzugehen, einander ebenso viel Aufmerksamkeit zu schenken wie jeder sich selbst. Als der Buddha eines Tages in eines der Klöster kommt, begegnet er Putigatta, einem alten, kranken Mönch, der in seinem Urin und seinen Exkrementen liegt, ohne dass die anderen Mönche, die ganz in ihren Übungen und Meditationen versunken sind, auf den Gedanken kommen, ihn zu versorgen: »Auch ich, Verehrungswürdiger, habe den Mönchen nicht geholfen, daher pflegen die Mönche mich nicht«, so entschuldigt sich Putigatta beinahe für seinen erbärmlichen Zustand. Mit Unterstützung des getreuen Ananda badet der Buddha Putigatta, wäscht sein Gewand und versorgt ihn mit dem Nötigsten. Danach ruft er alle Mönche des Klosters zusammen und wirft ihnen fehlendes Mitgefühl vor: »Nicht habt ihr, Mönche, Mutter und Vater, die euch pflegen würden. Wenn ihr, ihr Mönche, euch nicht gegenseitig pflegt, wer sonst sollte euch pflegen? So, wie man mich pflegen würde, so soll man Kranke pflegen.« (*Vinaya Mahavagga*, 8, 26)

Und der Mutter, die ihr Kind verloren hat und den Erhabenen bittet, es wieder aufzuerwecken, stellt er eine Bedingung: Sie soll eine einzige Familie finden, die nicht das gleiche Unglück durchgemacht hat. Die Frau läuft durch die ganze Stadt, klopft an alle Türen – vergeblich. Und als sie zum Buddha zurückkommt, ist sie befriedet: Sie hat bei all denen, denen sie begegnet ist, das Mitgefühl gefunden, das ihr zur Überwindung ihres Unglücks geholfen hat.

Die Biografen berichten auch, dass der allwissende Buddha jeden Tag im Morgengrauen seinen Blick über die Erde und alle anderen Welten schweifen ließ, um zu sehen, wem er bei Sonnenaufgang zu Hilfe eilen würde.

In der Tradition des Großen Fahrzeugs wurde so aufgezeigt, dass das Mitgefühl die höchste Tugend des *Dharma* ist und seine Stärkung das eigentliche Ziel der spirituellen Übung. Deshalb muss auch für einen Laien, der ganz am Anfang des Weges steht, jede Meditation mit einem mitfühlenden Gedanken an alle Leidenden beginnen. Die Absicht hinter der spirituellen Übung muss vom Mitgefühl bestimmt sein. Deswegen entwickelt jeder Meditierende dieses altruistische Ideal, indem er gelobt, nicht nur sich vom Leid zu erlösen, sondern die Erwachung zu erlangen, um danach alle Wesen zur letzten Befreiung geleiten zu können. Dieses Gelöbnis, der »Erleuchtungsgeist« *(Bodhichitta),* beginnt »mit dem Wunsch, alle fühlenden Wesen zu befreien«. Damit strebt das Große Fahrzeug nicht mehr nur das Ideal des Buddha an, sondern auch das des *Bodhisattva,* der zwar von den Ketten der Wiedergeburt befreit ist, sich aber freiwillig denen zuwendet, die noch immer leiden; er wird wiedergeboren, um ihnen bei der Überwindung des Leids zu helfen – wie der Philosoph, der am Ende in die Höhle zurückkehrt, um die Gefangenen von der Unwissenheit zu befreien, oder wie Christus, der erklärt, von Gott zu kommen und auf die Erde herabgestiegen zu sein, um seine Liebe zu bezeigen.

Christliche Theologen verfassten ganze Bücher um die Frage, ob das buddhistische Mitgefühl der christlichen *Agape* gleichkommt. Die Antwort fällt meistens negativ aus; man unterstreicht das Persönliche an der *Agape*, das der buddhistischen Doktrin vom »Nicht-Selbst« widerspricht; wie zuvor bereits erklärt, wird dabei das Individuum als provisorisches Aggregat ohne dauerhaftes Substrat betrachtet. Wie soll man bei einer solchen Grundauffassung jemanden wirklich lieben, der doch gar keine Person ist?, so lautet die zentrale Frage. Der profunde Buddhismuskenner Henri de Lubac etwa schreckt nicht vor dieser Aussage zurück: »Der wesentliche Punkt, der zwischen der buddhistischen und der christlichen Barmherzigkeit einen ganzen Abgrund aufreißt, lautet, dass bei Letzterer der Nächste als Person geliebt wird, wovon bei Ersterer nicht die Rede sein kann. (…) Im Buddhismus kann an sich selbst ein ›Ich‹ nicht lieben, denn es ist nur Täuschung und soll ganz aufgelöst werden: Wie sollte man dann das ›Ich‹ eines anderen wirklich lieben? Die Person des anderen wird nicht ernst genommen und kann damit nicht Gegenstand ernsthafter Liebe sein. (…) Die buddhistische Wohltätigkeit (…) richtet sich nicht, kann sich nicht an das Wesen selbst richten, sondern nur an sein körperliches oder moralisches Elend.« [47]

Diesen Kritikpunkt führen auch einige moderne Philosophen an. Liebt man den anderen aus Mitgefühl, sagen sie, so heißt das, man liebt ihn nur, weil er leidet, und reduziert ihn damit auf sein Leid. Auch Nietzsche hatte genauso wenig für christliche Barmherzigkeit – das »Mitleid« – übrig wie für das buddhistische Mitgefühl. Allerdings glaube ich, dass wir es hier mit einem Missverständnis der christlichen *Agape* und des buddhistischen Mitgefühls zu tun haben. Das »christliche Mitleid«, das Nietzsche verdammt, ist eine Entartung der freigebigen Liebe. Es ist eine herablassende Haltung, die für das christliche Bürgertum des 19. Jahrhunderts typisch war und nichts mit der Liebe gemein hat, von der Jesus spricht. In seinem Hass gegen das Mitleid konnte Nietzsche so Absätze formulieren, die einen das Fürchten lehren: »Diese allgemeine Menschenliebe ist in praxi die *Bevorzugung* alles Leidenden, Schlechtweggekommenen, Degenerierten. […] Die Gattung braucht den Untergang der Mißratenen, Schwachen, Degenerierten.« [48] Stärker antichristlich und antibuddhistisch zugleich geht es nicht mehr. Doch zugleich unterstreicht das gleichsam zwischen den Zeilen, wie nah sich die beiden Religionen darin sind, die Schwachen schützen zu wollen, das Leben zu respektieren und die Liebe für die Leidenden zu proklamieren. Genau hier gerät übrigens auch die Kritik der katholischen Theologen an ihre Grenzen. Denn theoretisch betrachtet der Buddhismus tatsächlich das Gefühl der Individualität als Täuschung; praktisch aber sind der buddhistische Mönch und Laie angehalten, den anderen zu lieben, wie er ist, denn sein Leid erfährt er als Individuum, das sich – und sei es zu Unrecht – seiner Individualität bewusst ist. Und man muss nur einmal sehen, wie sehr die Mönche in den buddhistischen Ländern an ihren geistlichen Führern hängen, wie sie bei ihrem Tod um sie weinen; dann versteht man, dass die Liebe im Buddhismus letztlich meistens genauso verkörpert erlebt wird wie im Christentum, ganz unabhängig von den Unterschieden in der Lehrmeinung. [49]

Die führende Gestalt im Mahayana ist die des Avalokiteshvara, Buddha des universellen Mitgefühls; im Westen ist er unter seinem tibetischen Namen Chenrezig bekannter, das heißt wörtlich »der mit Mitgefühl betrachtet«; der Dalai-Lama gilt als eine seiner Verkörperungen.

Ich hatte etwa zehn Mal Gelegenheit, Tenzin Gyatso zu begegnen, dem 14. Dalai-Lama, und ich muss offen sagen, dass ich bei keinem anderen Menschen je eine solche Kraft des Mitgefühls verspürt habe. In einem anderen Buch habe ich ausführlich von einer persönlichen Erinnerung berichtet, die mich sehr bewegt hat. [50] Im Jahr 2001 wurde ich in der indischen Residenz des Dalai-Lama Zeuge einer Begegnung zwischen ihm und einem Engländer (in Begleitung seines kleinen Sohnes), der kürzlich unter dramatischen Umständen seine Frau verloren hatte. Als der Dalai-Lama den Bericht dieses Mannes angehört hatte, stand er auf, nahm den Mann und den Sohn in den Arm und weinte mehrere Minuten lang mit ihnen. Als der Engländer ihm daraufhin erklärte, er sei nach allzu vielen Enttäuschungen über das Christentum zum Buddhismus konvertiert, ließ der Dalai-Lama ihm eine wunderbare orthodoxe Ikone von Christus und Maria aus seinem Besitz holen. Er überreichte sie ihm mit den Worten: »Buddha ist mein Weg, Christus ist dein Weg.« Der Mann war davon so überwältigt, dass er mir später berichtete, er habe den Weg zurück zum christlichen Glauben gefunden. Bei diesem Treffen waren weder Fotografen noch Fernsehkameras dabei. Der Dalai-Lama konnte nichts dabei gewinnen, zwei Stunden mit diesem Vater und seinem Sohn zu verbringen, die vollkommen unbekannt waren und ihn eigentlich nur ein paar Minuten hätten sehen sollen. Er nahm keinerlei Pose ein. Er war ganz er selbst: ein aufrichtiger, guter Mensch, der in sechzig Jahren alltäglicher spiritueller Praxis die Tugend des universellen Mitgefühls ausgebildet hatte, wie der Buddha sie predigt: »Was auch an Lebewesen es hier gibt, die schwachen und die starken, restlos alle; mit lang gestrecktem Wuchs und groß an Körper, die mittelgroß und klein, die zart sind oder grob gebaut. Die sichtbar sind und auch die unsichtbaren, die ferne weilen und die nahe sind, entstandene und die zum Dasein drängen, – die Wesen alle: Glück erfüll' ihr Herz!« (*Sutta-nipata* 118)

Mit diesem schlichten Erlebnis möchte ich dieses Buch beschließen. Für das, was ich hier ausdrücken möchte, und für meine eigene Geschichte ist es recht symptomatisch. Wie bereits im Vorwort formuliert, waren Sokrates, Jesus und der Buddha meine drei wichtigsten Lehrmeister. Und sie arbeiteten alles andere als gegeneinander, sondern verwiesen in meinem Inneren und in meinem Leben immer wieder einer auf den anderen. Jeder auf seine Weise haben sie mir die Kraft gegeben, voll und ganz zu leben, mit offenen Augen, in freudiger Gemeinschaft mit so vielen anderen Menschen aus ganz verschiedenen Kulturen und Religionen. Sie haben mich auch gelehrt, meine Grenzen und Schwächen zu akzeptieren, und haben mir zugleich immer den Weg zu einem notwendigen Fortschritt aufgezeigt. Das Leben ist kurz, aber der Weg zur Weisheit ist lang!

Im Verständnis von Weisheit fallen bei unseren drei Lehrern das Wahre und das Gute zusammen. Die Kenntnis des Wahren macht nur dann einen Sinn, wenn wir dadurch gut zu handeln vermögen. Deshalb ist die Botschaft des Buddha, Sokrates' und Jesu letzten Endes eine ethische Botschaft. Gelungen ist ein Leben dann, wenn es die Wahrheit in die Praxis hat umsetzen können. Und deswegen ist auch das persönliche Zeugnis dieser drei so wichtig: Dass sie Generationen von Männern und Frauen geprägt haben und dass sie uns noch heute so glaubwürdig erscheinen, liegt daran, dass sie ihre Lehre selbst in die Tat umgesetzt haben. Sie haben mit ihren Taten bezeugt, wie treffend ihre Botschaft ist. Und was ihnen am wichtigsten ist, ist die Umwandlung ihrer Zuhörer. Ihr Wort, das von ihrem Leben bestätigt wird, muss im Denken oder im Herzen derer, die es hören, etwas bewirken. Es muss »Frucht bringen«, wie Jesus sagt, und ihre nahen oder fernen Jünger dazu bringen, sich zu verbessern, anders zu leben. Deswegen nenne ich sie in erster Linie »Lehrer zum Leben«. Sie erziehen uns und helfen uns zu leben. Sie verkünden uns kein fix und fertiges Glück, sondern versprechen es als Vollendung einer echten Arbeit an sich selbst. Sie sprechen nicht so sehr von Vergnügen, sondern von Freude. Sie sind anspruchsvolle Führer, wohlwollende Geburtshelfer, ewige Erwecker.

Danksagung

Ganz herzlich danke ich Djénane Kareh Tager für ihre wertvolle Hilfe bei der Vorbereitung dieses Buches. Ohne ihre Hilfe und Ausdauer hätte dieses Werk noch lange nicht erscheinen können! Mein Dank gilt auch Leili Anvar für die sorgfältige, wohlwollende und aufmerksame Redaktion. Ein freundschaftlicher Gedanke schließlich für Susanna Lea und ihr ganzes Team sowie für meinen Verleger Claude Durand, der vor zwanzig Jahren mein erstes Buch verlegte.

Homepage des Autors: *http://www.fredericlenoir.com*

Anmerkungen

[1] Karl Jaspers, *Die maßgebenden Menschen. Sokrates, Buddha, Konfuzius, Jesus,* München: Piper 1964.

[2] 11. Felsenedikt des Königs Ashoka, zitiert nach *Die Edikte des Kaisers Asoka. Vom Wachstum der inneren Werte,* aus dem Prakrit übersetzt und eingeleitet von Wolfgang Schumacher, 26 »Bodhi-Blätter«, eine Schriftenreihe aus dem Haus der Besinnung, Dicken 1991.

[3] 5. Felsenedikt des Königs Ashoka, ebenda.

[4] Gregory Vlastos, *Socrate, ironie et philosophie morale,* Paris: Aubier 1991, S. 76.

[5] John Meier, *Un certain juif, Jésus,* Paris: Cerf 2006.

[6] Flavius Josephus, *Jüdische Altertümer* XVIII, 3, 3, neu übersetzt nach John Meier.

[7] Flavius Josephus, *Jüdische Altertümer,* übersetzt von Heinrich Clementz, Wiesbaden: Fourier [11]1993, XX, 9, 1.

[8] Tacitus, *Annalen* 15, 44, übersetzt von Carl Hoffmann, München: Goldmann 1978.

[9] Plinius *Epistolae* 10, 96, 6–7.

[10] Irénée de Lyon, *Contre les hérésies,* 3, 1, 1.

[11] Eusebius von Caesarea, *Kirchengeschichte* 3, 39, 15, übersetzt von Philipp Haeuser, München: Kösel 1932, S. 153–154.

[12] Sammlung heiliger Texte, vor allem Hymnen und rituelle Gebete, die zwischen 1800 und 800 vor unserer Zeitrechnung entstanden.

[13] Platon, *Kratylos* 384a.

[14] Zu diesem Thema siehe Gilbert Romeyer-Dherbey (Hrsg.), *Socrate et les socratiques,* Paris: Vrin 2001, S. 30–31.

[15] Dan Brown, *The Da Vinci code,* New York: Anchor Books 2003, deutsch *Sakrileg,* übersetzt von Piet van Boll, Bergisch Gladbach: Lübbe 2005 (Illustrierte Ausgabe), S. 266. Ich übernehme hier die Argumentation aus meinem gemeinsam mit M. F. Etchegoin verfassten Titel *Das*

Geheimnis des Da-Vinci-Code: Geheimbünde, Verschwörungen, codierte Gemälde und die wahren Schauplätze in Dan Browns »Sakrileg«, übersetzt von Reiner Pfleiderer, München: Piper 2005.

[16] *Vinaya Mahavagga* 1,5.

[17] Flavius Josephus, *Jüdische Altertümer* XVIII, 5, 2.

[18] Siehe dazu meinen *Petit traité d'histoire des religions*, Paris: Plon 2008.

[19] Platon, *Apologie* 21a.

[20] Zitiert nach Emile Bréhier, *Histoire de la philosophie*, Paris: Félix Alcan 1928, S. 70.

[21] Gregory Vlastos, a. a. O., S. 47.

[22] Pierre Hadot, *Eloge de Socrate*, Paris: Allia 1998, S. 14.

[23] Für eine vollständigere Untersuchung von Jesu Wunderwirken siehe Xavier Léon-Dufour, *Les Miracles de Jésus selon le Nouveau Testament*, Paris: Seuil 1977.

[24] Das jüdische Pessach (Passah) fiel unter Pontius Pilatus zweimal auf einen 15. Nisan, nämlich in den Jahren 30 und 33 unserer Zeitrechnung.

[25] Frédéric Lenoir, *Le Christ philosophe*, Paris: Plon 2007; Points 2009.

[26] Bis Ende des 1. Jahrhunderts wird der Ehrentitel »Rabbi« denen verliehen, die über besonderes Wissen verfügen. Seine heutige Bedeutung erhält er erst nach der Zerstörung des Tempels im Jahr 70 und der Begründung des rabbinischen Judentums unter der Ägide von Jochanan ben Sakkai, einem Rabbi, der in Jawne im Exil war.

[27] Das aramäische Wort *abba* verwenden schon früh alle Christen, auch die Griechen, in ihren Gebeten. Die Forschung ist sich einig, dass dieser erstaunliche Wortgebrauch nur durch den Willen zu erklären ist, eine von Jesus begründete Tradition fortzusetzen.

[28] Clemens von Alexandria, *Der Erzieher* 1, 53, und *Mahnrede an die Heiden*, I, 7, 1, in: *Des Clemens von Alexandreia ausgewählte Schriften*, aus dem Griechischen übersetzt von Otto Stählin, Kempten; München: J. Kösel: F. Pustet, 1934, S. 251 und S. 77.

[29] Tertullian, *Gegen Praxeas* 1, in: *Tertullians sämtliche Schriften*, Aus dem Lateinischen übersetzt von Karl Adam Heinrich Kellner, Köln 1882.

[30] Dieses sogenannte Altrömische Bekenntnis gilt als Vorläufer des Apostolischen Glaubensbekenntnisses. Zitiert nach Hans Lietzmann, *Geschichte der Alten Kirche*, Berlin: de Gruyter 1961, Bd. 2, S. 106.

[31] Philostorgius, *Kirchengeschichte* 2, 2. Von den zwölf von Philostorgius verfassten Bänden, die die Zeit vom Beginn des arianischen Streits bis

425 abdecken, besitzen wir nur noch die Zusammenfassung, die im 9. Jahrhundert der Patriarch Photius von Konstantinopel anfertigte.

[32] Horos (Glaubensentscheidung) des Konzils von Chalkedon; zitiert nach Josef Wohlmuth (Hrsg.), *Concilium oecumenicorum decreta*, Band 1, Ferdinand Schöningh: Paderborn ^{3}1998, S. 86.

[33] Diese Episode wird im *Lalitavistara* überliefert, einer poetischen Biografie des Buddha, die wahrscheinlich zu Beginn unserer Zeitrechnung auf Sanskrit verfasst wurde.

[34] In einem Leitartikel der Zeitschrift *Le Monde des religions*, Januar-Februar 2009.

[35] Platon, *Der Staat*, Buch 7.

[36] André-Jean Festugière, *Sokrates*, deutsche Bearbeitung von Alban Haas, Speyer: Pilger-Verlag 1950, S. 81.

[37] Thematisch geordnete Sprüchesammlung.

[38] André-Jean Festugière, a. a. O., S. 110.

[39] So die Übersetzung Luthers. In der Lutherbibel von 1984 wird (entsprechend den geläufigen französischen Bibelausgaben) dieser Satz übersetzt mit »das Reich Gottes ist mitten unter euch«; das griechische Wort *ἐντός* bedeutet aber auch »innen«.

[40] *Le Christ philosophe*, a. a. O., Nachwort.

[41] *Midrash Sifra*, Lev 19, 18.

[42] Philon von Alexandria, *De virtutibus* 103.

[43] André Comte-Sponville, *Ermutigung zum unzeitgemäßen Leben: ein kleines Brevier der Tugenden und Werte*, aus dem Frz. von Josef Winiger und Una Pfau, Reinbek: Rowohlt 1996, S. 261.

[44] André Comte-Sponville, a. a. O., S. 263f. Der Verweis auf Spinoza bezieht sich auf Kapitel 4 in dessen *Theologisch-politischer Abhandlung*. Baruch de Spinoza, der 1656 aus der Synagoge ausgeschlossen wurde, konvertierte nie zum Christentum, betrachtete Christus aber als größten Weisheitslehrer.

[45] *Le Christ philosophe*, a. a. O., Nachwort.

[46] Diesen letzten Gedanken kennen wir aus seinen Briefen aus der Gefangenschaft, die 1951 unter dem Titel *Widerstand und Ergebung* veröffentlicht wurden; zitiert nach der Ausgabe Hamburg: Siebenstern 1966, S. 133.

[47] Henri de Lubac, *Aspects du bouddhisme*, Bd. 1, Paris: Seuil 1951, S. 36 und S. 50.

[48] Friedrich Nietzsche, *Der Wille zur Macht,* Stuttgart: Kröner, 1964, S. 175.

[49] Zur Vertiefung dieses Aspekts verweise ich auf das hervorragende Dialogbändchen von Dennis Gira und Fabrice Midal, *Jésus Bouddha, quelle rencontre possible?,* Paris: Bayard 2006.

[50] Frédéric Lenoir, *Tibet, le moment de vérité,* Paris: Plon 2008.

Bibliografie

Sokrates

Die Zitate der griechischen Autoren sind folgenden Übersetzungen entnommen:

Platon, *Sämtliche Dialoge,* übersetzt von Otto Apelt (1919), Hamburg: Meiner ^{2}1998, Bd. 1–7.

Diogenes Laertius: *Leben und Meinungen berühmter Philosophen,* übersetzt von Otto Apelt (1921), Hamburg: Meiner ^{3}1998.

Xenophon, *Erinnerungen an Sokrates,* griechisch-deutsch herausgegeben von Peter Jaerisch, München und Zürich: Artemis ^{4}1978.

Xenophon, *Sokratische Denkwürdigkeiten,* herausgegeben von Hans Radspieler, Frankfurt am Main: Eichborn 1998. *(Gastmahl)*

weitere Literatur:

André-Jean Festugière, *Sokrates,* dt. Bearbeitung von Alban Haas, Speyer: Pilger-Verlag 1934/1950.

Jean-Pierre Vernant, *Die Entstehung des griechischen Denkens,* aus dem Franz. von Edmund Jacoby, Frankfurt am Main: Suhrkamp 1982.

Jesus

Die Bibelzitate entstammen der revidierten Luther-Bibel von 1984:

Die Bibel nach der Übersetzung Martin Luthers, Stuttgart: Deutsche Bibelgesellschaft 1985.

Joseph Klausner, *Jesus von Nazareth: seine Zeit, sein Leben und seine Lehre,* Berlin: Jüdischer Verlag 1930.

Buddha

Die Worte des Buddha wurden aus folgenden deutschen Übersetzungen des Pali-Kanons zitiert:

Die Lehrreden des Buddha aus der Mittleren Sammlung. Majjhima Nikāya, aus dem Engl. und dem Pali von Kay Zumwinkel, Uttenbühl: Jhana-Verlag 2001. [Majjhima Nikaya, Satipaṭṭhana Sutta]

Reden des Buddha: Gruppierte Sammlung. Saṃyutta-Nikāya, aus dem Pālikanon übersetzt von Wilhelm Geiger, Herrnschrot, Stammbach: Beyerlein-Steinschulte ²2003. [Samyutta Nikaya]

Die Lehrreden des Buddha aus der Angereihten Sammlung. Anguttara-Nikaya, aus dem Pali von Nyanatiloka, überarbeitet und hrsg. von Nyanaponika, Freiburg; Braunschweig [u.a.]: Aurum-Verlag [u.a.] 1984. [Anguttara Nikaya]

Sutta-Nipāta: frühbuddhistische Lehrdichtungen aus dem Pali-Kanon; mit Auszügen aus den alten Kommentaren, übersetzt, eingeleitet und erläutert von Nyanaponika, Stammbach: Beyerlein ³1996. [Sutta-nipata]

Das Mahavagga des Vinayapitaka, aus dem Pali übersetzt von Maitrimurti/ Thomas Trätow, Hamburg: Buddhistische Gesellschaft 1996. [Vinaya Mahavagga]

Die Jatakas. Buddhistische Wiedergeburtsgeschichten, in der Übersetzung von J. Dutoit, mit einer ausführlichen Einleitung von Hellmuth Hecker, 3 Bde., Herrnschrot: Beyerlein & Steinschulte 2007. [Nidanakatha]

Karl Eugen Neumanns Übertragungen aus dem Pāli-Kanon: Gesamtausgabe in drei Bänden, Zürich: Artemis-Verlag 1956–1957. [Mahaparinirvana Sutra, Brahma Jala, Digha Nikaya]

Fritz Schaefer und Raimund Beyerlein, *Der Buddha und sein Orden,* Stammbach: Beyerlein & Steinschulte 2002. [Vinaya Cullavagga]

Dhammapada: die Weisheitslehren des Buddha, aus dem Pali neu übertragen und kommentiert von Munish B. Schiekel, Vorwort von Thich Nhat Hanh, Freiburg, Br.; Basel; Wien: Herder 2009. [Dhammapada]

Dhammapada – Das Buch der Sprüche; Udana – Aphorismen Buddhas; aus Suttanipata und Theragatha, aus dem Pali übersetzt von Kurt Schmidt, Konstanz: Christiani 1954. [Udana]

Zur weiteren Lektüre empfiehlt der Autor:

Karen Armstrong, *Buddha,* aus dem Engl. von Ulrich Enderwitz, Berlin: Claassen 2004.

Walpola Rahula, *Was der Buddha lehrt,* aus d. Engl. von Rev. Dhammankara, Zürich: Origo 1963.

Vergleichende Untersuchungen:

André Comte-Sponville, *Ermutigung zum unzeitgemäßen Leben: ein kleines Brevier der Tugenden und Werte,* aus dem Frz. von Josef Winiger und Una Pfau, Reinbek: Rowohlt 1996.

Eliade, Mircea, *Geschichte der religiösen Ideen,* hrsg. von Ioan P. Culianu, 4 Bände, Freiburg im Breisgau: Herder 1992–1993.

Luc Ferry, *Leben lernen: eine philosophische Gebrauchsanweisung,* aus dem Frz. von Lis Künzli, München: Kunstmann 2007.

Karl Jaspers, *Die maßgebenden Menschen: Sokrates, Buddha, Konfuzius, Jesus,* zuletzt München: Piper 2007 (zuerst 1967).

Thich Nhat Hanh, *Dialog der Liebe: Jesus und Buddha als Brüder,* aus dem amerikan. Engl. von Irene Knauf, Freiburg im Breisgau u. a.: Herder 1999.

Anmerkung der Übersetzerin: Die Zitate wurden nach deutschen Erstausgaben und den im Literaturverzeichnis aufgeführten Quellen zitiert und daher in alter Rechtschreibung belassen.

Pendo

Michael Schmidt-Salomon

Jenseits von Gut und Böse

Warum wir ohne Moral die besseren Menschen sind.
352 Seiten. Gebunden

Moral steht in der aktuellen Wertedebatte wieder hoch im Kurs, und mit unseren Urteilen sind wir meist schnell bei der Hand. Doch setzen wir vielleicht auf das falsche Pferd? Michael Schmidt-Salomon, streitbarer Kämpfer gegen den (Un-)Geist unserer Zeit, entlarvt den freien Willen und die religiös verankerte Aufteilung in Gut und Böse als Illusionen. Aber was bedeutet es, Ernst zu machen mit dem Abschied von der Willensfreiheit? Und was heißt es tatsächlich, die Kategorien Gut und Böse hinter sich zu lassen? Der Autor zeigt nicht nur die fatalen Konsequenzen moralistischer Weltdeutungen auf, sondern vor allem, wie es uns in ihrer Überwindung gelingen kann, eine säkulare und menschenfreundliche Ethik zu entwickeln – mit erstaunlichen lebenspraktischen und gesellschaftlichen Folgen.

09/1053/01/R

PIPER

Robert Rowland Smith

Im Bett mit Kant oder das Gefühl von Nichts am frühen Morgen

Philosophie für den Alltag. Aus dem Englischen von Ralf Pannowitsch. 288 Seiten. Gebunden

Dass Philosophie äußerst vergnüglich ist, das hat Richard David Precht ja hinreichend bewiesen. Dass die Mutter aller Wissenschaften auch alltagstauglich ist, das zeigt nun der smarte Philosoph Robert Rowland Smith und unterzieht die Konzepte großer Denker dem Alltagstest. Beim Aufwachen fragt Sie René Descartes: Sind Sie sicher, dass Sie wach sind? Im Fitnessstudio will Max Weber wissen: Ist Ihr Work-Out gesund oder nicht doch eitler Narzissmus? Und vor dem Einschlafen muss Sigmund Freud noch rasch seine Theorie vom Träumen loswerden. Lassen Sie sich überraschen, was Immanuel Kant und seine Kollegen nicht alles über unser Leben wissen. Genießen Sie fabelhafte 24 Stunden: Mit diesem Buch wird Ihr Alltag nie mehr alltäglich sein.

01/1892/01/R

Pendo

Michaela Vieser

Tee mit Buddha

Mein Jahr in einem japanischen Kloster. 304 Seiten.
Gebunden

Eigentlich wollte Michaela Vieser in Tokio studieren, stattdessen landet sie in einem buddhistischen Kloster im Süden des Landes. Als erste westliche Person darf sie an der Spiritualität und Tradition dieses Klosters teilhaben. Sie singt und betet mit den Mönchen, wird in die Geheimnisse der Teezeremonie, des Schwertkampfs und der Kalligrafie eingeweiht. Sei es der Bergasket oder der Karaoke singende Zen-Mönch – die Begegnung mit faszinierenden Menschen offenbart ihr das Land hinter dem Lächeln. Eine emotionale Reise zur gelebten Spiritualität Japans, realistisch, mit Sinn für Details und einer gehörigen Portion Selbstironie erzählt.

09/1034/01/R